Südliches Afrika

SÜDAFRIKA · NAMIBIA · SIMBABWE · BOTSWANA

Eine Übersichtskarte des südlichen Afrikas mit den eingezeichneten Reiserouten finden Sie in der vorderen Umschlagklappe.

WAVE

Friedrich H. Köthe · Elisabeth Petersen · Daniela Schetar

Südliches Afrika

SÜDAFRIKA · NAMIBIA · SIMBABWE · BOTSWANA

Willkommen im südlichen Afrika

Auf der Landkarte nimmt sich Afrikas Süden mit den Staaten Namibia, Südafrika, Simbabwe und Botswana wie eine gigantische, am unteren Ende spitz zulaufende Schale aus – ein Füllhorn von an-

nähernd drei Millionen Quadratkilometern Fläche. Die Form scheint sinnfällig. Die Region zeigt sich verschwenderisch ausgestattet mit Schätzen der unterschiedlichsten Art: mit grandiosen Landschaften, mit einer fast paradiesisch anmutenden Tier- und Pflanzenwelt, mit einem bunten Nebeneinander verschiedenster Ethnien und ihren kulturellen Ausdrucksformen, mit reichen Bodenschätzen und Ressourcen.

Doch die Faszination liegt nicht allein in der Fülle, sondern auch in der kontrastreichen Vielfalt. Das beginnt bei den beiden Ozeanen: kalt und von ele-

Bain's Kloof Pass nordöstlich von Kapstadt

Willkommen im südlichen Afrika 1

mentarer Wucht der eine, der Atlantische, und von subtropischer Wärme und Strahlkraft der andere, der Indische. Das Spektrum der Landschaftsszenerien reicht von lebensfeindlichen Wüstenregionen wie der Namib bis hin zur grünen Üppigkeit entlang Südafrikas Garden Route, von den kargen, weiten Ebenen der Savannen bis zu den grünen Hügeln in Simbabwes Eastern Highlands oder der schroffen Bergwelt der Drakensberge in Südafrika, von (fast immer) trockenen Flussbetten zu gigantischen Wasserfällen, von in der Hitze flimmernden, staubtrockenen Salzpfannen wie der Etosha Pan oder den Makgadikgadi-Pfannen in Botswana bis zum Okavango-Delta, einem der größten Feuchtgebiete Afrikas. Dem Kontrastreichtum der geologischen Erscheinungen entspricht die Verschiedenartigkeit der dort existierenden Tier- und Pflanzenwelt: seltene Flechtenarten in der Wüste und üppige Wälder, überquellend im satten Grün, Robben, Pinguine und Wale an den kalten atlantischen Küstenstrichen und die größte Elefantenpopulation der Erde, dort wo Botswana, Namibia und Simbabwe aneinander

Nicht nur ihr Alter von bis zu 28 000 Jahren, sondern auch die ausdrucksstarke Kunstfertigkeit einiger Höhlenmalereien macht Afrika zur Wiege der bildenden Kunst

grenzen. Wundern kann es dann niemanden mehr, dass er im Verlauf einer Reise durch diesen Kosmos im Kleinen einerseits auf die zum Teil immer noch im steinzeitlichen Kulturzustand lebenden San-Buschleute stößt, während ihm andererseits die Agilität der allzeit mit einem Handy bewaffneten jungen Geschäftsleute Kapstadts ins Auge fällt.

Südafrikas touristische Werbestrategen haben den Schatz dieser Vielfalt erkannt und texteten entsprechend: »Die ganze Welt in einem Land.« Übertreibung gehört zum Geschäft – doch die Erfahrungs- und Erlebnismöglichkeiten decken einen gehörigen Teil des irdischen Spektrums ab: Hochgebirge und Halbwüste, dichte Wälder und weite Grasebenen, Wasserfälle inmitten tropischer Vegetation, blühende Obsthaine, flache Weinhänge und glatt polierte Granitberge, traditionelles dörfliches Stammesleben und Millionenstädte.

Die anderen Länder des südlichen Afrika zeigen sich kaum weniger kontrastreich und doch recht individuell und unterschiedlich. So besticht Namibia vor allem durch seine Weite und die facettenreiche Kargheit einer ariden bis semiariden Klimazone: karstig verkrustete oder sanft gelb im spärlichen Grasbewuchs schimmernde Ebenen, fragile Gebilde aus Sand, sich verdichtend zum Dünenmeer, oder in bizarrer Vielfalt und Farbenpracht geformter Stein. Hier findet man Elefanten und Nashörner, die sich den Bedingungen des Lebens in der Wüste angepasst haben, und nur hier seltene Pflanzen, die im puren Sand gedeihen.

Botswana ist das Land der roten Kalahari-Sande, der weiß schimmernden großen Salzpfannen und der tierreichen Feuchtgebiete im Bereich der großen Flüsse im nördlichen Landesteil. Dort ziehen riesige Elefantenherden gemächlich durch den Busch, rüsten sich Löwenrudel bei einbrechender Dunkelheit zur Jagd, lauern Leoparden im Geäst auf Beute, erschallt das Stakkato grunzender und schnaubender Flusspferde weit über die Wasserflächen, und auf den Grasebenen sammeln sich Zebras, Gnus und Impalas friedlich zur abendlichen Äsung. Fischadler schrauben sich ins tiefe Blau des Himmels, grobschlächtige Marabus hocken bedächtig auf ihren Horsten, Blatthühnchen stolzieren mit ihren übergroßen Füßen über die Wasserpflanzen und Eisvögel schießen kopfüber ins Wasser, um ihre Beute zu erhaschen.

Zahlreiche Vogelarten finden ihren Lebensraum in den Flussebenen des nördlichen Botswana, wie hier der Fischadler

Afrikanischer Marabu

Willkommen im südlichen Afrika 1

Eisvogel

Ähnlich reich an Tieren präsentiert sich auch Simbabwes Norden. Doch zeigt sich die Landschaft im Ganzen hügeliger und auch grüner. Dies wie die recht dichte Besiedlung machen deutlich, dass es dem ehemaligen Südrhodesien nur in Ausnahmesituationen am kostbaren Gut Wasser mangelt. Das größte Naturspektakel, die Victoria-Fälle, zelebriert eindrucksvoll gewaltige Kraft sowie die Magie des feuchten Elements. Und die Farmer nutzen es, indem sie Obst und Gemüse kultivieren und ihre Rinder auf satten Weiden zu erstklassigen Fleischlieferanten heranwachsen lassen. Im Osten, wo das sanft gewellte Hochplateau in den Eastern Highlands bis zu Höhen von über 2000 Metern aufsteigt, werden in den Tälern Tee und Kaffee angebaut, hängen Bananen in dichten Büscheln von den Stauden, und auf dem Middelveld gedeihen die besten Tabaksorten der Erde.

Eine Weltgegend – von der Natur verwöhnt und deshalb schon in früher Zeit von Menschen besiedelt. Menschen, die Hochkulturen hervorbrachten, deren Bedeutung sich an den Ruinen von Great Zimbabwe, Khame, Torwa, Monomotapa und Rozwi ablesen lässt. Machtvolle Königreiche der Shona schufen sich in weit gespannten Trockenmauern, Türmen und Treppenanlagen sowie in Steinskulpturen und Goldschmuck den ihnen angemessenen Ausdruck und verraten ein hohes Maß an handwerklichem Geschick und ästhetischem Feingefühl. Ein zu hohes Maß für das Empfinden der ersten europäischen Forscher, die den in ihren Augen »primitiven« Schwarzen eine solche Leistung nicht zuschreiben mochten.

Höhlenmalerei, Darstellung eines Buschmannes

Nicht anders erging es den Höhlenmalereien, die sich in großer Zahl in allen vier Ländern finden lassen. Ihre künstlerische Qualität beeindruckt ebenso wie ihr Alter. Die ältesten Malereien lassen sich auf bis zu 28 000 Jahre zurückdatieren und belegen, dass Afrika nicht nur die Wiege der Menschheit ist, sondern hier auch schon früh Kunstwerke entstanden sind.

Der Einfluss Europas auf die Region setzt jedoch nachweislich erst mit dem 17. Jahrhundert ein und manifestierte sich auf ganz andere kulturelle Weise: in Form der wilhelminisch geprägten Stadtbilder in Namibia, in der kapholländischen Architektur in Südafrika, im britischen Ambiente von Pietermaritzburg, in Eisenbahnanlagen und industriellen

Zweckbauten oder auch in der Austauschbarkeit der Glas- und Stahlbauten der modernen Großstädte.

Die Vielfalt kultureller Ausdrucksformen entspricht der ethnischen Vielfalt. Neben den San-Buschleuten, den unbestrittenen Ureinwohnern, haben Menschen unterschiedlichster Herkunft im Süden Afrikas ihre Heimat gefunden: Inder, Pakistani und Malaien, Bantustämmige Viehzüchter und Bauern wie die Ovambo, Zulu oder Shona, Nomadenvölker wie die Nama sowie Menschen, deren Vorfahren aus Holland, England, Frankreich oder Deutschland stammen.

Das Miteinander gestaltet sich nirgends reibungslos und ist vielfach geprägt durch die schmerzlichen Erfahrungen vergangenen Unrechts. Noch sind nicht alle Wunden vernarbt, doch der Wille zur Gestaltung der Zukunft mit vereinter Kraftanstrengung ist überall erkennbar.

Das Füllhorn ist so reich an Schätzen, dass es für jeden etwas bereithält – auch für den, der das Glück hat, als Reisender daran teilzuhaben.

Eine Herde wilder Büffel nutzt die frühen Morgenstunden zum Grasen, um der Tageshitze zu entkommen. Im Krüger-Nationalpark findet man eine Büffelpopulation von rund 12 500 Tieren

Chronik der Geschichte des südlichen Afrika

Namibia, der zweitjüngste Staat Afrikas mit der ältesten Wüste der Erde

28 000–26 000 v. Chr. Funde in der »Apollo-11-Grotte« in den Huns-Bergen zählen zu den ältesten Relikten künstlerischer Betätigung der Menschheit.
ca. 5000 v. Chr. Entstehung von Felsmalereien, deren Zuordnung zu den frühesten Bewohnern, den nomadisierenden Wildbeutern der San (Buschmänner) und Damara, nicht eindeutig möglich ist.
1. Jh. v. Chr. Die Nama oder Khoi-Khoi lassen sich im südlichen Afrika, auch im südlichen Namibia, nachweisen.
1486 Errichtung eines Steinkreuzes als Zeichen ersten Kontaktes mit Europäern und portugiesischen Besitzanspruchs – ohne praktische Auswirkung – am Cape Cross durch den Seefahrer Diego Cão.

Die Steingravuren in Twyfelfontein zeigen eine große Seltenheit des namibischen Nordwestens: den Wüstenelefanten

1487 Errichtung eines weiteren Steinkreuzes in der Lüderitzbucht (Angra Pequena) durch den Portugiesen Bartolomeu Diaz.
15./16. Jh. Im Zuge der großen afrikanischen Bantu-Wanderungen dringen Herero (Viehzüchter) von Nordosten ins Land ein. Etwa gleichzeitig nehmen die Ovambo das fruchtbare Land am Kunene im Norden in Besitz und lassen sich als Ackerbauern nieder.
17. Jh. Die Lagune von Walvis Bay wird zur Anlaufstelle europäischer Walfänger.
18. Jh. Unter dem Druck der burischen Landnahme in Südafrika wandern Nama-Gruppen nach Norden. Es entwickelt sich der Tauschhandel mit der Kapprovinz.
1806 Die Londoner Missionsgesellschaft beginnt mit der Missionierung des Nama-Landes.
1. Hälfte des 19. Jh. Durch verstärkte Einwanderung der Nama im Süden und Dürreperioden im Norden kommt es zu blutigen Auseinandersetzungen zwischen den Herero und Nama.
1840 Häuptling Jan Jonker Afrikaner siedelt im Gebiet von Windhoek. Gleichzeitig beginnt die Missionstätigkeit der protestantischen Rheinischen Missionsgesellschaft.
1868 Die Baster lassen sich im Gebiet von Rehoboth nieder.
1878 Walvis Bay wird zum britischen Hoheitsgebiet erklärt.
1883 Der Bremer Kaufmann Lüderitz erwirbt vom Nama-Häuptling Josef Fredericks zunächst das Land um die Bucht Angra Pequena (Lüderitzbucht), später einen Landstreifen vom Oranje bis zum 26. Grad südlicher Breite. Er legt damit den Grundstein zur späteren Inbesitznahme des Landes durch das Deutsche Reich.
1884 Südwestafrika wird vom Deutschen Reich zum Schutzgebiet erklärt.
1885 Die Deutsche Kolonialgesellschaft für Südwestafrika wird gegründet. Ihre Aufgabe besteht in der Anwerbung von Siedlern und in der Verteilung von Farmland.
1890 Im Helgoland-Sansibar-Vertrag zwischen Deutschland und Großbritannien wird der Caprivi-Zipfel dem deutschen Schutzgebiet zugeschlagen.
1891 Windhoek wird unter Curt von François zum Sitz der deutschen Verwaltung.
1891–94 Die Witboois, die sich der deutschen

Chronik der Geschichte des südlichen Afrika 2

Hendrik Witbooi, Nama-Führer, der im Aufstand gegen die Kolonialherren sein Leben lassen musste, ebenso wie über die Hälfte aller Nama

Landnahme widersetzen, werden von Major Leutwein in den Naukluft-Bergen besiegt.

1904 Die Herero erheben sich. General von Trotha wird mit der Niederschlagung des Aufstandes betraut. Drei Viertel aller Hereros lassen infolge dieser Vernichtungsstrategie ihr Leben.

1904–07 Niederschlagung des von den Nama in Guerillamanier geführten Aufstands durch die deutsche Schutztruppe. Die überlebenden Nama wie Herero werden zur Arbeit auf den Farmen der Siedler und in den Minen verpflichtet. Ihnen wird der Besitz von Land und Vieh untersagt.

1908 Die Entdeckung von Diamantvorkommen in der Nähe von Lüderitz lässt den wirtschaftlichen Wert der Kolonie schlagartig steigen. Das Transportnetz wird ausgebaut.

1915 Die Kapitulation der Schutztruppe vor den einmarschierenden Streitkräften aus Südafrika beendet die deutsche Kolonialherrschaft.

1919 Im Vertrag von Versailles wird Deutschland aller Kolonialbesitz abgesprochen. Deutsch-Südwestafrika wird Mandatsgebiet des Völkerbundes. Trotz zahlreicher Ausweisungen können 6700 Deutsche im Land bleiben.

1921 Der Völkerbund überträgt das Mandat für Südwestafrika an Südafrika (Südafrikas fünfte Provinz). Zahlreiche Buren kommen als Siedler ins Land.

1939 Internierung der Deutschen zu Beginn des Zweiten Weltkriegs.

1946 Südafrika weigert sich, die UNO als Rechtsnachfolgerin des Völkerbundes anzuerkennen und das erteilte Mandat zurückzugeben.

1951 Die Einwanderung deutscher Siedler wird erleichtert. Gleichzeitig wird die in Südafrika geltende Apartheid-Gesetzgebung auch für das Land Namibia gültig.

1960 Im Exil lebende Namibier gründen in Dar Es Salaam die SWAPO (South West African People's Organization) mit Sam Nujoma als Präsidenten.

1962 Auf Vorschlag der »Odendaal Kommission« werden nach südafrikanischem Vorbild, trotz Einspruchs der UNO, in Namibia zehn Homelands eingerichtet (Politik der »getrennten Entwicklung«).

1966 Die UNO entzieht Südafrika das Mandat, eine Maßnahme, die von Südafrika nicht anerkannt wird. Der bewaffnete Kampf der SWAPO vom Ovamboland und südlichen Angola aus beginnt.

1973 Die SWAPO wird als »authentische Repräsentation des namibischen Volkes« von der UNO anerkannt und erhält bei der UNO Beobachterstatus.

1975/78 Die Turnhallen-Konferenz sammelt die konservativen Kräfte des Landes, um für das Jahr 1978 die Unabhängigkeit vorzubereiten – ohne Beteiligung der SWAPO.

1978 Der UN-Sicherheitsrat beschließt die Resolution 435, die die Unabhängigkeit des Landes von der Durchführung freier Wahlen unter UNO-Aufsicht abhängig macht. Im Dezember finden Wahlen zur Nationalversammlung statt, an denen die SWAPO sich nicht beteiligt. Auch die UNO erkennt die Wahl nicht an. Die DTA (Demokratische Turnhallen-Allianz) stellt als Wahlgewinner die Regierung unter Dirk Mudge als Vorsitzendem des Ministerrates. Die Kompetenzen dieser Regierung bleiben jedoch weitgehend durch das Vetorecht des südafrikanischen Generaladministrators eingeschränkt.

1979 Wesentliche Leistung dieser Regierung ist die Durchsetzung des Gesetzes zur Aufhebung der Rassendiskriminierung.

1982 Sowohl die USA als auch Südafrika fordern den Rückzug der Kubaner aus Angola als Voraussetzung für die Unabhängigkeit Namibias.

1983 Die Nationalversammlung wird aufgelöst. Dirk Mudge tritt zurück, und der südafrikanische Generaladministrator übernimmt alle Regierungsfunktionen.

1988 In Verhandlungen zwischen Südafrika, Angola und Kuba wird ein Waffenstillstand beschlossen und Einigung über den zeitlichen Ablauf des Unabhängigkeitsprozesses entsprechend der UNO-Resolution 435 erzielt.

1989 Die Wahlen werden unter UNO-Aufsicht vorbereitet. Gleichzeitig kehren Tausende von Exilanten, unter ihnen auch Sam Nujoma, nach Namibia zurück. Bei den ersten freien Wahlen im November erhält die SWAPO die absolute Mehrheit. Nujoma wird zum Ministerpräsidenten nominiert.

1990 Im Februar wird eine demokratische Verfassung für Namibia beschlossen und im März die Unabhängigkeit feierlich verkündet.

1994 Die Enklave Walvis Bay, die nach der Unabhängigkeit zunächst noch südafrikanisches Hoheitsgebiet blieb, wird an Namibia abgetreten. Damit verfügt das Land über den wirtschaftlich wichtigen eigenen Hochseehafen.

1998 Namibia unterstützt den kongolesischen Präsidenten Kabila mit militärischen Einheiten im Kampf gegen Aufständische im Kongo.

1999 Die Wahlen zur Nationalversammlung im November festigen – trotz erstarkender Opposition – die Stellung der SWAPO. Sam Nujoma verschafft sich durch eine Verfassungsänderung die Möglichkeit zu einer dritten Präsidentschaft.

2000 Die namibische Regierung ermöglicht angolanischen Truppen militärische Operationen vom Caprivi-Streifen aus. Zeitweise waren deshalb Reisen in den Caprivi nur sehr begrenzt möglich.

2001 Premierminister Hage Geingob lehnt Landnahmen wie in Simbabwe für Namibia ab. Im Gegenzug erklären die Farmer ihre Bereitschaft zu einem Kompromiss in der Landfrage.

2004 Nujoma kandidiert nicht für eine weitere Amtszeit. Das Thema möglicher Landenteignungen wird immer wieder angesprochen – möglicherweise auch, um die Anhängerschaft der SWAPO im Vorfeld der Wahl günstig zu stimmen. Bekannt ist bislang nur der Aufkauf brachliegender Farmen durch die Regierung.

Nov. 2004 Der SWAPO-Kandidat Hifikepunye Pohamba wird mit der erwarteten Mehrheit zum Präsidenten Namibias gewählt.

2005 Amtsantritt von Pohamba im März.

April 2008 Zum ersten Mal seit über 30 Jahren ist die Etosha Pan nach heftigen Regenfällen fast vollständig unter Wasser. Auch der Fish River im Süden des Landes führt auf ganzer Länge Wasser.

2009 Wiederwahl Pohambas.

2010 Namibia feiert den 20. Jahrestag seiner Unabhängigkeit.

2013 Die namibische Regierung beschließt die Umbenennung von Orten mit deutschen Namen. Die Stadt Lüderitz soll beispielsweise !Nami=Nüs heißen.

Sam Nujoma, Führer der SWAPO, wurde 1989 bei den ersten freien Wahlen in Namibia zum Ministerpräsidenten nominiert

Südafrika: In 350 Jahren zur Freiheit

Vor 2 Mio. Jahren Knochenfunde weisen auf eine Besiedlung durch Hominiden hin, die Wissenschaft spricht von Afrika als der Wiege der Menschheit.
vor 25 000 Jahren Älteste Felsmalereien in Südafrika, die wohl auf die Vorfahren der Khoisaniden zurückgehen.
2.–5. Jh. Die ersten schwarzen Völker – Bantu – wandern von Zentralafrika ins südliche Afrika.
Ab dem 11. Jh. Weitere Bantu-Völker dringen nach Süden vor. Die Nguni-Völker Xhosa, Swazi, Zulu und Ndebele breiten sich in Südafrika aus, die Süd-Sotho ziehen bis Lesotho, die Nord-Sotho verbleiben nahe dem Fluss Limpopo.
1488 Der portugiesische Seefahrer Bartolomeu Diaz erreicht das Kap der Guten Hoffnung.
1497 Vasco da Gama passiert das Kap auf seinem Weg nach Indien.
1652 Jan van Riebeeck von der Holländisch-Ostindischen Kompanie lässt sich am Kap nieder, um eine Station zur Schiffsversorgung mit frischen Nahrungsmitteln aufzubauen.
1667 Die ersten Malaien erreichen als Sklaven Südafrika.
Ende des 17. Jh. 200 Hugenotten landen an und lassen sich nieder.
1779 Erster Grenzkrieg zwischen Weißen und Xhosa am Great Fish River.
1795–1806 Großbritannien annektiert die Kapkolonie, sie wird 1803 erneut holländisch, fällt aber 1806 wieder an England.
1820–25 Eine große Gruppe britischer Siedler erreicht das Eastern Cape und gründet Port Natal, das spätere Durban.
Bis 1828 Shaka, König der Zulu, baut sein Reich aus, verleibt den Zulu andere Völker ein und sorgt mit seinen Kriegszügen für eine gewaltige Völkerwanderung im südlichen Afrika – den Difaquane. Er wird 1828 von seinem Halbbruder Dingane ermordet, der die Macht übernimmt.
1833 England schafft die Sklaverei ab, ein Jahr später machen sich die Vortrekker auf den Weg – der Große Treck nach Norden beginnt, die Buren wollen der britischen Herrschaft entgehen.
1836–38 In mehreren Schlachten bekriegen sich die Vortrekker und die schwarzen Völker. Am Blood River müssen sich die Zulu schließlich geschlagen

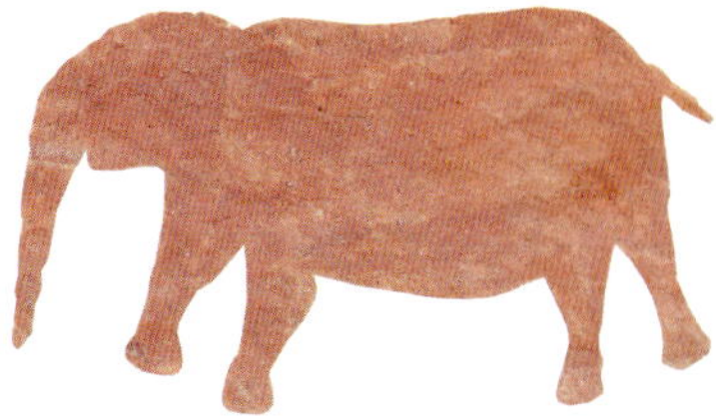

Afrikanische Höhlenmalerei. Oft werden die »Großen der Tierwelt« dargestellt

Burische Kampftruppe

Chronik der Geschichte des südlichen Afrika 2

geben; die burische Republik Natal wird daraufhin gegründet.

1843 Natal gelangt unter britische Herrschaft, die Buren wandern weiter.

1852 Die Vortrekker gründen die Südafrikanische Republik, zwei Jahre später den Oranje-Freistaat.

1860 Die ersten indischen Arbeitskräfte werden in Natal ausgeschifft.

1867 Erste Diamantenfunde bei Hopetown/Kapkolonie.

1877 England annektiert die Südafrikanische Republik.

1879 Die Zulu besiegen die Briten bei Isandhlwana, werden aber noch im gleichen Jahr bei Ulundi als Machtfaktor zerschlagen.

1880–81 Der Transvaal erklärt sich als von England unabhängig und löst damit den ersten englisch-burischen Krieg aus, den die Buren für sich entscheiden können.

1886 Mit den Goldfunden am Witwatersrand wird Johannesburg gegründet.

1890 Cecil Rhodes wird Premierminister der Kapkolonie.

1899–1902 Im zweiten englisch-burischen Krieg siegen letztendlich die Briten, in Pretoria wird der Waffenstillstand unterschrieben – der Frieden von Vereeniging. Transvaal und der Oranje-Freistaat werden England als Kolonien zugeschrieben, erhalten aber bald das Recht auf Selbstverwaltung.

Pietersburger Bahnsteig: Truppentransport der Buren

Grotesker Ausdruck der Apartheid: die strikte Trennung zwischen Schwarz und Weiß in der Öffentlichkeit

1910 Proklamation der Union of South Africa am 31. Mai, der Zusammenschluss der Kolonien von Natal, Kapkolonie, Transvaal und Oranje unter burischer Selbstverwaltung, als Teil des britischen Empire. Schwarzen wird das aktive Wahlrecht weitgehend abgesprochen.

Ab 1910 In den Folgejahren werden die Rassentrennungsgesetze festgelegt: keine qualifizierten Arbeitsplätze für Schwarze, Passgesetze, Verbot des Grundbesitzes außerhalb deklarierter Zonen etc.

1912 Der Vorläufer des ANC – der South African Native National Congress wird gegründet. Er geht 1923 im African National Congress auf.

1913/14 Mahatma Gandhi, 1893 eingewandert, führt einen Protestmarsch des 1894 gegründeten Natal Indian Congress an und erreicht Verbesserungen der Lebensbedingungen für seine Landsleute.

1914 Südafrika nimmt auf Seiten der Alliierten am Ersten Weltkrieg teil und besiegt 1915 die deutschen Truppen in Deutsch-Südwest.

1920 Der Völkerbund übergibt Südwest-Afrika der Union of South Africa als Mandat.

1921 Der Afrikaner Broederbond wird gegründet – eine nationalistisch-rassistische Geheimorganisation der Weißen, die bis zum Ende der Apartheid maßgeblich Einfluss auf die Geschicke des Landes nimmt.

1925 Afrikaans wird neben Englisch zur Amtssprache erklärt und ersetzt Niederländisch.

1927 Mit dem Immorality-Gesetz werden sexuelle Kontakte zwischen Weißen und Schwarzen bzw. Farbigen unter Strafe gestellt.

1939–45 Die Südafrikanische Union tritt an der Seite der Alliierten in den Zweiten Weltkrieg ein.

Chronik der Geschichte des südlichen Afrika 2

Der 13 Jahre alte Hector Petersen war 1976 das erste Opfer des Schüleraufstandes gegen die Apartheid. Er wurde in Soweto von der Polizei erschossen.

Ab 1945 Die Apartheid wird weiter verschärft, für Schwarze und Coloureds gelten abgestufte Rechte. In öffentlichen Einrichtungen wird Rassentrennung eingeführt.

1956 Der Widerstand gegen die Apartheid wächst. Mit der Proklamation der Freedom Charta wird ein demokratisches Südafrika gefordert.

1960 In Sharpeville kommt es zur ersten großen Demonstration anlässlich der Verschärfung der Passgesetze. Durch Waffeneinsatz der Polizei sterben 69 Schwarze, der ANC wird verboten und in den Untergrund abgedrängt. Ein Jahr später beginnt der bewaffnete Kampf, in dessen Folge Nelson Mandela verhaftet wird.

1963 Die Führer des ANC, unter ihnen Mandela, werden zu lebenslänglicher Haft verurteilt.

1966 Die UNO erklärt das Mandat Südafrikas über Namibia als beendet.

1969 Unter Steve Biko konstituiert sich die South African Students Organization.

1976 Im Township Soweto kommt es nach der Einführung eines nach Rassen streng getrennten Schulsystems zu Polizeieinsätzen, bei denen Dutzende Schüler erschossen werden.

1977 Der Sicherheitsrat der UN verhängt über Südafrika ein Embargo, der schwarze Studentenführer Steve Biko wird im Gefängnis umgebracht.

1978 Pieter Willem Botha wird Premierminister.

Ab 1983 Eine neue Verfassung tritt in Kraft, Farbige erhalten ein stark eingeschränktes Mitspracherecht, Schwarze bleiben weiterhin ausgeschlossen. In der Folge kommt es zu massiven Demons- trationen und eskalierender Gewalt, 1986 wird der Ausnahmezustand ausgerufen, der bis 1990 in Kraft bleibt.

1989 Botha tritt ab und Frederik Willem de Klerk übernimmt die Lenkung des Landes.

1990/92 De Klerk erklärt den ANC als legal und kündigt die Freilassung Mandelas an. Der Ausnahmezustand wird aufgehoben, die Apartheidgesetze abgeschafft, ein Runder Tisch mit Vertretern aller Bevölkerungsteile, die CODESA, konstituiert sich.

1993 Eine Übergangsverfassung tritt in Kraft, die die Bedingungen für die ersten freien Wahlen des Landes schaffen soll.

1994 Nelson Mandelas ANC erhält bei den ersten demokratischen Wahlen die absolute Mehrheit, er selbst die Präsidentschaft. Das Embargo der UN wird aufgehoben.

Nelson Mandela und Frederik de Klerk erhielten 1993 den Friedensnobelpreis in Oslo

1996 Die Verfassung wird verabschiedet.
1997 Nelson Mandela tritt den Vorsitz des ANC an Thabo Mbeki ab.
1999 Mbekis ANC wird bei den Wahlen stärkste Gruppierung im Parlament, er selbst Regierungschef.
2000 Mbeki macht bewusst, dass Aids eines der Hauptprobleme des Landes ist.
2003 Das Truth und Reconciliation Committee, eingesetzt zur Aufklärung von Übergriffen während des Apartheidregimes, legt seinen Abschlussbericht vor.
2004 Aus den Parlamentswahlen geht der ANC mit fast 70 Prozent der Stimmen als Sieger hervor.
2008 Am 12. Sept. soll sich der designierte Nachfolger des regierenden Präsidenten Mbeki, ANC-Vorsitzender Jakob Zuma, in einem Prozess wegen Korruption verantworten. Diese Anschuldigung dient als Grund für den ANC-internen Aufstand gegen Mbeki, der zum Rücktritt vom Präsidentenamt gezwungen wird. 11 Minister des Kabinetts treten daraufhin von ihren Posten zurück. Am 25. Sept. wird Kgalema Motlanthe, ein von allen Parteiflügeln geschätzter Politiker des ANC, zum dritten Staatspräsidenten Südafrikas gewählt.
2009 Jacob Zuma wird neuer Staatspräsident. Erneute Kandidatur für eine Wiederwahl 2014.
2010 Südafrika trägt die Fußball-WM aus.
2013 Friedensnobelpreisträger und Nationalheld Nelson Mandela stirbt am 5. Dezember. Zehn Tage nach seinem Tod, wird der 94-Jährige in seinem Heimatdorf Qunu im Osten Südafrikas beigesetzt. Tausende Trauergäste aus der ganzen Welt erweisen ihm die letzte Ehre.

Chronik der Geschichte des südlichen Afrika 2

Simbabwe, reiches Land im Umbruch

Frühzeit Nomadenstämme besiedeln das Land. Sie gelten als Vorfahren der Khoisan-Völker.

Um 300 Die Shona, ein Bantu-Volk, lassen sich in Simbabwe nieder.

Um 1200 Great Zimbabwe (Zimbabwe = Steinhäuser) entsteht als monumentaler Ausdruck einer mächtigen Volksgruppe (wahrscheinlich Shona). Auch das Butwa-Reich in Botswana untersteht ihr.

Um 1450 Das Königreich Monomotapa im Nordosten Simbabwes erobert große Ländereien und leitet den Niedergang von Great Zimbabwe ein, das abgelöst wird durch das Khame-Reich bei Bulawayo.

Um 1700 Monomotapa (= König) verbündet sich mit dem Reich Rozwi, und gemeinsam schlagen sie die Portugiesen und drängen sie zurück an die Ostküste.

1837/38 Unter König Mzilikazi besiedeln die Ndebele, aus Südafrika kommend, nach ihren Raubzügen durch Botswana die Region um Bulawayo.

Der Missionar David Livingstone

1855 David Livingstone erreicht als erster Weißer die Victoria-Fälle.

1888 Eine von Cecil Rhodes gesandte Delegation unter Charles Rudd handelt mit Lobengula, König der Ndebele, die Rudd Concession aus. Lobengula, des Englischen nicht mächtig, wird ein falscher Inhalt dessen erzählt, was er unterschreibt. Gegen einige Gewehre und Geld veräußert er die Schürfrechte für immer an Rhodes bzw. dessen British South African Company (BSACO). Eingaben Lobengulas an die britische Regierung bleiben ohne Erfolg.

1893/94 Mit Unterstützung der Bangwato Botswanas und der Shona besiegt Rhodes die Ndebele unter Lobengula.

1895/96 Sambia und Simbabwe werden als Rhodesien zusammengelegt und von der BSACO weiter verwaltet.

1907 Die weißen Rhodesier gründen das erste Parlament.

1922 In einer »weißen« Volksabstimmung entscheidet sich Rhodesien, im britischen Kolonialsystem zu verbleiben und nicht der Südafrikanischen Union beizutreten. Die BSACO muss die Verwaltung Rhodesiens abgeben, eine eigene Regierung wird eingesetzt.

Harare, die britisch geprägte Hauptstadt Simbabwes

1923 Rhodesien teilt sich in Nordrhodesien (Sambia) und Südrhodesien (Simbabwe).
1930 Bei einer neuen Gesetzgebung wird der schwarzen Bevölkerung Land hauptsächlich im unfruchtbaren, wasserarmen Lowveld zugewiesen.
1934 Als Antwort auf die einschränkenden Gesetze wird der Southern Rhodesia African National Congress gegründet.
1951 Mit dem Native Land Husbandry Act werden die Niederlassungsrechte der Schwarzen auf ein Minimum beschränkt.
1957 Joshua Nkomo gründet den südrhodesischen ANC, der bereits zwei Jahre später verboten wird.
1960 Die National Democratic Party (NDP) konstituiert sich, Robert Mugabe wird deren Pressesprecher. Ein Jahr später ist die NDP verboten, taucht allerdings gleich wieder unter dem Namen ZAPU (Zimbabwe African People's Union) auf.
1963 Die ZANU spaltet sich mit Robert Mugabe von der ZAPU (unter Joshua Nkomo) ab.
1965/66 Südrhodesien erklärt sich als Rhodesien von England unabhängig. Der zweite Chimurenga – Befreiungskampf – beginnt. Die UN verhängt ein Wirtschaftsembargo.
1975 ZANU und ZAPU verbünden sich zur Patriotic Front (PF). Eine Friedensverhandlung in Genf zwischen dieser und der Regierung scheitert.
1980 Robert Mugabes ZANU(PF) gewinnt die ersten freien Wahlen, er selbst – ein Shona – wird

Regierungschef. Joshua Nkomos (PF)ZAPU, Vertreter der Ndebele, zieht ins Parlament ein.

1990 Bei den Parlamentswahlen erhält die ZANU(PF) 80 Prozent der Stimmen, aber wegen des Mehrheitswahlrechts fast 100 Prozent der Parlamentssitze.

1992 Mit der Land Acquisition Bill wird die Basis für eine gerechtere Verteilung von Grund und Boden geschaffen. Noch befindet sich alles fruchtbare Land in den Händen weißer Farmer.

1997/98 Die zunehmend desolate wirtschaftliche Lage des Landes führt zu einer galoppierenden Inflation und einem Null-Wirtschaftswachstum. Erste Landenteignungen enden mit einer Bereicherung von Mugabes Gefolgsleuten.

2000 Die wirtschaftliche Lage verschlechtert sich weiter. Im Zuge der Farmbesetzungen kommt es zu Übergriffen mit 30 Toten, um die 1999 gebildete Oppositionsbewegung MDC (Movement for Democratic Change) einzuschüchtern. Trotzdem wählt knapp die Hälfte der Bürger die MDC, die Zweidrittelmehrheit der Partei Mugabes ist gebrochen.

2002 Bei den Präsidentschaftswahlen im März setzt sich Mugabe gegen Tsvangirai, den Führer der MDC, durch. Vorwürfe der Wahlmanipulation bleiben unbeachtet. Im August werden 2900 weiße Farmer zur Aufgabe ihres Landes gezwungen.

2005 Mugabe lässt Slums und Gebiete am Rande der Ballungszentren mit Bulldozern einebnen und die Bevölkerung gewaltsam in ländliche Regionen umsiedeln. Die Zerstörung von Straßenmärkten und die Festnahme fliegender Händler löscht den Bereich der informellen Wirtschaft aus.

2008 Sowohl bei den Parlaments- als auch bei den Präsidentschaftswahlen am 29. März siegt trotz massiver Behinderungen die oppositionelle MDC unter ihrem Führer Tsvangirai. Erst nach wochenlangen Verzögerungen wird dic Niederlage der Regierungspartei bei der Parlamentswahl und Mugabes bei der Präsidentschaftswahl eingeräumt. Dieser besteht auf einer Stichwahl, weil Tsvangirai angeblich die absolute Mehrheit nicht erreichen konnte. Die politische Instabilität verschärft die wirtschaftlichen Probleme. Die Inflationsrate klettert von 150 000 Prozent zu Beginn des Jahres auf 231 000 Prozent 2009.

2009 Im Februar wird Tsvangirai Ministerpräsident. Mugabe bleibt jedoch Staatsoberhaupt.

2012 Die Außenminister der EU beschließen das Ende der Sanktionen, die Zahlungen für Entwicklungshilfe werden wieder aufgenommen.
2013 Bei den Neuwahlen im März siegte wiederum der 88-jährige Mugabe.

Botswana – Diplomatie kontra Apartheid

Vor 25 000 Jahren Erste Felsmalereien entstehen. Sie werden den Khoisaniden zugeschrieben, der Urbevölkerung.
Ab dem 5. Jh. Gruppen der West-Sotho (Tswana), der Bantuvölker aus Zentralafrika, wandern Richtung Südwesten nach Botswana.
8. Jh. Entstehung des Toutswe-Reichs um Francistown herum.
Um 1450 Das Königreich von Butwa der Bakalanga bildet sich. Es ist mit Great Zimbabwe verbunden.
Ab 1650 Nach und nach entwickeln sich aus den Tswana Einzelvölker durch Abspaltungen: die Bakwena, Bangwaketse, Bangwato und die Batawana.
Ab 1800 Die Machtergreifung des Zulu-Königs Shaka ist auch in Botswana zu spüren. Seine Kriegszüge führen zu Völkerwanderungen im ganzen südlichen Afrika. Bekannt wird diese Zeit unter dem Namen Difaquane, in Botswana heißt es Mfecane.
1841 David Livingstone beginnt seine Missionsarbeit in Botswana.
1852/53 Eine burische Kampfgruppe überschreitet aus Südafrika kommend die Grenze nach Botswana. Sechele I. von den Bakwena vermag die schwarzen Völker zu vereinen und die Buren zum Rückzug zu bewegen. Der erste burisch-botswanische Krieg ist beendet.
1867 Erste Goldfunde bei Tati im Nordosten Botswanas.
1875 Khama III. wird König der inzwischen mächtigsten Volksgruppe in Botswana, der Bangwato.
1881–84 Im zweiten burisch-botswanischen Krieg versuchen britische Händler und burische Siedler eine Landnahme, werden aber von der englischen Regierung gestoppt, die das Gebiet zum britischen Protektorat erklärt. Damit wollen die Engländer der Gefahr einer möglichen Zusammenarbeit

Die Friedhöfe des südlichen Afrika erzählen die Geschichte vieler Kriege

Chronik der Geschichte des südlichen Afrika 2

zwischen Buren in Transvaal und Oranje und Deutschen in Südwest begegnen. Der Krieg ist damit beendet.

1885 Obwohl die Könige Botswanas eine Fremdherrschaft ablehnen, stimmen sie wegen der ständigen Bedrohung durch die Buren schließlich zu, ebenfalls britisches Protektorat zu werden.

1889 Cecil Rhodes gründet die British South African Company (BSACO). Er will mit dem Segen der britischen Regierung die Goldfelder Zimbabwes unter seinen Einfluss bekommen und dies durch Besiedlung absichern.

1895/96 Rhodes muss zurücktreten, da sein Versuch, den Transvaal unter seinen Einfluss zu bekommen, gescheitert ist. In den folgenden Jahren erlassen die Briten Gesetze, die die Landverteilung regeln – Kronland und Reservate entstehen.

1899–1902 Die Völker Botswanas kämpfen an der Seite der Briten im englisch-burischen Krieg.

Ab 1908 Die britische Regierung will immer wieder Botswana der südafrikanischen Republik zuordnen, die Könige wehren sich dagegen.

1925 König Tshekedi Khama kommt an die Macht und wird sie bis 1959 innehaben. Er schafft es trotz aller Misslichkeiten mit der Administration, das Land relativ unabhängig zu halten und den direkten politischen Einfluss Südafrikas zu minimieren.

1959 Immer noch geschwächt vom Zweiten Weltkrieg, will England seine Kolonien und Protektorate abstoßen. Verhandlungen über die Unabhängigkeit beginnen.

1961 Seretse Khama gründet die Bechuanaland Democratic Party und führt sie vier Jahre später bei den ersten demokratischen Wahlen zum Sieg.

1966 Botswana wird unabhängig.

Ab 1967 Bodenschatzfunde – Diamanten und verschiedene Erze – führen zu einem Entwicklungsschub der bislang allein auf Landwirtschaft basierenden Ökonomie. Seretse Khama wird von der englischen Königin geadelt.

Botswana ist nun der erste unabhängige Staat mit einer schwarzen Regierung im südlichen Afrika und umgeben von Ländern, in denen mit Apartheid-Regime herrschten.

1974 Botswana schließt sich mit Sambia, Mosambik, Tansania und Angola zu den Frontstaaten zusammen, um das Unrechtsregime Südafrikas und seiner Satelliten unter diplomatischen Druck zu setzen.

1980er Jahre Sir Seretse Khama stirbt, ihm folgt Quett Masire als Präsident nach. Mehrere Überfälle südafrikanisch gelenkter Truppen ereignen sich, können aber Botswana nicht destabilisieren.

1994 Quett Masire wird als Präsident wieder gewählt.

1998 Masire tritt – amtsmüde und freiwillig (!) – ab, sein Nachfolger wird Festus Mogae.

2000 Grenzstreitigkeiten mit Namibia um Inseln in den Grenzflüssen im Caprivi-Streifen werden beigelegt.

2004 Mogae wird bei den Wahlen im Oktober als Präsident bestätigt.

2009 Ian Khama, Sohn des ersten Staatspräsidenten, erreicht mit der Botswana Democratic Party (BDP) 53,3 Prozent und versieht seitdem das Amt des Präsidenten.

2013 Der größte Diamantenproduzent der Welt, de Beers, verlegt einen Großteil seines Geschäfts nach Gaborone in Namibia. Die Regierung soll an den Verkäufen beteiligt werden und will im Gegenzug die Lebensverhältnisse in Armenvierteln verbessern.

In den 1960er Jahren auf dem Reißbrett entstanden: Botswanas Hauptstadt Gaborone

Die schönsten Reiseregionen

Namibia

Windhoek: Independent, aber mit wilhelminischem Touch

In den meisten Fällen landet der Namibia-Reisende – in Übereinstimmung mit den gültigen Flugplänen und dennoch fast immer aus heiterem Himmel – just in der Mitte des Landes. Um genau zu sein: auf dem Hosea Kutako International Airport, 45 Kilometer östlich der Hauptstadt Windhoek. Und so ist der erste Schritt auf namibischen Boden fast immer ein Schritt ins Zentrum des Landes.

Ein Schritt auf hohem Niveau zudem, denn die Mitte Namibias ist Teil des zentralen Hochlandes, das kaum unter 1500 Meter Höhe abfällt, dafür aber zu über 2000 Meter aufragenden Berggipfeln aufsteigt. Man sieht sie alle auf diesen ersten Kilometern in Richtung der Landeshauptstadt Windhoek: die Auas-Berge im Süden mit dem zweithöchsten Berg des Landes, dem Moltke-Blick

Die schwarze Bevölkerung wurde im Zuge der Apartheidpolitik in die Außenbezirke von Windhoek ausquartiert

(2483 Meter), die Onjati-Berge im Norden und geradeaus im Westen das Khomas-Hochland. Sanft gerundet oder felsig schroff, auf alle Fälle reich an Stein präsentiert sich das Land und je nach Jahreszeit und Ergiebigkeit der letzten Regenfälle in zartem Grün oder in Gelb- und Ockertönen. Letzteres entspricht allerdings eher der Normalität in diesem ariden, d.h. klimatisch trockenen Raum.

Die Straße nach Windhoek windet sich als exzellent ausgebautes Asphaltband durch diese Bergwelt, und man weiß nicht, ob die zu kraftvollem Sprung ansetzende Kuduantilope und das mit geschäftiger Emsigkeit dahineilende Warzenschwein auf den Achtungsschildern am Rand auf reale Gefahren aufmerksam machen wollen oder nur der groben Orientierung dienen: Dies ist Afrika! Darauf deutet sonst nämlich nur wenig. Kein Kraal, keine Wellblechhütten, kein Chaos, allenfalls hin und wieder ein Mensch dunkler Hautfarbe am Steuer eines diszipliniert gelenkten Wagens. Doch was sagt das schon?!

Der verwirrende Eindruck bleibt: Man ist inmitten eines afrikanischen Landes, rund 8000 Kilometer Luftlinie oder 75 Breitengrade von allem vertraut Alltäglichen entfernt, angekommen, stößt aber eher auf befremdlich Vertrautes als auf wirklich Fremdartiges. Und das in besonderem Maße im Zentrum der Hauptstadt Windhoek. Zwischen dem austauschbar Modernen, das sich als Ausdruck staatlicher Aufbruchstimmung würdigen, aber kaum bewundern lässt, glänzt deutsche Gründerzeit mit Fachwerk und Jugendstildekor und einer Dachneigung, die, wie nachzulesen ist, das Abrutschen großer Schneemassen erleichtert.

Dass die Erbauer mit derartigen Wetterkapriolen im südlichen Afrika rechneten, kann man ihnen kaum unterstellen. Sie wollten wohl nur die heimatliche Optik unverändert in der Fremde erstehen lassen. Und so steht sie da – zur Verblüffung der heutigen Reisenden. Es gilt, sich an die Begegnung mit einem Land zu gewöhnen, das unverkennbar durch seine Kolonialgeschichte geprägt wurde, das die Spuren davon bewahrt, teilweise sogar liebevoll pflegt und das dennoch zu einem selbstverständlichen Miteinander der dort beheimateten Völker zu finden trachtet.

Verblüffend zunächst auch der provinzielle Charakter von Windhoek, Namibias einziger Groß-

Die Kolonialgeschichte hat überall ihre Spuren hinterlassen

stadt, der sich bei näherer Betrachtung jedoch als landestypisch erweist. Wo sich im Schnitt 2,6 Menschen auf einem Quadratkilometer verlieren (in Deutschland drängeln sich auf gleichem Raum 229), haben auch Städte eine andere Qualität. »Knubbelt« es sich dann einmal wie in Windhoek mit seinen immerhin rund 323 000 geschätzten Einwohnern, nehmen Europäer nur provinzielle Überschaubarkeit wahr. Denn: Wenig bleibt wenig. Eben das ist Namibia.

Dorthin, wo es sich wirklich knubbelt, nach Katutura oder Khomasdal, verirrt sich allerdings seltener ein Reisender. Diese den Schwarzen bzw. Farbigen vorbehaltenen, im Nordwesten von Windhoek gelegenen Vororte befremden denn doch – zumal denjenigen, der frisch eingereist ist. In den 1960er Jahren wurden die Wohngebiete sieben Kilometer vom Zentrum entfernt angelegt. Die bis dahin in der Stadtmitte lebenden Menschen wurden gemäß den Richtlinien der südafrikanischen Apartheidpolitik dorthin umgesiedelt und entsprechend ihrer ethnischen Zugehörigkeit in Wohnvierteln einquartiert.

Die Independence Avenue in Windhoek

In das durch deutsche Gründerzeit geprägte Windhoek kehrt allmählich der Geist eines harmonischen Miteinanders verschiedener ethnischer Gruppen ein

Die geringe Begeisterung, die diese Maßnahme bei den Betroffenen auslöste, lässt sich noch heute am Namen ablesen. »Platz, an dem wir nicht leben wollen«, Katutura, nannten die Schwarzen ihren Vorort – und leben dennoch dort, legen zu Fuß weite Wege zur Arbeit zurück, wenn sie eine haben, und haben sich eingerichtet. So gut das eben in einheitlichen Wohnschachteln, jede in zwei oder drei Räume unterteilt und von durchschnittlich acht Personen bewohnt, möglich ist. Manchmal erkennt man die eher zaghaften Versuche, kleine Gärten anzulegen oder den Einheitsbau durch individuelle Gestaltung zu verschönern. Doch meist ersticken solche Bemühungen im Ansatz. Zu hoch ist die Arbeitslosigkeit, zu wenig gesichert die materielle Existenz der meisten Bewohner, als dass Mittel für unnötigen Luxus übrig blieben.

Die Anlage von Khomasdal macht deutlich, dass die Rassentrennung die Farbigen weit höher einstufte als die Schwarzen. Die Grundstücke und Häuser sind größer, die Gärten grüner und der Weg in die Innenstadt ist kürzer. Doch hier wie dort scheitern Bestrebungen, die neue Freiheit zu nutzen und in »weiße« Wohngebiete umzuziehen, an den real existierenden ökonomischen Verhältnissen. Manchmal gewiss auch an dem fehlenden Wunsch nachbarschaftliche Verbundenheit sowie Lebendigkeit und vitale Ungezwungenheit des vertrauten Umfelds aufzugeben.

Im geschäftigen Stadtzentrum, das nach dem Willen der Apartheidpolitiker ein den Weißen vorbehaltener Raum sein sollte, mischen sich inzwischen Kulturen und Rassen in eben jener selbstverständlichen Farbigkeit, wie sie dem Verständnis des modernen, demokratischen Staates entspricht. Der pulsierende Mittelpunkt ist hier die Independence Avenue, die wie eine Hauptschlagader durch das Geschäftszentrum führt. Die Straße ist so alt wie die Besiedlung des Ortes und damit gut 160

Herero-Frauen in ihrer stammestypischen Tracht

Jahre im Dienst. Zunächst als namenloser Transportweg zur Zeit der Inbesitznahme durch die Orlaam, um später unter deutscher Kolonialherrschaft als Kaiser-Wilhelm-Straße zu höchst aristokratischem Rang aufzusteigen.

Während der Periode der südafrikanischen Mandatsherrschaft war der persönliche dynastische Bezug nicht mehr passend: Kaiserstraße bot sich als akzeptabler Kompromiss an. Dass die Straße seit der Unabhängigkeit Independence Avenue heißt, erscheint im Kontext des neuen staatlichen Selbstbewusstseins als weiterer Akt der Ehrerbietung. Warum es auch fast folgerichtig ist, dass ein Teil der alt eingesessenen deutschsprachigen Bevölkerung schlicht bei der Bezeichnung Kaiser-Wilhelm-Straße geblieben ist. Adel ist Adel, und wilhelminischer Glanz geht unverändert von den Gebäuden aus. Eine Tatsache, an der weder moderne Geschäftshochhäuser noch in jüngster Zeit entstandene ministeriale Prunkbauten viel zu ändern vermochten.

Dies wie die Übersichtlichkeit der Stadt kann man, in aller Ruhe auf der Terrasse des zentral gelegenen Restaurants im Obergeschoss des Gathemann-Hauses sitzend, auf sich wirken lassen. Nicht nur Leben und Treiben auf Namibias einzigem Großstadtboulevard hat man von hier aus im Blick, sondern auch den Zoopark gegenüber, hinter dessen Bäumen die Spitze der Christuskirche, die im Rang eines Windhoeker Wahrzeichens steht, hervorlugt. Die Vorstellung, im Zoopark würden sich noch wie in der Frühzeit der Windhoeker Stadtgeschichte Löwen und Elefanten tummeln, hat fraglos ihren Reiz.

Städtischer Verkehrslärm übertönt vom durchdringenden Trompetenstoß eines grauen Dickhäuters – das wäre ein stilvoller Willkommenssalut in einem afrikanischen Land. Doch heute muss man sich mit lautlosen Abbildern begnügen: Auf einer Säule im Park wird in der Darstellung früher Jagdszenen an die hier gefundenen prähistorischen Elefantenknochen und Jagdwerkzeuge erinnert. Letztere belegen, dass bereits vor 5000 Jahren Menschen an diesem Ort lebten.

Auf ein nur rund 100 Jahre zurückliegendes Ereignis weist ein anderes Monument im Park hin: ein Kriegerdenkmal aus dem Jahr 1897, errichtet im Gedenken an die deutschen Helden, die im Kampf

Eine traditionelle Skurrilität: rheinischer Karneval in Afrika

gegen die Witbooi–Nama ihr Leben ließen. Die Besetzung des »Niemandslandes« im Südwesten Afrikas – so die Version der offiziellen deutschen Kolonialpolitik damals – war nicht ohne Blutvergießen zu bewerkstelligen.

Daran erinnert auch das Standbild des »Südwester Reiters«, an Kaisers Geburtstag 1912 direkt vis-à-vis der Christuskirche enthüllt. Auf einer Gedenkplatte im Natursteinsockel wird der 1749 deut-

schen Toten gedacht, die in den Kämpfen um die Etablierung der Kolonialherrschaft ihr Leben ließen. Und oben reitet die konkretisierte Idealvorstellung europäischen Herrschaftsanspruchs im Geiste des 19. Jahrhunderts: ein ernster Soldat, kerzengrade im Sattel aufgerichtet, den Blick auf ferne Ziele geheftet und das Gewehr fest in der Hand. Die Namibier von heute, gleich welcher Hautfarbe, scheinen mit solchen Relikten ihrer Ge-

Bizarre Felsformationen prägen das Bild des Erongo-Massivs

Namibia:
Das zentrale Hochland

3

Wieviel Zäune braucht der Mensch?

Was die Menschen betrifft, weiß die Statistik es genau: 39 Bewohner verlieren sich auf der Fläche von einem Quadratkilometer in Namibia. Das bedeutet, dass der Reisende oft stundenlang durch dieses Land fahren kann, ohne auch nur eine Menschenseele zu Gesicht zu bekommen. Gerade deshalb muss es als Kuriosum erscheinen, dass die fast menschenleere Weite – mit Ausnahme einiger weniger abgelegenen Regionen – beinahe vollständig eingezäunt ist. Schade nur, dass es noch keinen Statistiker gereizt hat festzustellen, wie viele Kilometer straff gespannten Drahtes aufgewendet wurden, um die scheinbare Grenzenlosigkeit zu begrenzen.

Doch auch ohne eine greifbare Zahl befremdet der Aufwand, mit dem oft spärlichst bewachsene Flächen parzelliert wurden, so sehr, dass man am Ende gar ins Grübeln gerät und sich zu philosophischen Mutmaßungen versteigt. Dabei ist alles ganz einfach: Jeder Quadratmeter des Landes, auf dem noch so geringer Bewuchs Viehhaltung ermöglicht, wird genutzt. Entsprechend der Viehart, die »gekehrt« (Südwesterdeutsch: eingefriedet) werden soll, und entsprechend der Wildart, die man möglichst außen vor halten

schichte eher gelassen umzugehen. Man verweigert sich nicht der Erinnerung – in Einklang mit der Devise, den Staat auf einer Haltung der Versöhnung, der *Reconciliation*, aufbauen zu wollen.

Afrikanisch geprägte Frühzeit, deutsche Kolonialherrschaft, südafrikanische Mandatsherrschaft im Sinne der Apartheid: All das ist präsent und unübersehbar im Windhoek des 21. Jahrhunderts. Man kann zu jeder dieser Epochen stehen, wie man will. Als Außenstehender mag man sie verherrlichen, in Frage stellen oder aus wohlwollender Distanz heraus betrachten. Wer den äußeren Standort einer solchen Haltung anpassen möchte, sollte auf jeden Fall gegen Abend einmal zur Heynitzburg hinaufsteigen. Es ist dies diejenige der drei am Baustil mittelalterlicher Burgen orientierten kolonialen Hinterlassenschaften, die heute als Hotel und Restaurant dient. Ziel ist weder nostalgische Schwärmerei noch geschmäcklerisches Naserümpfen über Stilfragen. Es geht vielmehr darum, die kleinstädtische Großstadt mit den befremdlich deutschen Anklängen im rechten Licht zu sehen. Und das ist nun mal der verklärende Glanz eines typisch afrikanischen Sonnenuntergangs.

Das zentrale Hochland: Rund um Windhoek

Wohin der Weg von Windhoek aus auch führen mag, ein Stück weit geht es immer noch durch das zentrale Hochland, durch Namibias Mitte. Fährt man Richtung Süden, passiert man zunächst die Auas-Berge und erreicht nach etwa 90 Kilometern das Städtchen Rehoboth. Interesse verdienen vor allem die Bewohner des Ortes, die Rehobother Baster. Diese Nachkommen von Verbindungen zwischen Weißen und Nama lebten ursprünglich in der Kapprovinz und wanderten im 19. Jahrhundert nach Namibia ein. Sie erwarben das Gebiet, das sie heute noch bewohnen, von den Swartbooi-Nama zunächst für ein Jahr und gegen Zahlung von acht Pferden. Sie verlängerten den Vertrag jeweils für ein weiteres Jahr durch Stellung je eines neuen Pferdes, bis die Nama die Übereinkunft reute und sie mit Gewalt den Besitz zurückforderten. Die Baster behielten in der Auseinandersetzung die Oberhand und ihren Siedlungsraum – bis auf den heutigen Tag. Lange Zeit konnten sie sich sogar weitgehende Autonomie bewahren. Erst 1996 ging dieser Status im Zuge des Neuaufbaus des namibischen Staates verloren. Geblieben ist hingegen der Stolz der Baster auf ihre Herkunft.

Fährt man von Windhoek aus Richtung Norden, so ist das Landschaftsbild weitgehend durch Buschsavanne geprägt. Mit Okahandja erreicht man nach etwa 65 Kilometern den Ort, der heute als ideeller Mittelpunkt der Herero betrachtet werden kann. Die Gräber der letzten namhaften Führer dieser ethnischen Gruppe befinden sich hier – in friedlicher Eintracht übrigens mit dem ihres einstmals ärgsten Feindes: Jan Jonker Afrikaner. Alljährlich im August sind sie das Ziel der überall im Land verstreut lebenden etwa 100 000 Angehörigen dieser Volksgruppe und dann auch der Kristallisationspunkt ebenso bedeutsamer wie bunter Festlichkeiten.

Reisende aus Europa zieht es vor allem wegen der Holzschnitzermärkte an der Durchfahrtsstraße hierher. Die afrikanische Tierwelt, auf Wohnzimmerformat gestutzt – und noch so gerade tauglich fürs Handgepäck im Flugzeug –, harrt mit hölzerner Geduld der ihr vorbestimmten Souvenir-Karriere.

Die deutschen Missionare der Rheinischen Missionsgesellschaft, die Okahandja in der ersten Hälfte des 19. Jahrhunderts zum Ausgangspunkt ihres Wirkens gemacht hatten, verlegten ihre Station schon bald ins 30 Kilometer entfernte Groß Barmen. Wahrscheinlich wegen der warmen Quellen. Noch heute speisen sie Thermalbäder, die das Ziel vieler Windhoeker am Wochenende und mancher Touristen am Ende einer Rundreise sind.

Eine weit größere Zahl ausländischer Touristen zieht es indes auf der nördlich von Okahandja nach Westen führenden Teerstraße Richtung Karibib. Ziel ist (wenn nicht die Atlantikküste) das Erongo-Massiv westlich der Straße von Karibib nach Omaruru. Das Gebirgsmassiv, eine ringförmige Lavaschüssel, ist nicht nur aufgrund seiner bizarren Felsformationen ein Anziehungspunkt, sondern auch wegen der hier aufgefundenen Felszeichnungen, von denen der Weiße Elefant wohl die bekannteste ist. In der Region sind zudem in den letzten Jahren einige sehr empfehlenswerte Gästefarmen und Lodges entstanden – zum Teil mit der Möglichkeit zur Wildbeobachtung.

möchte, variiert die Beschaffenheit der Zäune. Von der Menge der zu erwartenden jährlichen Regenfälle hängt hingegen die Größe des eingezäunten Areals ab. Im trockenen Süden des Landes geht man davon aus, dass zur Erhaltung eines Rindes 40 Hektar Land notwendig sind, was Farmen von (für mitteleuropäische Verhältnisse) gigantischer Größe zur Folge hat: 10 000 bis 30 000 Hektar gelten hier als notwendig, um die wirtschaftliche Existenz des (meist weißen) Besitzers und seiner (meist schwarzen) Farmarbeiter zu sichern.

Denn begrenzt sind nach wie vor für schwarze Namibier die Möglichkeiten zur Bewirtschaftung eigenen Landes. Nur Land, das nicht mehr genutzt wurde, wurde nach der Unabhängigkeit eingezogen und an Schwarze verteilt – auch im Hinblick auf den größeren volkswirtschaftlichen Nutzen, der von den nach modernen Erkenntnissen geführten »weißen« Farmbetrieben zu erwarten war. So blieb oft nur das Land im Bereich der von Südafrika eingerichteten ehemaligen *Homelands*. Doch die relativ hohe Bevölkerungsdichte in diesen Gebieten sowie das Fehlen von Kapital und Know-how erlauben selten mehr als die Produktion für den eigenen Bedarf.

Dennoch ist damit in der Landfrage noch nicht das letzte Wort gesprochen. Immer wieder, besonders vor Wahlen, schlagen die führenden Politiker schärfere Töne an und kündigen Enteignungen an. Im Allgemeinen blieb es jedoch bislang dabei, dass nur brachliegendes Land eingezogen wurde. Die weißen Farmer haben der Regierung mehrfach ihre Kooperation bei der Lösung des Problems zugesagt.

Namibia:
Waterberg

3

Rund um den Waterberg:
Begegnung mit der Kolonialgeschichte

Der Weg in Namibias Norden führt durch typische Savannenlandschaft: weite Grasebenen mit lichten Dornbüschen und Baumbewuchs. Einzelne Bergkuppen, die die Fläche überragen, scheinen zwar von bescheidener Höhe, erreichen aber oft mehr als 2000 Meter. Die Ebene selbst – und das verliert man leicht aus dem Bewusstsein – erstreckt sich auf der stattlichen Höhe von bis zu 1400 Metern über Meeresniveau.

Fast könnte man den Eindruck gewinnen, dass die Berge dieser Region ihr nur wenig herausragendes Erscheinungsbild durch außerordentliche Gestaltungsmerkmale kompensieren müssten. So die Omatako-Berge, immerhin 2286 Meter hoch und damit runde 900 Meter höher als der Betrachter, die sich als ebenmäßige Halbkugeln wölben. Diese Form inspirierte die Herero zu der sinnfälligen Namensgebung Po-Backen.

Nur schlappe 200 Meter überragt der Waterberg die Hochebene, erreicht aber mit 48 Kilometern Länge und bis zu 16 Kilometern Breite eine beachtliche Ausdehnung. Es handelt sich dabei um ein Tafelbergplateau, das durch Erdverschiebungen vor 200 Millionen Jahren entstanden ist. Faszinierend vor allem die senkrecht aufragenden Felswände aus Etjo-Sandstein, die je nach Sonneneinstrahlung in rötlich-gelber Farbenpracht glänzen. Die Wasserundurchlässigkeit dieses Gesteins trägt

dazu bei, dass die relativ hohen jährlichen Niederschlagsmengen auf dem Plateau nicht versickern können, was kräftigen Bewuchs ermöglicht. Außerdem führt sie dazu, dass sich an der Basis des Berges, wo der Sandstein auf tonhaltige Schichten trifft, Quellen bilden. Eine üppige Saumvegetation ist die Folge. Und damit ist offensichtlich, wie der Berg zu seinem Namen kam.

Berühmtheit erlangte der Waterberg, lange bevor er zur Naturschutzzone wurde, als Ort der entscheidenden Auseinandersetzung zwischen der deutschen Kolonialmacht und den Herero. Die Mauerreste einer Missionsstation am Fuß des Berges lassen die Präsenz der Kolonialmacht heute nur mehr erahnen. Dafür sprechen die mehr als 100 Jahre alten Grabsteine auf dem alten Friedhof eine umso beredtere Sprache. Es fällt auf, dass diejenigen, die am 14. Januar 1904 hier ihre letzte Ruhestätte fanden – und das sind bei weitem die meisten – nicht als »gefallen«, sondern als »ermordet« bezeichnet werden.

Grabstein auf dem alten Friedhof der Missionsstation am Waterberg

Und wirklich fand an jenem fernen Tage keine Schlacht statt. Dem Aufruf Samuel Mahereros, des obersten Kapitäns der Herero, folgend, überfiel eine Gruppe junger Herero-Krieger die Station und tötete die sich dort aufhaltenden Händler und Soldaten. Dieser Vorfall und andere, parallel ablaufende Übergriffe im ganzen Land setzten das Signal für den Aufstand der Herero-Nation.

Sieben Monate später, am 11. August, kam es dann im Angesicht der Felsbastion des Waterbergs zur entscheidenden Schlacht. Sie endete mit der Niederlage der Herero, ihrer Vertreibung ins Sandveld der Omaheke und dem Tod durch Verdursten von vermutlich 60 000 Männern, Frauen und Kindern. Der deutsche Befehlshaber Lothar von Trotha hatte Order gegeben, die Hereros mit Waffengewalt an der Rückkehr aus der wasserlosen Wüste zu hindern.

Vor einigen Jahren wurde in die Friedhofsmauer der ehemaligen Missionsstation am Waterberg eine Gedenktafel eingelassen. »Dem Andenken der in der Schlacht am Waterberg gefallenen Herero-Krieger« ist sie – in deutscher Sprache – gewidmet. Eine versöhnliche Geste, ein Schritt auf dem namibischen Weg der *Reconciliation,* der Bekundung gegenseitiger Anerkennung – ungeachtet vergangenen Unrechts.

◁ Der Waterberg bietet einen weiten Blick über das zentrale Hochland Namibias

Namibia: Etosha-Nationalpark 3

Der König der Tiere kann im Etosha-Park bewundert werden

Sable-Antilope: eine der vielen Antilopenarten im Etosha-Park

Etosha-Nationalpark: »Ort des trockenen Wassers«

Entstandenen Schaden zu begrenzen – diesem Impuls verdankt Namibias beliebtestes touristisches Ziel, der Etosha-Nationalpark, seine Entstehung. Als man sich 1907 anschickte, im Norden von Deutsch-Südwest rund um die Etosha-Pfanne ein Gebiet von 93 240 Quadratkilometern (zum Vergleich: 108 332 Quadratkilometer umfasste das Gebiet der ehemaligen DDR) zum Wildreservat zu erklären, war die Sorge um den Fortbestand der afrikanischen Wildtierarten die Triebfeder. Europäische Großwildjäger, Händler und Abenteurer hatten den Norden des heutigen Namibia fast »leer geschossen«. Die Bilanz war erschreckend: Nicht ein einziger Elefant hatte überlebt. Der Schutzraum, den man der Tierwelt einzuräumen gewillt war, wurde umso großzügiger bemessen: Bis zur Atlantikküste im Westen und zum Fluss Kunene im Norden reichte das Reservat. 1970 reduzierte man das Areal dieses größten Wildparks der Erde auf knapp ein Viertel der ursprünglichen Größe.

Kern des Parks ist die Etosha Pan, die rund 6000 Quadratkilometer große Pfanne, die namensgebend für das gesamte Reservat wurde. Deutungen des Namens *Etosha* finden sich mehrere – »großer, weißer Platz«, »Ort des trockenen Wassers« oder »Wo man wegen des heißen Bodens von einem Fuß auf den anderen hüpfen muss« – doch erst alle zusammen beschreiben sie recht exakt die Charakteristika der landschaftlichen Erscheinung.

»Groß und weiß« – dem lässt sich nicht widersprechen. Die Fläche der Pfanne ist mehr als zehnmal so groß wie die des Bodensees und sie wird von einer weißen Kruste (Salze aus dem verdunsteten Grundwasser) überzogen. Auch mit dem »trockenen Wasser« hat es seine Richtigkeit. Hätte man vor zwei bis zehn Millionen Jahren (genauer weiß man's leider nicht) am Rande der Pfanne gestanden, hätte man einen riesigen Binnensee vorgefunden. Dem wurde die Existenzgrundlage geraubt, als der Kunene, der ihn in der Hauptsache gespeist hatte, sein Bett verlagerte. Der See trocknete aus, der trockene, vegetationslose Boden erodierte, wurde vom Wind verweht. So entstand die *pan*, eine normalerweise staubtrockene, flache Mulde, in der in regenreichen Jahren für kurze Zeit das

Leben wieder erwacht. Doch kaum beginnt die Salzwüste sich unter dem Einfluss des Wassers neu zu beleben, löst sich selbiges auch schon wieder in Luft auf. Was bei 50 bis 60 Grad Celsius Bodentemperatur in den Sommermonaten nicht verwundert. Der Mensch – wahrscheinlich ein San-Buschmann –, der bei solchen Oberflächentemperaturen barfuß die Pfanne zu durchwandern versuchte, kam ohne Zweifel heftig ins Hüpfen.

Ein Stück weit kann man – auf ausgewiesener *pad*, das heißt Schotterstraße – mit möglicherweise heißen Reifen, aber heilen Fußsohlen auch heute ins weiße Nichts hineintauchen. Und die Erfahrung sollte man genießen: Die Luft flimmert, gaukelt Trugbilder von fernen Wassern vor. Den Augen ist nicht mehr zu trauen. Entfernungen und Grenzen verschieben sich.

Bei fast 150 000 Besuchern jährlich muss man zwangsläufig den Etosha-Park mit vielen teilen. Selten parkt das eigene Fahrzeug allein an einem Wasserloch. Fast immer wird man umringt von anderen, richten sich gleichzeitig Dutzende von Ka-

Von insgesamt 133 Chamäleon-Arten leben die meisten in Afrika

Eine Herde der außergewöhnlich großen Etosha-Elefanten

Namibia: *Etosha-Nationalpark* 3

meraobjektiven und Ferngläsern auf die Großen der afrikanischen Tierwelt. Die Wildnis ist hier nicht exklusiv – und das bewusst. Sie soll allen zugänglich sein. Was gewöhnungsbedürftig, aber ganz sicher vernünftig ist.

Während aufgrund unterschiedlicher Niederschlagsmengen der Westen des Parks hauptsächlich aus Busch- und Dornsavanne besteht, herrscht im Osten Baumsavanne vor. Neben den Mopane-Bäumen, die 80 Prozent des Baumbestands ausmachen und deren Blätter zu den bevorzugten Nahrungsmitteln der Elefanten zählen, finden sich um das östliche Rastlager Namutoni nicht nur eine Reihe von Akazienarten, Tambuti- und Terminalia-Waldungen, sondern auch Makalani-Palmen. Hier gibt es auch einige kleinere Pfannen, die beständig mit Wasser gefüllt sind und deshalb Heimstätte einer artenreichen Vogelpopulation sind. Flamingoschwärme stehen mit selbstbewusster Grandez-

Fast die gesamte Tierwelt des südlichen Afrikas ist im Etosha-Park vertreten, hier eine Herde Zebras am Wasserloch

za im seichten Wasser, Trappen stolzieren durchs hohe Gras, Gabelracken, nicht mehr als amselgroß, aber in herrlichen Blau- und Lilatönen schillernd, äugen vom Ast eines Baumes herab und – mit etwas Glück – kann man die majestätische Flugbahn eines Adlers, eines Gauklers oder Fischadlers beispielsweise, verfolgen.

Denn Glück, am besten ergänzt durch eine gehörige Portion Geduld, gehört nun mal zur Tierbeobachtung. Mit beidem gut ausgerüstet, kann man im Etosha-Park nahezu alles sehen, was die Tierwelt des südlichen Afrikas zu bieten hat: Elefanten und Nashörner, Löwen, Leoparden und Geparde, alle Arten von Antilopen, Gnus, Zebras und Giraffen, Warzenschweine und Strauße, Schakale und Hyänen – um nur eine kleine aristokratische Auswahl der vorhandenen Fauna beim Namen zu nennen.

Ein nachtaktiver Aasfresser: die Hyäne

Tsumeb und Grootfontein:
Schätze der Erde und des Himmels

Das Museum der Bergwerksstadt Tsumeb (etwa 120 Kilometer südöstlich von Etosha) vermittelt Einblicke in die Kultur der San wie der Himba. Die Exponate, so sehenswert sie sind, gewinnen erst im Zusammenklang mit den Erzählungen der Museumskustodin, Ilse Schatz, ihre volle Aussagekraft und Lebendigkeit. Ihr Leben lang war Ilse Schatz eng mit den Buschleuten verbunden, hat ihre Mythen kennen gelernt, an ihren Riten teilgenommen und ihre Lebensgewohnheiten beobachtet. Aus dieser Erfahrung ist Achtung erwachsen und ein reicher Schatz an Wissen, der sich dem interessierten Besucher gern öffnet. Darüber hinaus zeigt das Museum Exponate aus deutschkolonialer Hinterlassenschaft und eine exquisite Mineraliensammlung – als Hinweis auf die unterirdischen Schätze der Region.

Denn Tsumeb beziehungsweise das Städtedreieck Otavi–Grootfontein–Tsumeb ist die an Bodenschätzen reichste Region des Landes. Kupfer, Blei, Zink, Silber und Germanium lassen sich hier finden, doch sinkende Weltmarktpreise machten in den letzten Jahrzehnten den Abbau zunehmend unrentabel, was Zechenstilllegungen und hohe Arbeitslosigkeit zur Folge hatte. Die blühende Industrieregion wurde zu einem sozialen Brennpunkt des

Landes. Der Besucher bekommt dies wenig zu spüren. Ihm zeigt das Städtchen seine angenehmen Seiten: eine subtropische Gartenidylle, in der selbst der kleine Förderturm an der Hauptstraße wie ein hübsches Dekorationsstück wirkt.

Dekorativ ist auch die Sehenswürdigkeit, der sich die Stadt Grootfontein in ihrem direkten Umfeld rühmen kann: der Hoba-Meteorit, der größte auf der Erde bekannte Irrläufer aus fernen Galaxien. Mit 60 Tonnen, neun Kubikmetern fast reinen (82 Prozent) Eisens und einem Alter von 100 bis 300 Millionen Jahren ist er in jeder Weise gewichtig. Vor etwa 80 000 Jahren verschlug es ihn in diese Gegend, was mehr als nur ein wenig Staub aufgewirbelt haben muss. Seither liegt er da, inzwischen in einer gemauerten Arena: ein gigantischer Splitter des Alls. Mit mattem, dunklem Glanz reflektiert seine Oberfläche die Strahlen der afrikanischen Sonne, auf dass seine eherne Existenz kalt und unberührt von allem Irdischen verharrt. Den weniger kühlen Erdenbewohner wird indes auch der Anblick der Umgebung erwärmen: Das Vorhandensein großer Quellen (daher der Name Grootfontein) und relativ hohe jährliche Niederschlagsmengen machen hier Feldanbau und damit reges bäuerliches Leben möglich.

Förderturm im bodenschatzreichen Norden Namibias – doch die Zechen mussten während der letzten Jahrzehnte stillgelegt werden

Der steinige Weg hinaus aus der Steinzeit: Namibias Ureinwohner, die San

San – ein Nachfahre der Ureinwohner Namibias

Vieles spricht dafür, dass die unterschiedlichen Gruppierungen der heute noch in Nambia lebenden ca. 38 000 San-Buschleute Nachfahren der ersten Bewohner Namibias sind. Lange, wahrscheinlich Jahrtausende vor dem Eindringen aller anderer Ethnien, durchstreiften sie jagend und sammelnd das Land, ohne es – in prähistorisch selbstverständlichem Einklang mit der Natur lebend – nachhaltig zu verändern. Allenfalls Felszeichnungen blieben von diesen frühen Nomaden, Ausdruck des scheinbar urmenschlichen Bedürfnisses nach schöpferischer Aneignung der Schöpfung.

Vieles spricht auch dafür, dass sie, die einst vor allem im Norden des Landes riesige Gebiete durchstreiften, den Weg in die Zukunft nicht finden werden. Zu sehr unterscheiden sich ihre traditionellen Denk- und Lebensmuster von den Lebensbedingungen zu Beginn des dritten Jahrtausends. Dabei hatten sich ihre Überlebensstrategien über die Jahrhunderte als höchst effizient erwiesen: Der Unterdrückung durch besser organisierte und deshalb machtvollere Gruppen entzogen sich die friedliebenden, niemals in größeren Verbänden lebenden San durch Rückzug. Mit der zunehmenden landwirtschaftlichen Nutzung aber und der damit einhergehenden Idee der Aufteilung des Landes in Privatbesitz – wie sie sich zur Zeit der Kolonialherrschaft durchsetzte – gingen solche Rückzugsmöglichkeiten immer mehr verloren.

Heute schätzt man die Zahl der San, die in der Kargheit der Kalahari noch immer auf traditionelle Art als Wildbeuter ihr Leben fristen, auf knapp 100 000 im gesamten südlichen Afrika. Langfristig überleben kann die Gesamtheit der Gruppe jedoch nur, wenn ihnen die Möglichkeit eröffnet wird, eine schrittweise Anpassung an zeitgemäße Lebensformen zu vollziehen. Zwar hat der namibische Staat den Buschleuten besonderen Schutz und Unterstützung bei der Integration zugesichert, doch zeigt dies kaum praktische Auswirkungen. Allein private Initiativen, meist von Farmern, die San als Farmarbeiter beschäftigten und durch die Auseinandersetzung mit ihren Traditionen wie durch den persönlichen Umgang ihre geradlinige und (im positiven Wortsinn) naive Menschlichkeit schätzen lernten, verfolgen diesen Weg mit teilweise bemerkenswerter Konsequenz.

Die Ombili-Stiftung – etwa 65 Kilometer vom Von Lindquist Gate an der Ostseite des Etosha-Parks entfernt – wurden von der aus Deutschland stammenden Farmersfrau Beate Mais-Rische gegründet. Rund 500 San wurde auf dem Gebiet der Farm Hedwigslust die Möglichkeit geboten, sich in traditionellen Grashüttendörfern einzurichten. Durch regelmäßige Arbeit im Farmgarten und auf den Feldern, durch Handwerksarbeiten an den Gebäuden und durch Produktion von Kunsthandwerk zum Verkauf an Touristen lernen die Älteren ihren Lebensunterhalt eigenständig zu bestreiten. Den Kindern – und das ist das zentrale Anliegen – soll durch eine abgeschlossene Schulbildung der Zugang zur modernen namibischen Gesellschaft ermöglicht werden.

Namibia: Caprivi-Streifen 3

Farbenfroh und putzmunter: ▷ Bienenfresser (Bee Eaters) bevölkern die Steilwände am Zambezi-Ufer im Caprivi-Streifen

Der Caprivi-Streifen heißt seit 2013 Sambesi. Die Umbenennung ist umstritten.

Kanufahrt durch die Wasserwelt des Caprivi-Streifens

Abstecher in den Caprivi-Streifen: Hippos, Büffel, Elefanten

Für Reisen in Namibias äußersten Nordostzipfel, den Caprivi-Streifen, ist Grootfontein fast immer Ausgangs- oder Zwischenstation. Zwar ist die Anreise lang (758 km sind zu bewältigen), aber die Fahrt führt ausschließlich über Teerstraße. Zudem entschädigen die Erlebnisse am Ziel allemal für die Mühen des Weges.

Caprivi – das ist eine andere, beinahe unnamibisch anmutende Welt, sowohl landschaftlich als auch ethnisch. Die hier lebenden Stämme der Kavango und Caprivianer (Fwe und Subia) verfügen nach wie vor über stabile Stammesstrukturen, und ihre Häuptlinge behaupten im Verwaltungsgefüge des selbstständigen Namibia eine von der Zentralregierung kaum zu kontrollierende Macht. Lebensgrundlage bildet neben Ackerbau und Viehzucht der Fischfang, denn im Gegensatz zum übrigen Land ist der Zipfel von großen, wasserreichen Flüssen – Okavango, Kwando, Linyanti, Cho-

be, Zambezi – mit angrenzenden Sumpfgebieten durchzogen.

Dementsprechend lässt sich hier auch eine ganz andere Flora und Fauna beobachten. Hippos und Krokodile dösen scheinbar teilnahmslos an den Flussufern, suchen Schutz im Schilf oder im Schatten weit ausladender Baumriesen. Eine artenreiche Vogelwelt lädt zur Jagd per Bestimmungsbuch ein, und die teilweise üppige Baumsavanne bietet den idealen Lebensraum für eine der größten Elefantenpopulationen des Kontinents.

Der Flaschenbaum speichert Feuchtigkeit in seinem Inneren, um in der Dürre des Damaralandes überleben zu können

Damaraland und Kaokoveld:
Hart, abweisend und betörend schön

Ganz anders als die Region südöstlich des Etosha-Parks ist das Damaraland. Elefanten gibt es hier auch, und sie stellen sogar eine einzigartige Rarität dar: Sie gehören zu den Wüstenelefanten. Trotz des normalerweise immensen Bedarfs der grauen Riesen an Grünfutter (bis zu 500 Kilogramm pro Tag) und Wasser (etwa 350 Liter pro Tag) haben sich diese Tiere den besonders harten Bedingungen des namibischen Nordwestens angepasst. Sie können lange Zeit ohne Wasser auskommen, richten aber ihre Wanderwege meist nach dem Verlauf der trockenen Flussbetten aus, wo Grundwasser und Vegetation vorhanden sind.

Nicht nur Elefanten, sondern fast die gesamte Palette der afrikanischen Großtierwelt muss sich in früheren Zeiten im Damaraland getummelt haben. Anders lässt sich das Vorhandensein ihrer Abbilder auf den Felswänden an verschiedenen Orten der Region nicht erklären. Von Khorixas aus, dem Verwaltungszentrum, lassen sich die bekanntesten und am leichtesten zugänglichen in vertretbaren Tagesetappen erreichen. Etwa 150 Kilometer entfernt erhebt sich das Brandbergmassiv, das allein schon durch Namibias höchsten Berggipfel, den Königstein (2573 Meter), herausragt. Dass im Bereich des Massivs etwa 45 000 Felszeichnungen (unter ihnen die berühmte »White Lady«) dokumentiert wurden, macht ihn zudem zu einem »Ayers Rock« Namibias. Vornehmlich Jagdszenen wurden hier vor 1500 und mehr Jahren von bisher ethnisch noch nicht eindeutig zugeordneten Künstlern auf Stein gemalt – aus Lust am bildnerischen

Fels-Art: Höhlenmalereien und Felsgravuren

Die über 1000 Jahre alte »White Lady« im Brandbergmassiv

»Apollo-11-Grotte« in den Huns-Bergen, »Maack's Shelter« im Brandbergmassiv, Twyfelfontein, Erongo-Gebirge – die Ortsangaben ließen sich beliebig fortsetzen. Sie stellen nur eine Auswahl dar, eine Auswahl der – auch bei archäologischen Laien – bekannten Fundorte von Höhlenmalereien und Felsgravuren in Namibia.

Die bislang bekanntesten ältesten Kunstwerke dieser Art finden sich in der Apollo-11-Grotte im Süden Namibias. Ihren Namen erhielt sie, weil der Archäologe Wolfgang Erich Wendt am 24. Juli 1969, dem Tag der Rückkehr des Raumschiffes »Apollo 11« aus dem All mit den Ausgrabungsarbeiten begann. Auch wenn die Höhle der Öffentlichkeit nicht zugänglich ist, verdient sie Erwähnung, weil die hier gefundenen bemalten Platten mit Hilfe der Radiokarbonmethode auf ein Alter von 26 000 bis 28 000 Jahren datiert werden konnten. Interessant und aufschlussreich zugleich ist die Geschichte einer anderen namibischen Felsmalerei, der »White Lady« aus dem Brandbergmassiv. Entdeckt wurde diese vielleicht bekannteste namibische Zeichnung 1918 vom deutschen Landvermesser R. Maack, benannt wurde sie vom französischen Prähistoriker Abbe Breuil. Gemeinsam war beiden europäischen Wissenschaftlern, dass sie das Felsbild dem kretischen oder altägyptischen Kulturraum zuordneten, weil es ihnen undenkbar erschien, dass die »primitiven« Völker Afrikas zu solcher Kulturleistung fähig gewesen wären.

Man sah, was man sehen wollte. Neben den Einflüssen aus Europa, die man unter anderem auch im »Weiß« des dargestellten Körpers bestätigt zu finden glaubte, meinte man eine Frauengestalt vor sich zu haben. Doch auch der unverbildete Laie erkennt: Die Figur hat keine Brüste und sie ist mit Pfeil und Bogen, typisch männlichen Jagdwerkzeugen, ausgestattet. Was das Weiß ihres Körpers betrifft, so bestätigt die Ethnologie, dass es einer rituellen Körperbemalung entspricht, wie Himba und Herero sie nachweislich praktizierten.

Während man inzwischen das Alter der Dame, die keine ist, relativ exakt auf 1500 plus/minus 300 Jahre festlegen kann, besteht über die Urheber nach wie vor Ungewissheit. Da im Zeitraum der Entstehung der »Lady« wie der übrigen rund 45 000 im Brandbergmassiv dokumentierten Felszeichnungen – teilweise reichen sie bis 2000 Jahre vor der Zeitwende zurück – verschiedene Ethnien in dieser Region nachgewiesen werden können, ist eine klare Zuordnung zur Zeit nicht möglich.

Auch die Bedeutung der dargestellten Jagdszenen – genau wie die der Felsgravuren von Twyfelfontein – bleibt als vage wissenschaftliche Hypothese im Raum stehen. Das Spektrum der Deutungsmöglichkeiten reicht von der Wiedergabe besonderer Ereignisse durch zeichnende Chronisten über Belehrungen für die Jugend bis zum bildnerischen Ausdruck mythologischer Vorstellungen, die in Tranceriten entstanden sein mögen. Auch als bildnerische Beschwörungsformeln, als Jagd-, Regen- oder Analogiezauber werden sie gesehen. Gemalt wurde von den frühen Künstlern mit Pigmenten u. a. aus Holzkohle, gelbem, braunem und rotem Ocker, Mangandioxid und auch Hämatit (Rötel).

Ausdruck, als Belehrung für die heranwachsenden Jäger oder zu kultischen Zwecken. Immerhin nannten die Herero das Massiv Omukuruwaro, Berg der Götter.

In Twyfelfontain finden sich vielfältige Tierdarstellungen die in Sandsteinplatten eingeritzt wurden. Auch sie können – zum Teil bis 6000 Jahre – zurückdatiert werden, sind nicht zweifelsfrei einer Volksgruppe zuzuordnen, lassen aber keinen Zweifel daran aufkommen, dass schon von alters her Menschen hier lebten.

Ganz in der Nähe befinden sich zudem zwei geologische Highlights Namibias, bekannt als »Verbrannter Berg« und »Orgelpfeifen«. Sein verbranntes Aussehen erhielt der Berg, als vor 80 Millionen

Jahren Dolorit-Lava in den Karoo-Schiefer und Sandstein des Hügels eindrang und so zu farblichen Veränderungen des Gesteins führte. Lava formte auch die eckigen Säulen der »Orgelpfeifen«. Vor 120 Millionen Jahren durchdrang sie das Schiefergestein, und das Ergebnis dieses Prozesses wurde später durch Erosion freigelegt. Wer das Damaraland durchfährt, wird allerdings feststellen, dass es der Hervorhebung besonderer Stellen kaum bedarf. Es ist voll von geologischen Formationen, von Landschaftsszenerien, die in ihrer gestalterischen und farblichen Vielfalt immer aufs Neue bezaubern. Dass dabei ein warmer Rotbraunton dominiert, macht es unverwechselbar unter den landschaftlichen Schönheiten Namibias.

Der Grenzfluss Kunene im Kaokoveld

Einzig in seiner Art ist in der Region der »Versteinerte Wald«, 45 Kilometer von Khorixas entfernt. Vor rund 300 Millionen Jahren wurden Baumriesen von einer Flutwelle hierher gespült und alsbald von Decksanden luftdicht umhüllt, sodass der Prozess der Vermoderung nicht einsetzen konnte. Kieselsäurehaltiges Wasser drang ein, verdrängte die organischen Stoffe und konservierte so die Baumstämme. Den Abtragungsvorgängen in 200 Millionen Jahre später einsetzenden ariden Zeiten war es vorbehalten, das Ergebnis wieder ans Licht der Sonne zu fördern.

Besonders abenteuerlustige Reisende wird es reizen, vom Damaraland aus weiter nach Norden ins Kaokoveld vorzustoßen. Allerdings ist das nur mit einer geführten Reisegruppe oder allenfalls im Konvoi mit vierradgetriebenen Fahrzeugen möglich. Kaokoveld – das ist Landschaft pur: Steine in allen denkbaren Formen und Farben. Mal sind sie zu einem Gebirgszug verdichtet, mal begrenzen sie Sandwüsten und paradiesisch anmutende Grasebenen, und an Namibias Nordgrenze, an den Epupa-Fällen, zwingen sie das Wasser des Kunene zu spektakulären Abstürzen. Und dies alles in einer unübertroffenen Farbvielfalt. Zudem ist Kaokoveld Schwarz-Afrika pur. Nicht zuletzt dadurch, dass hier das nomadische Hirtenvolk der Himba *noch* in seiner ursprünglichen Lebensweise anzutreffen ist. Allerdings sind Begegnungen mit den Himba zwiespältiger Natur: Nichts beschleunigt den Verfall der überkommenen Traditionen mehr als der Tourismus.

Butterfett oder Stoff en gros: Himba und Herero

Würde die Anzahl der von den Angehörigen einer namibischen Ethnie geschossenen Touristenfotos den Grad der Beliebtheit spiegeln, Herero-Frauen stünden an der Spitze dieser Skala – unmittelbar gefolgt von den Himba. Dass die Himba dabei nur den zweiten Platz belegen, hängt allerdings einzig mit der Abgeschiedenheit ihrer heimatlichen Weidegründe zusammen. Das Kaokoveld im Nordwesten Namibias ist immer noch einigermaßen schwer zugänglich, was den Himba über lange Zeit die relative Unberührtheit ihrer traditionellen Lebensformen beließ – sie aber gerade wegen der Schwierigkeit des Kontakts zum begehrtesten Foto-Objekt überhaupt macht.

Verdenken kann man diese Vorliebe niemandem, verkörpern sie doch wie kaum eine andere Volksgruppe auf dem afrikanischen Kontinent die europäische Vorstellung von unberührter Ursprünglichkeit. Kleidung (im westlichen Sinne) kennen sie nicht, sondern sie schützen ihre Körper vor Witterungseinflüssen und Dehydration durch ein Gemisch aus Butterfett und rotem Gesteinsmehl – letzteres benutzen nur Frauen und Mädchen –, aromatisiert mit würzigen Kräutern. Die Art der eisernen Schmuckstücke wie die Haartracht bezeichnen Rang und Stand des Einzelnen. So tragen junge, nicht initiierte Mädchen zwei dicke, in die Stirn fallende Zöpfe, während die verheiratete Frau am ledernen Schmuckarrangement auf dem Kopf erkennbar ist. Heiratsfähige Männer weisen sich durch lange Zöpfe am Hinterkopf aus und verheiratete Männer bedecken ihren Kopf mit einem Lederturban – was alles hübsch und schön und folkloristisch ist, aber die eigentliche Besonderheit eines Himba (Mann wie Frau) nicht ausmacht. Dies alles ist Dekoration, das Eigentliche ist die Haltung: stolz, lässig, voll kühler und distanzierter Überlegenheit.

Herero-Frau mit typischer Kopfbedeckung

Dass beides, Haltung wie Dekoration, im Begriff ist, zur Pose zu erstarren, liegt an der Unmöglichkeit unberührter »weißer« Flecken auf unserem Globus. Nehmen wir als Beispiel nur die Himba-Frau, die uns weit oben im Norden, nahe den Epupa-Fällen auf der Straße entgegenkommt – aufrecht und frei mit einer roten Cola-Dose mitten im traditionellen Kopfschmuck. Oder die Alte, deren Dorf an der Grenze zum Skeleton Coast Park liegt: Die Hälfte eines Reissverschlusses, touristischer Zivilisationsmüll mithin, hält ihr Haararrangement zusammen. Oder der junge Mann an der Tankstelle in Opuwo, der sich – wie alle Himba-Männer – lässig auf den Stock hinter seinem Rücken stützt und ein Bein anwinkelt – um fürs Fotografiertwerden zu kassieren.

Oder die Herero-Frau mitten in der Post Street Mall in Windhoek, die sich fotografieren lässt, weil es Teil ihres Geschäfts ist – des Geschäfts mit selbst gefertigten Puppen, die ihr in der Kleidung aufs Haar ähnlich sehen. Wie ihre Puppen sind sie umwölkt von Massen bunt bedruckten Stoffes und wie sie tragen sie auf dem Kopf ausladende Hauben, die an den Enden spitz zulaufen und an das Gehörn der Rinder erinnern sollen. Beides, Hauben wie Stoffwolken, machen die Herero-Frauen zum beliebten Objekt der Fotografen – und beides wurde ihnen doch nahe gebracht von europäischen Missionaren, die ihre (den Himba ähnliche) Nacktheit moralisch bedenklich fanden. Doch was sie aus den textilen Gebilden viktorianisch-wilhelminischer Prüderie machten und wie sie sie tragen, ist unnachahmlich. Ihre Haltung ist stolz und lässig, beinahe arrogant.

Exakt wie die Himba – deren Vettern und Cousinen sie denn auch sind. Zusammen kamen sie als ein Bantu-Volk im 15./16. Jahrhundert aus dem nordöstlichen Afrika und setzten sich zunächst im Kaokoveld fest. Während die Hauptgruppe der Herero nach und nach in rund 200 Jahren ihre Wanderung südwärts fortsetzte, dort auf das ebenfalls nomadisierte Hirtenvolk der Nama und später auf Europäer in Gestalt der Protagonisten des deutschen Kolonialreichs traf und mit beiden heftige, ja existenzielle Kämpfe ausfocht und überlebte, blieben die Himba relativ unbehelligt in Namibias Nordwesten – für lange Zeit abgeschieden und den überlieferten Traditionen treu. Wie sie allerdings die seit dem 20. Jahrhundert einsetzende Reiselust der Europäer langfristig verkraften werden, wird sich noch zeigen.

Namibia:
Namib-Wüste

3

Die Namib-Wüste:
Nichts ist schöner als »Nichts«

Wüste! Namibias Westen kennt nur dieses eine Thema. Das klingt öde, zumal wenn man weiß, dass der Name dieser Wüste, »Namib«, sich mit »Nichts« übersetzen lässt. Doch wer nichts vom Nichts erwartet, wird immer wieder aufs Neue überwältigt werden – von Weite, von Stille, von gnadenloser, nie zuvor erlebter und gesehener Schönheit.
Die Natur gab der Namib, dieser wahrscheinlich

ältesten Wüstenregion der Erde, nicht nur die Zeit, ihre Vielfalt zu entwickeln, sie gab ihr auch den Raum. Entlang der gesamten Atlantikküste, über 1470 Kilometer erstreckt sie sich in Nord-Süd-Richtung. 50 bis 150 Kilometer türmen sich ihre Sande ins Landesinnere, von West nach Ost bis an den Fuß der »Großen Randstufe«, des Gebirgsabbruchs, der den Beginn des Binnenhochlands markiert. 140 000 Quadratkilometer als Inszenierung von Sand und Stein und – dem scheinbar Unvorstellbaren – Leben.

Die roten Dünen von Sossusvlei im Herzen der Namib-Wüste: Ein überwältigender Anblick außergewöhnlicher Schönheit

Namibia: *Namib-Wüste* 3

Eine Landschaft von absoluter Gnadenlosigkeit: Die Skelettküste ▷

Leben braucht Wasser. Und auch das besitzt die Namib, sie verdankt ihm sogar in nicht unbeträchtlichem Maße ihre Existenz. Immerhin brandet ein Ozean an ihren Dünensaum – und der hat's in sich. Kaltes Wasser südpolaren Ursprungs nämlich, das als Benguela-Strom die Küste umtost. Kalte, feuchte Luft steigt von ihm auf, wird von den meist aus südwestlicher Richtung kommenden Winden ins Landesinnere geführt und schiebt sich dort unter die wärmeren Luftmassen. Es entsteht eine Inversionslage, die Wolkenbildung und Niederschläge verhindert, nicht aber Nebelbildung. An vielen Vormittagen wird der graue, feuchte Dunst 30 Kilometer und mehr landeinwärts getrieben, kondensiert und versorgt so Flora und Fauna mit dem lebensnotwendigen Nass. Hat die Sonneneinstrahlung im Laufe des Vormittags dann den Nebel vertrieben, erwärmen sich die Luftmassen schnell und die Temperaturen steigen genauso rapide an, wie sie in der Nacht durch die Abstrahlung bei zunächst klarem Himmel wieder fallen.

Auch eine ganze Reihe von Flüssen versorgen die Wüste mit Wasser. Wobei der Begriff »Fluss« hier nicht mit der Assoziation ständig fließenden Wassers verbunden werden darf. Bis auf die Grenzflüsse Oranje und Kunene, die auch die Namib durchqueren, führen die namibischen Flüsse nur nach starken Regenfällen im Landesinnern, also in der Regel einmal jährlich, Wasser. Ansonsten sind sie allein an der kiesigen Mulde des in Sand und Stein eingefrästen Bettes erkennbar – und an der Vegetation, die sich an den Ufern hinzieht und ihre Existenzgrundlage im relativ hohen Grundwasserspiegel findet. »Riviere« werden diese Trockenflussbetten in Südwester-Deutsch genannt. Strömt Wasser hindurch, was innerhalb kurzer Zeitspannen mit großer Heftigkeit geschieht, spricht man davon, dass sie »abkommen«. Einige von ihnen, so der Tsondab und der Tsauchab, erreichen selbst beim »Abkommen« nicht den Atlantik, sondern versanden in der Wüste, verströmen sich in kleinen Seen, die nach dem Versiegen des Wasserzustroms als salzig-weiß verkruste Pfannen, *vleis*, zurückbleiben.

Der Nord- wie der Südteil der Namib sind, wenn überhaupt, nur begrenzt für den Touristen zugänglich. Vom Oranje bis etwa zur Stadt Lüderitzbucht reicht das Diamantensperrgebiet im Süden, ein

Areal, zu dem von der Diamantminengesellschaft nur in seltenen Ausnahmefällen Zutritt gewährt wird. Vom Kunene bis zur Mündung des Ugab erstreckt sich der Skelettküstenpark im Norden. Nur der südliche Teil (bis zum Hoanib) ist nach Einholung eines staatlichen *permits* zu befahren. Um den nördlichen Teil erleben zu können, muss man sich einer Flugsafari anschließen. Die Kosten dafür sind hoch, aber das, was man zu Gesicht bekommt, ist einzigartig: eines der letzten (fast) unberührten Gebiete der Erde, eine Landschaft von überwältigender Schönheit und Vielfalt. Ob man die sich zu gewaltigen geometrischen Mustern verschlingenden Felsformationen am Ugab überfliegt, ob man die Vielgestaltigkeit des Steins im Huab-Gebiet bewundert, ob man sich von der sanften Anmut des Hartmann Valley bezaubern lässt oder südlich des Kunene in das schier unendliche Meer sanft wogender Dünen eintaucht, nie verlässt den Beschauer der Eindruck, dem Wunder dieser Welt nahe zu sein.

Relativ leicht zugänglich ist hingegen das mittlere Namib-Gebiet zwischen dem Skelettküstenpark

Eines der unzähligen Schiffswracks, gestrandet an der in früheren Zeiten berüchtigten Skelettküste

und Walvis Bay, ausgewiesen als National West Coast Tourist Recreation Area. Landschaftlich erscheint diese Region weniger spektakulär als andere Bereiche der Namib. Relativ eben und damit gleichförmig breitet sich die Wüstenfläche aus, nur gelegentlich von einzelnen Inselbergen überragt. Bei Namibiern genießt dieser Küstenstrich indes große Beliebtheit: weniger wegen der Bademöglichkeiten im abschreckend kalten Wasser des Ozeans als wegen der Möglichkeit zum hoch in Kurs stehenden Angeln vom Strand aus und wegen der hierzulande als äußerst angenehm empfundenen Feuchtigkeit und Kühle der Luft.

Fischfang im Benguela-Strom vor Namibias Küste

Den meisten Reisenden wird an beidem nicht unbedingt gelegen sein, dafür aber an einem Besuch des Kreuzkaps, Cape Cross. Das Kap war Ort der ersten europäischen Landnahme auf namibischem Boden durch den Portugiesen Diego Cão im Jahr 1486. Einer eher symbolischen Landnahme allerdings, denn der Errichtung eines steinernen Kreuzes an der unwirtlichen Küste zur augenfälligen Demonstration portugiesischer Besitzansprüche folgte nie eine reale Inbesitznahme. Mit dem Wechsel der Herrschaftsansprüche änderte sich das Symbol: 1890 ersetzten die Deutschen es durch ein Kreuz, das die Ansprüche der deutschen Krone betonte; 1980 setzten die Südafrikaner ein Replikat des ursprünglichen Kreuzes dazu. Durch die Gestaltung des Platzes, eine Pflasterung, die die Rolle der Gestirne als Navigationshilfe der frühen Seefahrer betont, sollte die Pionierleistung dieser Männer gewürdigt werden.

Vor allem geht es am Kreuzkap jedoch um den *Arctocephalus pusillus pusillus*, niemand Geringeren als die Zwergpelzrobbe, auch als Seelöwe bekannt. Ist das Vorkommen dieser Tiere im tiefsten Afrika mit den durch den Benguela-Strom geschaffenen Lebensbedingungen zu erklären, so überrascht doch ihre Masse: Auf 100 000 bis 200 000 Tiere beziffert das zuständige Office die Größe der Kolonie. Entsprechend dicht ist das Gedränge auf dem Strand und entsprechend hoch die Phonstärke, denn Robben verständigen sich akustisch. Das vielstimmige Blöken, Grunzen und Brüllen wird in seiner Intensität allenfalls noch übertroffen vom Gestank. Ein rundum sinnliches Erlebnis mithin und eine überraschende Erscheinung afrikanischer Tierwelt.

Swakopmund:
Die Küstenmetropole und ihr Umfeld

Als Biotop ganz anderer Art erweist sich das Seebad Swakopmund. Wenn deutsche Kolonialzeit, deutsches Brauchtum und Gedankengut sich irgendwo in Reinkultur erhalten haben, dann in dieser beschaulichen Stadt, nur einen Breitengrad vom Wendekreis des Steinbocks entfernt. Wo sonst fände man auf den Schildern der wichtigsten Innenstadtstraßen heute noch die Namen Bismarck, Moltke, Roon und den guten alten Kaiser Wilhelm verewigt? Wo sonst ein Stadtbild, das weitgehend von den Stilelementen der wilhelminischen Baukunst geprägt ist? Ganz zu schweigen davon, dass man mit Sicherheit ansonsten nirgends auf der Welt mitten im Juli rheinischen Karneval feiern kann.

Ende des 19. Jahrhunderts gegründet, entstand in der deutschen Kolonialzeit nach und nach eine Stadt mit breiten Straßen und repräsentativen wie behaglich heimatlichen Bauwerken. Es ist absolut unmöglich, sie in dem 45 000 Einwohner zählenden Städtchen zu verfehlen, gleichgültig ob es sich um den 1902 errichteten Bahnhof (heute nur mehr Eingangsbereich des Swakopmund Hotel & Entertainment Centre) handelt, die neobarocke Evangelisch-Lutherische Kirche, das imposante Hohenzollernhaus mit dem die Erdkugel stemmenden Atlas auf dem höchsten Giebel, das Woermann-Haus mit seinem Fachwerkturm und der schönen Jugendstilornamentik rund um den Innenhof, das Kaiserliche Bezirksgericht, das heute dem namibischen Präsidenten als Sommerresidenz dient, oder die als Jugendheim genutzte Kaserne aus dem Jahr 1905. Herausragende Bedeutung in mehr als einem Sinne muss dem mit 21 Meter höchsten städtischen Gebäude, dem rot-weiß geringelten Leuchtturm, sowie der über 250 Meter in den Ozean vorstoßenden eisernen Landungsbrücke, der Jetty, eingeräumt werden. Am Leuchtturm kann man sich – selbst an Nebeltagen – gut orientieren, und die »Jetty« erweist sich als idealer *picture point* für Sonnenuntergänge und einen Panoramablick auf die Stadt.

Mehr als eines Blickes wert zeigt sich auch das sandig felsige Wüstenumfeld Swakopmunds. Dieses Gebiet hat es in sich: die *Welwitschia mirabilis* nämlich, Abkömmling eines nicht weniger als

Die Welwitschia mirabilis soll bis zu 1 500 Jahre alt werden. Feuerwanzen sichern mit ihrer Bestäubung die Arterhaltung

350 Millionen Jahre zurückreichenden Familienstamms. Als Namib-endemisch, nur im Gebiet der Namib vorkommend, bezeichnen Biologen die Pflanze, die mit einigen besonders ausladenden und altehrwürdigen Exemplaren im Gebiet des Zusammenflusses von Swakop und Khan vetreten ist. Bei einem Alter von 1000 bis 1500 Jahren, dessen die größten dieser fieberblättrigen Nacktsamer sich rühmen können, erübrigt sich die Frage nach äußerer Schönheit. Was für den Laien wie zufällig vom Wind aufgehäuftes Gestrüpp wirken mag, versetzt Botaniker in helles Entzücken. Achtung verdient die unglaubliche Lebenskraft dieses pflanzlichen Fossils allemal.

Beachtenswert ist auch die Flussoase Goanikontes am Swakop-Rivier. Ihr üppiger Vegetationsreichtum zeigt, wie die Region aussehen könnte, wäre nur genügend Wasser vorhanden. Stattdessen gibt's Sand im Überfluss, und dem fiel auch jene kleine Dampflokomotive zum Opfer, die heute noch vor den Toren Swakopmunds abseits der Straße steht. 1896 eingeführt, um das Transportwesen zu verbessern, gab sie schon nach wenigen Einsätzen den Geist auf. Wenn schon nicht mobil, so doch stabil – seit mehr als 100 Jahren steht das Ding schwarz und klobig im Wüstensand, steht und kann nicht anders, weshalb ihm im Laufe der Zeit der Name »Martin Luther« zugeeignet wurde.

Das Hohenzollernhaus in Swakopmund, eines der auffälligsten Häuser der Stadt, wurde um 1905 im Stil der Berliner Mietshäuser erbaut

Namibia: *Swakopmund, Naukluft* 3

35 Kilometer trennen Swakopmund von der Schwesterstadt Walvis Bay – und Welten: hier die relaxte Atmosphäre des Seebades, dort die Geschäftigkeit des größten Hafens zwischen Kapstadt und Luanda. Hier Geschichtsträchtigkeit, dort Gesichtslosigkeit. Hier Freizeit und Vergnügen, dort Arbeit. Und Arbeit riecht: Fischmehl- und Fischkonservenfabriken, die Fischfangflotte, sowie eine künstlich angelegte Guanoinsel vor der Küste sorgen dafür, dass jeder Besucher sofort weiß, woher hier der Wind weht.

Den lässt man sich dann schon am besten am Rand der Lagune im Südwesten von Walvis Bay um die Nase wehen. Scharen von Zugvögeln, Seeschwalben, Kormorane und die höchst fotogenen Flamingos (bis zu 50 000) geben sich hier ein Stelldichein. Und an der äußersten Lagunenspitze, dem Pelican Point, haben sich etwa 600 der großen, an Land etwas plump wirkenden Wasservögel angesiedelt.

Möchte man die Beobachtung seltener Vogelarten mit dem Erlebnis einer außergewöhnlichen Landschaftsszenerie verbinden, sollte man in Swakopmund bei einem lokalen Safariunternehmen eine Tour nach Sandwich Harbour buchen. Die durch die Dünen dringenden Wasser des Kuiseb machen die 50 Kilometer lange Zufahrt entlang der

Die fischreichen Küstenregionen Namibias bieten zahlreichen und seltenen Vogelarten – wie hier den Kormoranen – eine Heimat

Küste zu einem schwierigen, oft riskanten Unternehmen. Doch das Ziel lohnt die Mühe: eine Lagune voller (Tier-)Leben inmitten sandiger Wüstenkargheit und im Angesicht des brandenden Ozeans.

Bis zu 50 000 Flamingos leben im Südwesten von Walvis Bay

Von Swakopmund zur Naukluft:
Kies und Sand und schroffer Stein

Im Namib-Teil, der sich von Walvis Bay nach Süden bis Lüderitz erstreckt, spielen (mit Ausnahme von Sandwich Habour) der Atlantik und die Küste für den Reisenden kaum eine Rolle. Hier – im Namib-Naukluft-Park – geht es nur mehr um Wüste pur, und das auf mehr als fünf Millionen Hektar. In der Vorstellung von Mitteleuropäern mag das nach Eintönigkeit klingen, in der erlebten Wüstenwirklichkeit entspricht es einem riesigen Spektrum landschaftlicher Variationen.

Kommt man von der Küste, von Walvis Bay, so durchquert man zunächst den Teil der Namib, der von Geologen dem Serir-Typ, Kieswüste, zugeordnet wird: gelblich-graue Geröllflächen, die sich als flache Ödnis bis zum Horizont erstrecken, um dort mit dem fahlen Blau des Himmels zu verschmelzen. Das mag langweilig klingen, hat aber einen eigenen Reiz. Die scheinbare Unbegrenztheit löst ein höchst angenehmes Gefühl grenzenloser Freiheit aus.

Rund 150 Kilometer muss man auf das herausragende Highlight der Region warten, und das liegt auch noch in der Tiefe versteckt. In engen Schleifen führt die Straße hinab in den Kuiseb-Canyon, ins Bett, das sich der Kuiseb in den Fels gegraben hat. Es bedarf keiner großen Fantasie, sich angesichts der tiefen Einschnitte die ungeheure Kraft der sporadisch aufkommenden Flutwelle des Flusses vorzustellen. Je nach Blickwinkel scheinen die Felsgrate wie überdimensionale Riesenmuscheln, die gegeneinander geschichtet wurden, oder wie die dicht an dicht gedrängten Rücken einer Herde Elefanten von ungeheuerlicher Größe. Doch was man auch darin sehen mag, diese vom Wasser gestalteten Felsformationen sind von ebenso wilder wie unglaublicher Schönheit.

Wild und felsig auch der Teil dieses größten Naturschutzgebietes Afrikas, der sich etwa 100 Kilometer südlich des Kuiseb als Teil der Großen Randstufe bis zur Wüste vorschiebt, der Naukluft.

Lohnend ist auf alle Fälle, diese Gebirgswelt aus blau schimmerndem Dolomitgestein nicht nur zu durchfahren, sondern am besten zu Fuß zu entdecken. Teile der Gebirgsbastion sind durch ausgeschilderte Wanderwege erschlossen, und mit etwas Glück lassen sich die hier angesiedelten Bergzebras, Springböcke, Klippspringer oder möglicherweise sogar ein Kudu beobachten. Herrlich ist nach solcher Wanderung ein Bad in einem der natürlichen Felsbecken, in denen sich kristallklares Quellwasser sammelt.

Sossusvlei und der Namib-Rand:
Ins Herz der Namib

Das Herz der Namib ist rot – vorausgesetzt, man erklärt Sossusvlei kurzerhand zum Herzen. Dass es rot ist, weiß man lange, bevor man es erreicht. Ob von Windhoek kommend, mit dem Blick von einer der Pass-Straßen in die Namib, ob von der Naukluft oder von Süden anreisend, immer nimmt man schon in der Ferne den unverkennbar rötlichen Hauch der Dünen am Horizont wahr. Passiert man dann endlich das Tor in Sesriem, durch das die Straße ins *vlei* (Pfanne) führt, beginnt die Verzauberung durch einen einzigartigen Farbenrausch. Gelblich-weiße, ziegelrote, ocker und rosa Töne, durchsetzt mit den wenigen grünen Farbtupfern der Vegetation und kontrastiert vom wolkenlosen Blau des Himmels, gestalten die Fahrt zu einer Farbsymphonie.

Die Natur als Künstler: Granatgestein der Großen Randstufe und der nahen Naukluftberge, dort als stecknadelkopfgroße Kristalleinsprengungen vorkommend, wurden in langen Prozessen abgetragen, zerrieben, verweht. Mit dem Sand der Namib untrennbar vermischt, formten sie ein fragiles Wüstenkleinod. Denn ununterbrochen gestaltet der Wind die Formenwelt der Dünen neu. Was er schafft, ist nie schöner, nie schlechter als das Gewesene. Immer bringt er schlichteste und unübertreffliche Schönheit hervor.

Den Weg ins *vlei* wie das *vlei* selbst schuf der Tsauchab, ein Fluss aus den Naukluft-Bergen, der über die Jahrtausende auf seinem Weg zum Ozean von den vorrückenden Sandmassen mehr und mehr behindert wurde. Bis er vor wahrscheinlich

60 000 Jahren den Kampf aufgab und 60 Kilometer vor der Küste im Sand versiegte. Und obwohl er nur höchst selten Wasser führt, ist er an der linearen Flussoase, die seine Spur durch die Wüste nachzeichnet, sichtbar. Wie seine »Mündung« sichtbar ist – als salzverkrustete Pfanne, inmitten 300 Meter hoch aufragender, roter Dünenriesen, allen voran *Big Daddy*, die vermutlich höchste Düne der Erde.

Fünf Kilometer südlich vom Sossusvlei-Gate wartet eine weitere Naturattraktion. Hier hat der Tsauchab einen 30 Meter tiefen, teilweise nur wenige Meter breiten Canyon ins bis zu 18 Millionen Jahre alte Geröll gegraben. In den Kolken am Ende des Canyons lässt er auch in Trockenzeiten Tümpel als Beweis seiner wässrigen Existenz zurück. Die Wüste durchquerende europäische Pioniere pflegten sich hier mit Wasser zu versorgen. Um das Nass vom Canyon-Rand aus mit Eimern zu schöpfen,

Kunstwerk aus Sand, erschaffen vom Wind: die Wüste Namib

mussten sechs Riemen eines Ochsengespanns aneinander geknotet und am Eimer befestigt werden. Der afrikaanse Name *Sesriem* ist geblieben. Einen Abstecher wert ist das in der Kolonialzeit in neoromanischer Manier errichtete Schloss Duwisib. Hansheinrich von Wolf, Spross deutschen Adels und Offizier der Schutztruppe, ließ es unter erheblichem Aufwand hier auf 140 000 Hektar in der Halbwüsteneinsamkeit errichten, konnte sich aber nur wenige Jahre des Besitzes erfreuen. Er fiel zu Beginn des Ersten Weltkriegs, und seine Witwe verkaufte den steingewordenen Aristokratentraum, der 1978 in Staatsbesitz überging, restauriert wurde und nun zur Besichtigung offen steht: eine wahrhaft exotische Kuriosität am »Regenbogenplatz« der Nama.

2013 erfolgte die Umbenennung von Lüderitz in !Nami=Nüs. Diese Entscheidung ist umstritten und wird 2014 wahrscheinlich noch nicht gänzlich umgesetzt.

Lüderitzbucht: Und abends gibt's Langusten!

Die Fahrt nach Lüderitzbucht führt den Reisenden noch einmal quer durch die Namib. Nicht übersehen sollte man die verlassene Bahnstation abseits der Straße, durch ein Schild deutlich als »Grasplatz« ausgewiesen. Gewachsen ist Grünzeug hier allerdings nie, hier wurde Futter für die Zugtiere der Ochsengespanne gelagert und verkauft. Außerdem wurde August Stauch 1906 als Aufsichtsbeamter an diese gottverlassene Station versetzt – und auf ihn gehen die ersten Diamantenfunde in der Region zurück.

Lüderitzbucht, kurz Lüderitz genannt, ist nicht nur die älteste Stadt Namibias, es ist auch der Ausgangspunkt deutscher Kolonialherrschaft – und beides, obwohl die Lage auf purem Granit und Schiefer inmitten von Wanderdünen und Atlantikdünung zwar reizvoll, aber auch äußerst lebensfeindlich, weil wasserarm ist. 1883 begann die städtische Geschichte mit dem Erwerb der Bucht, die damals noch Angra Pequena hieß, durch den Bremer Kaufmann Adolf Lüderitz, der das Deutsche Reich ein Jahr später veranlasste, die Rolle der Schutzmacht zu übernehmen. Mit dem Beginn des Diamantenabbaus ab 1908 schien sich die Investition zu lohnen: Lüderitzbucht wandelte sich von einem »ausgedehnten Müllhaufen« zu einer beschaulichen wilhelminischen Küstenschönheit, norddeutschen Kleinstädten nicht unähnlich.

Felsenkirche über dem Meer in Lüderitzbucht

Das ist es geblieben, auch wenn seine Einwohner heute nicht mehr vom Erlös der Diamantenminen, sondern vom Langusten-Export nach Südostasien und vom Tourismus leben. Besonders sehenswert unter den Gebäuden der Stadt sind vor allem das Goerke-Haus, das 1910 erbaut wurde und mitsamt der Originalmöblierung besichtigt werden kann, das Woermann-Haus, einer der ältesten städtischen Steinbauten, und die neugotische, alles überragende Felsenkirche. Doch auch über diese Glanzpunkte hinaus trifft man in Lüderitz auf Schritt und Tritt auf typisch Deutsches in Architektur und Dekor: Gründerzeit, Jugendstil und kleinbürgerlichen Kitsch in Form von Gartenzwergen.

Lange vor den Kolonialherren setzte der Portugiese Bartolomeu Diaz als erster Europäer 1487 seinen Fuß auf diesen Teil afrikanischer Erde. Seine Zeit war knapp bemessen, denn er hatte den Auftrag, den Seeweg nach Indien ausfindig zu machen. Also hinterließ er nur ein Steinkreuz auf einer Landspitze 22 Kilometer südwestlich des heutigen Lüderitzbucht – zur Demonstration möglicher Herrschaftsansprüche. Diese wurden nie erhoben und verfielen damit wie das Kreuz. Nur noch ein 1987 aufgestelltes Replikat, und der Name des ins Meer ragenden Felsens, Diaz Point, erinnert daran.

Wen Naturschönheit mehr reizt als geschichtsträchtige Landmarken, dem sei die ganz in der

Nähe liegende Second Lagoon empfohlen. Seltene Vogelarten und große Flamingoschwärme kann man hier sehen. Tierbeobachtungen, die an afrikanischen Gestaden größten Seltenheitswert besitzen, verspricht eine Ausfahrt zum Halifax Island mit dem Boot »Sedina«. Auf der Insel hat sich eine Pinguin-Kolonie niedergelassen, und als Bootsbegleiter und Unterhalter fungieren muntere Delfin-Schwärme, die sich im kühlen Benguela-Wasser ausgesprochen wohl fühlen. Außerdem kann man die schroffe Rauheit der Küste so recht erst vom Meer aus erfassen: hohe, abweisende Klippen, mächtig aufspritzende Gischtfontänen und eine kühle Brise, die den Einsatz von dicken Pullovern und Pudelmützen notwendig macht.

Ein Hauch vom Diamantenfieber durchweht nach wie vor die dem Wüstensand abgerungene

Geisterstadt Kolmanskop, zehn Kilometer außerhalb von Lüderitz. 1910 für die Ewigkeit errichtet, in den 1950er Jahren, weil inzwischen ohne wirtschaftlichen Nutzen, aufgegeben, schien sie eine leichte Beute für Plünderer wie Wüstensand gleichermaßen. 1979 machte sich die Minengesellschaft CDM daran, die bereits weitgehend verschütteten Ruinen frei zu legen, zu stabilisieren und zu konservieren. Dem Besucher bietet sich heute das fast lebendige Bild einer deutschen Kommune im Wüstensand mit Kasino, Bar und Kegelbahn, mit Hospital und Schule für die Kinder der maximal 300 hier lebenden Menschen, mit Schlachterei, Eisfabrik und im Stil der Gründerzeit möblierten Wohnhäusern. Draußen treibt der Wüstenwind den Sand gegen die Scheiben und drinnen sieht's aus wie in Großmutters guter Stube. Das hat schon was!

Vom Winde verweht: das Geisterstädtchen Kolmanskop

Die Antarktis lässt grüßen mit Robben, Pinguinen und Delfinen

Wer nach Afrika reist, erwartet Löwenrudel, Elefantenherden, vielleicht ein vereinzeltes Rhinozeros, einen Leoparden oder Gepard und Antilopen – natürlich jede Menge. Nur Pinguine erwartet kein Mensch. Sollte man aber. Denn stattet man, bevor man in Namibias wildreichen Norden fährt, dem Süden und speziell der Küste einen Besuch ab, gehören diese Tiere antarktischer Provenienz mit Sicherheit zum ersten Wildlife-Szenario. So sieht man sich, kaum hat man den Hafen von Lüderitzbucht mit dem Schiff zu einem Ausflug aufs Meer verlassen, von munter springenden Delfinen umringt. Und alsbald stößt man dann auf die Halifax-Insel, wo sich eine ganze Pinguin-Kolonie in verlassenen Häusern wohnlich eingerichtet hat.

Fährt man von Swakopmund aus ein Stück weit Richtung Skelettküste, stößt man unweigerlich auf das Cape Cross und damit auf eine Robbenkolonie mit rund 100 000 bis 200 000 Tieren. Die Tatsache, dass die geschätzte Robbenpopulation vor Namibias Küste sich sogar auf insgesamt 1,6 Millionen Tiere beziffert (und damit bald so groß ist wie die Bevölkerungszahl) kann dann am Ende niemand mehr erschüttern.

Möglich macht diese in europäischen Augen unafrikanische Fauna der Benguela-Strom, der die namibische Küste fest im Griff hat. Seinen Ursprung hat er in südpolarem Gebiet und wird von dort gegen den südlichsten Punkt Afrikas und weiter entlang der Westküste bis nach Angola getrieben. Eisigkaltes Wasser – kaum wärmer als 15 Grad Celsius – führt er mit sich, was sich entscheidend auf die klimatischen Verhältnisse entlang der Küste auswirkt. Pinguinen, Delfinen wie Robben muss das behagen – wie die Tatsache, dass er einer der nährstoffreichsten Fischgründe der Erde ist. Namibias Ohrenrobben können also nicht über Futtermangel klagen, selbst wenn man bedenkt, dass ein ausgewachsenes Robbenweibchen am Tag etwa drei Kilogramm Fisch vertilgt. Und leicht lässt sich hochrechnen, dass die unvorstellbare Menge von rund fünf Millionen Kilogramm Fisch täglich als Robbenfutter in die Nahrungskette eingehen.

Unter den Tierarten, die angezogen vom polaren Atlantikwasser die Küstengewässer bevölkern, sind die Robben am leichtesten aufzuspüren. Nur durch ein Mäuerchen vom Strand getrennt, lässt sich am Cape Cross der Robbenalltag beobachten. Babys werden gesäugt, die Nachbarn lautstark beschimpft, hier räkelt sich einer verschlafen im Sand, dort robbt ein anderer zum Wasser, um sich in die Brandung zu stürzen – aus purer Lust oder aus Hunger. Vielleicht aber auch, um für einige Zeit dem Gedränge zu entgehen, denn das Leben ist hier äußerst »dicht«. Beängstigend dicht, sodass die größte Gefahr für Leib und Leben der Jungtiere von unachtsamen Erwachsenen ausgeht. Und so streift gewiss auch irgendwo am Rande ein Schakal umher: Die Gesundheitspolizei wacht, was bei Massenansammlungen dieser Art kein Fehler sein kann.

Etwa 1,6 Millionen Robben drängeln sich an der Küste und im Benguela-Strom

Namibias Süden:
Herbe Schönheit aus Steppe, Sand und Stein

Namibias Süden ist der traditionelle Lebensraum der Nama, was nicht bedeutet, dass man hier vermehrt auf Angehörige dieser Bevölkerungsgruppe treffen wird. Nicht nur die koloniale Umgestaltung und die daraus resultierende Aufteilung des Landes in klar abgegrenzte und umzäunte Farmbereiche, auf deren im Schnitt 10 000 bis 30 000 Hektar großen Arealen meist Karakulschafe, die wolligen »Rosen der Wüste«, weiden, ist die Ursache dafür. Die Zeiten nomadisierender Hirtenvölker gehören nicht nur in Namibia (fast) der Vergangenheit an. Dass man im Süden Nama genauso selten zu Gesicht bekommt wie Menschen anderer Hautfarbe, hängt vielmehr mit der überaus geringen Besiedlungsdichte dieses ariden bis halbariden Raumes zusammen.

Als von der Sonne ausgedörrtes, spärlich bewachsenes Savannengebiet stellt sich die Region dar, der es dabei aber weder an grandiosen Berg- noch an reizvollen Wüstenszenerien mangelt. Auch an landestypischer Flora fehlt es nicht: Euphorbien und Aloen-Gewächse, allen voran der Köcherbaum, sowie eine Vielzahl reich blühender Sukkulenten setzen ihre auffallenden Farbtupfer ins dominierende Braun, Grau und Rostrot dieser oft ebenso kargen wie beeindruckenden Landschaft.

Nahm in Lüderitzbucht die koloniale Herrschaft ihren Anfang, so wurde der Keim dazu in Bethanien gelegt. Bereits 1814 errichtete hier der Missionar Schmelen eine Missionsstation, die heute als ältester Europäern zuzuschreibender Steinbau des Landes gilt. Unweit davon steht das Haus, das der Nama-Kapitän Josef Fredericks bewohnte, eben jener in Vertragsangelegenheiten unerfahrene Vertreter seines Volkes, dem der Kaufmann Lüderitz das Gebiet von Lüderitzbucht »abluchste«.

Geschichtsträchtig erweist sich auch die »Hauptstadt des Südens«, Keetmanshoop. Und auch hier waren es Missionare, die aus Barmen bei Wuppertal stammenden Angehörigen der Rheinischen Missionsgesellschaft, die 1866 mit dem Aufbau einer Missionsstation den Grundstein für das städtische Gemeinwesen legten. *Nugoaes* (Schwarzer Sumpf) nannten die im Umfeld lebenden Nama

Quiver Tree – der Köcherbaum zählt zur Familie der Aloen

Der Köcherbaum – eindrucksvolles Leichtgewicht

Es gibt sie nur im südlichen Namibia und bis hinunter in den Norden der südafrikanischen Kapprovinz – die Köcherbäume oder *Quiver Trees*. Doch sie sind nicht nur selten, da auf diesen Raum beschränkt, sondern auch schön – so schön, dass die namibische Tourismusbehörde ihrer Silhouette, zum Logo stilisiert, den Rang eines Wahrzeichens verlieh. Nur Bäume sind sie eigentlich keine, sondern Aloen *(Aloe dichotoma)*. Da sie jedoch bis zu neun Meter hoch und 200 bis 300 Jahre alt werden können und zu allem Überfluss mit weit ausladenden Kronen versehen sind, steht ihnen durchaus der Rang von Bäumen zu.

Ihren Namen verdanken die Köcherbäume der Gewohnheit der Buschleute, aus den Ästen Köcher für ihre Pfeile zu erstellen. Das bot sich deshalb an, weil das Innenleben der Sukkulenten, als poröser Wasserspeicher eingerichtet, leicht auszuhöhlen ist. Der großzellige Aufbau macht die Pflanzen zudem extrem leichtgewichtig. Angeblich kann man den Stamm eines Köcherbaums mit einer Hand tragen, was höchstens durch den Umfang von bis zu drei Metern problematisch werden könnte – und aufgrund des besonderen Schutzes, den sie genießen: Der Köcherbaumwald nahe

den Ort wohl wegen der sporadisch auftretenden dunklen Fluten eines Flüsschens. Die Naturerscheinung mag den Missionaren angesichts der Seltenheit von Regenfällen zu unbedeutend erschienen sein, denn sie zogen es vor, dem Vorsitzenden ihrer Gesellschaft, dem Geschäftsmann Keetman, in Form des Ortsnamens ein Denkmal zu setzen. Auch zu hoffen gab es zweifellos viel, was den Zusatz-*hoop* rechtfertigte, der allerdings dem namibischen Hang zu Namensverkürzungen meist zum Opfer fällt.

Die Hoffnungen der Gründer mögen sich denn auch so erfüllt haben. Das Städtchen stellt sich heute als kleiner, aber bedeutsamer Mittelpunkt der Region dar. Und nicht nur die regionalen wirtschaftlichen Fäden laufen hier zusammen, Keetmans ist auch verkehrstechnisch ein Knotenpunkt.

Kleine Holländerhäuschen, die einen Teil des Stadtbildes prägen, erinnern daran, dass hier im Süden der Anteil von Siedlern burischer Abstammung relativ hoch war. Typisch deutsch hingegen präsentiert sich das von Redecker 1910 entworfene Alte Postamt, am Stadtgarten (so die immer noch gültige Bezeichnung) gelegen und in altertümlicher Inschrift über dem Eingang als »Kaiserliches Postamt« ausgewiesen. In der alten Schalterhalle hat man heute das Touristenbüro untergebracht. Ein Grund mehr für einen Besuch.

Auch die Klipkerk an der Kaiserstraße verdient Beachtung. 1895 wurde sie von der Missionsgesellschaft errichtet, aus Klippen, wie man auf Afrikaans Steine zu nennen pflegt. Bemerkenswert ist vor allem, dass die kunstvoll behauenen Natursteine ohne Mörtel aufgeschichtet wurden und dennoch die Zeit überdauerten – bis 1950 als mächtiges Gemäuer eines Gotteshauses, heute als angemessene Umrahmung für die musealen Exponate aus deutscher Kolonialzeit. Nicht übersehen sollte man das *Matjieshuis* vor der Kirche, eine aus Schilfmatten errichtete traditionelle Nama-Hütte, die wahrscheinlich einzige, die man zu Gesicht bekommen wird. Ein sinnfälliges Nebeneinander zudem: steinerne europäische Unverrückbarkeit neben der fragilen Mobilität der nomadischen Urbevölkerung.

Wie überall in Namibia sind jedoch auch in Keetmanshoop weniger die von Menschenhand geschaffenen Dinge die eigentliche Attraktion, sondern die Naturerscheinungen. Keine 20 Kilometer nördlich der Stadt befindet sich eine solche als namibisches »Nationaldenkmal« ausgewiesene Naturschönheit, der Köcherbaumwald. Vor irrigen Erwartungen muss allerdings gewarnt werden: In einer ariden Zone wie dieser reichen rund 300 vereinzelte Bäume zur Rechtfertigung des Begriffes »Wald«. Bei genauerer Betrachtung entpuppen sich die Bäume gar als Aloen, als *Aloe dichotoma* genau genommen.

Eher chaotisch schön und schön chaotisch zeigt sich der wenige Minuten entfernt gelegene »Giant's Playground«. Der Name entspricht dem Eindruck: Riesen scheinen Steinquader wie Bauklötze aufgeschichtet und -getürmt zu haben und dann im Spiel gestört worden zu sein. Aufgeräumt wurde jedenfalls nicht. Was wie mutwilliges Spiel anmutet, ist eine Laune der Natur, der Erosionskräfte genauer. Und die haben in diesem Land so manche Absonderlichkeit zu Wege gebracht.

Im Fish River Canyon: Das Mäander-Tal

Erosion wirkte auch bei der Gestaltung des Landschaftsbildes im Süden von Keetmanshoop mit. Es wird beherrscht von riesigen Gesteinsflächen, braunrot und schorfig, was ihnen die Bezeichnung *Vratteveld*, Warzenfeld, einbrachte. Es handelt sich dabei um Millionen von Jahren alte Lava, die durch die Erosion von weicheren Deckschichten befreit wurde. Doch öde ist die Geröllwüste nie, fremd vielleicht und fremdartig in ihrer Absolutheit. Überraschend auch oft, bringt sie doch – je nach Jahreszeit – erstaunliche Erscheinungen zu Tage: Blütenpracht in Form von zarten, blauweiß schimmernden, gefiederten Kapkörbchen oder von kräftig gelben Korbblütlern in großen Büscheln. Aber die größte Überraschung bietet, auch wenn man sie erwartet, der Fish River Canyon, eines der ganz großen landschaftlichen Highlights Namibias und der zweitgrößte Canyon der Erde. Nichts deutet auf seine Existenz hin – außer dem Wegweiser und der Tatsache, dass man am Tor in Hobas ein *permit* einholen muss. Zu sehen bekommt man ihn erst, wenn man an seinem Rand steht und sich die Erde vor den Füßen bis zu 550 Meter tief auftut.

Der Drache Kouteign Kooru, so erzählen sich von alters her die Buschleute, habe bei seiner

Keetmanshoop wurde in den Rang eines Nationaldenkmals erhoben.

Auch wenn man um die sinnvolle Funktion des Pflanzeninneren als Wasserspeicher weiß, bleibt es erstaunlich, warum die »Bäume« gerade den felsig-unwirtlichen Boden in Namibias Süden, auch *ysterklip* genannt, zu bevorzugen scheinen. Aber fraglos ist die Natur klüger als der unbedarfte Betrachter: Die Steine halten das flache Wurzelwerk und dienen, da sie die Wärme des Tages speichern, als guter Schutz in kalten Winternächten. So kann der Köcherbaum sogar Minustemperaturen überstehen, die im Südwinter durchaus keine Seltenheit sind.

Doch abgesehen von allen sinnvollen Einrichtungen, die die Natur der Pflanze zum Zweck ihres Überlebens in unwirtlichem Umfeld mitgegeben hat, besitzt sie auch unbestreitbar Erhabenheit. Weit verzweigt strecken sich ihre Äste, gekrönt von stachelig-graugrünen Blattpuscheln in den Himmel, im hellen Sandton leuchtet der schuppige Stamm und wird nur von Mai bis Juli an Leuchtkraft übertroffen von den goldgelb strahlenden Blütenkerzen.

Flucht vor Jägern diese Kerben in die Erdoberfläche gerissen. Der Fish River, vor Jahrmillionen noch ein mächtiger Strom, habe den Fels mit der Kraft seines Wassers ausgespült, behaupten andere. Die geologische Wissenschaft sieht die Entstehungsgeschichte jedoch anders: Bewegungen der Erdkruste, Verwerfungen und Brüche als deren Folge, inszenierten im Zusammenspiel mit der Erosion dieses Naturschauspiel auf einer Länge von immerhin 160 Kilometern. Dabei legten sie das Wirken von Jahrmillionen offen: 500 Millionen Jahre sind die obersten kambrischen Schichten alt, die untersten am Fuß der Steilwände reichen 2,5 Milliarden Jahre zurück.

In den trockenen Wintermonaten (Mai bis September), wenn der Fish River allenfalls ein spärliches Rinnsal genannt zu werden verdient und die Temperaturen moderat sind, kann man in einem mehrtägigen, genehmigungspflichtigen Trail den Canyon in seiner ganzen Länge erwandern. Ansonsten muss man sich mit der Vogelperspektive begnügen – beim Blick vom Rand oder bei einem Rundflug.

Die Oase Ai-Ais am Ende des Canyons erreicht man indes auch auf der normalen Piste mit dem Auto. Die Fahrt lohnt immer. Unterwegs türmt sich eine Mondlandschaft aus Felsbrocken in unglaublicher Farbenvielfalt, wechselnd zwischen Ocker, Rot, Braun und tiefem Schwarz, und am Ende wartet entspannendes Badevergnügen. Der Name Ai-Ais (die Nama-Bezeichnung für glühend heiß) bezieht sich auf die dort zu Tage tretenden heißen, mineralstoffreichen Quellen, die, auf angenehme Badetemperatur abgekühlt, ein Frei- und ein Hallenbad speisen. Nicht nur Rheumakranke genießen das heilende Wasser. Das Rastlager ist zwischen November und Februar geschlossen.

Für Reisende mit Zeit und Lust am Besonderen sei die Strecke Richtung Süden über Nordoewer und dann am Oranje-Fluss entlang bis Rosh Pinah empfohlen. Von dort führt eine relativ gute *pad* nach Aus. Die Route entlang dem Oranje stellt im wasserarmen Namibia eine landschaftliche Rarität dar: Der aus den südafrikanischen Drakensbergen kommende Fluss schafft hier im Wüstenumfeld eine Fluss-Oase.

Die kürzeste und bequemste Verbindung zwischen dem Süden und Windhoek ist fraglos die gut ausgebaute B 1. Die schönste Route aber führt östlich davon über Koes, Gochas, Stampriet und Dordabis – und berührt somit die Kalahari. Die von Eisenoxyd tiefrot eingefärbten, in Nord-Süd-Richtung verlaufenden Dünenkämme dieser »grünen«, weil durchaus nicht vegetationslosen Halbwüste werden hier durchquert, ein dümpelndes Dünenmeer von eigenwilligem Reiz.

Felsagame am Fish River Canyon. In den trockenen Monaten kann man in den Canyon hinabsteigen und ihn seiner Länge nach erwandern

SÜDAFRIKA
Kapstadt: Wo alles seinen Anfang nahm

Kapstadt, Cape Town, am Fuß des berühmten Tafelberges gilt vielen als schönste Stadt der Welt. Ein ausgeglichenes Klima macht sie zu einem ganzjährigen Ziel für Touristen aus aller Herren Länder. Weiße Wolken ballen sich an den umgebenden Gipfeln, ständige Winde blasen schlechte Luft hinweg und die Atmosphäre in den Straßenschluchten zwischen Hochhäusern und Gebäuden im kapholländischen und viktorianischen Stil ist locker und gelöst. Kapstadt hat auch zu Zeiten der Apartheid immer einen Sonderweg beschritten. Hier nahm man die Rassentrennung nicht so ernst wie im restlichen Land, die Bewohner waren und sind aufgeschlossener und Menschen anderer Hautfarbe gegenüber toleranter. Heute trifft sich das bunte Völkergemisch in den Fußgängerzonen,

Kapstadt wird oft als schönste Stadt der Welt bezeichnet

Tanzgruppen treten in den Einkaufspassagen auf, Straßenmusiker füllen jede Ecke mit Musik, an Ständen wird Kunsthandwerk feilgeboten, und beschwingt gleiten die Menschen über das Pflaster.

Beste Sicht über die Stadt genießt man vom Tafelberg, einem 350 Millionen Jahre alten Sandsteinblock, der zu Fuß oder mit der Seilbahn erklommen werden kann. *Dassies*, kleine murmeltierartige Wesen, dösen träge in der Sonne, bunt blühen die wilden Gewächse, die Fynbos, eine blühende Macchia-Art, die nur am Kap gedeiht. Bei klarem Wetter schweift der Blick weit über die Bucht zum Blaubergstrand, weiß glänzt die Stadt zu Füßen, blau schimmert das Meer und grün grüßen die Hügel des Umlands mit einem der schönsten Gärten des Landes, dem Kirstenbosch Botanical Garden. Doch urplötzlich kann dichter Nebel aufziehen und den Gipfel mit dem berüchtigten *tablecloth* einhüllen. Dann ist man gut beraten, wenn man sich schnell zur Bergstation flüchtet.

Im Zentrum Kapstadts steht die City Hall von 1905, ein an die Renaissance angelehnter Bau im englischen Kolonialstil. Das Castle of Good Hope aus dem 17. Jahrhundert ist der älteste Steinbau des Landes; hier nahm alles seinen Anfang – Gutes und Schlechtes. Am Ende des Company's Garden – entstanden aus den Pflanzungen, die die anlandenden Schiffe auf ihrem Weg nach Asien mit frischer Nahrung versorgen sollten – beleuchtet das National History Museum die menschlichen Kulturen, beginnend mit der ägyptischen, bis zur Neuzeit. Es befindet sich in einem Gebäude, in dem einst Sklaven untergebracht waren. Die St. George's Cathedral, um 1900 erbaut, ist Sitz des Erzbischofs Tutu. Im District Six Museum wird des multikulturellen Stadtteils gedacht, der lange der Apartheid ein Dorn im Auge war und abgerissen werde sollte. Widerstand formierte sich, konnte aber den Abriss des Viertels nicht verhindern. Wie eine klaffende Wunde gemahnt das unbebaute Ödland noch immer an Südafrikas dunkle Zeiten. Viele weitere Museen, Galerien, Kirchen, Moscheen und andere historische und moderne Bauwerke verdienen einen Besuch, sodass man Wochen in der Stadt verbringen und doch immer etwas Neues entdecken kann. Ganze Viertel, wie das malaiische Bo-Kaap mit seinen niedrigen, bunten Häuschen an steilen Straßen, laden zu einem Spaziergang

Die Tafelberg-Seilbahn

Malerische Stadtviertel laden zum Spaziergang durch Kapstadt

ein. Im Zentrum verführen bunte Märkte (z. B. Greenmarket Square) und viele elegante Boutiquen zum Einkaufsbummel.

Mit einer Reiseagentur oder dem Mietwagen auf eigene Faust erreicht man das Kap der Guten Hoffnung, südwestlichste Landmarke des Kontinents, nicht nur in der Vergangenheit Bühne für den Untergang vieler Schiffe. Den südlichsten Punkt des Kontinents bildet das Kap Agulhas, erst dort stoßen Atlantik und Indischer Ozean aufeinander.

Ein Muss für jeden Touristen ist neben der Stadtbesichtigung und einer Reise in die Vergangenheit der Besiedlung des Landes, die in Kapstadt ihren Ausgang nahm, der Besuch der Waterfront: Das äußerst erfolgreiche Entwicklungsprojekt verwandelte die alten und überholten Hafenanlagen in ein Spaß- und Erlebniszentrum mit Hotels, Museen, Aquarien, Restaurants, Bootsfahrten und allerlei weiteren kurzweiligen Freizeitangeboten.

Ein Halbtagesausflug per Schiff entführt in die jüngste Geschichte: Robben Island, ein Natur- und Kulturschutzgebiet und noch vor kurzem nur wenigen Menschen zugänglich. Prominentester Gefangener des dortigen Hochsicherheitsgefängnisses war Nelson Mandela, der erste Präsident des freien Südafrikas. 28 Jahre musste er im Gefängnis zubringen, angeklagt und verurteilt nach den Gesetzen der Weißen, eigens geschaffen, um die Macht Weniger über sehr Viele zu zementieren. 1990 wurde Mandela von Frederik de Klerk aus der Haft entlassen. Beide sorgten für die Abschaffung der Apartheid, organisierten die ersten freien Wahlen und erhielten schließlich 1993 den Friedensnobelpreis. Seit 1995 gibt es auf Robben Island keine Sträflinge mehr. Heute frösteln Touristen beim Anblick der Gebäude und dem Gedanken an das Unrecht, das mit dieser Insel auf ewig verbunden sein wird.

Die Kapregion: Jenseits des Tafelbergs

Die Garden Route ist wohl die bekannteste und von Besuchern meistbefahrene Strecke des Landes. Abgeschottet durch Gebirgszüge taucht der Frühling die Küste zwischen Mossel Bay und dem Storms River in ein Blütenmeer. Begibt man sich ein Stück auf die Berge und Hügel im Hinterland, hat man atemberaubende Aussichten auf die sattgrüne Küste und den Indischen Ozean. Nationalparks, vorzügliche Hotels und höchst luxuriöse Gästehäuser und Palais widmen sich dem leiblichen Wohl, an den Buchten tummeln sich Erholungsuchende am Strand, und in den Städten wie George und Knysna laden Museen zur Betrachtung

Das Kap der Guten Hoffnung: ein spektakulärer Aussichtspunkt

von Kultur, Natur und Geschichte ein. Steile und nervenzerrüttende Pass-Straßen führen zur Straußenzucht nach Oudtshoorn, zu verwunschenen Dörfern wie Prince Albert und in die fantastische Tropfsteinwelt der Cango Caves. Entlang der South Coast wurden die schönsten Stellen und Parks zum Garden Route National Park zusammengefasst. In der Wilderness Lake Area geht es per Kanu und Tretboot über Kanäle, Flüsse und auf Seen in die Wildnis und in der Tsitsikamma Section auf Schusters Rappen über Berg und durch Tal die Küste entlang. In der Lagune von Knysna kreuzen Segelboote, weiße Dampfer steuern vor dem blauen Hintergrund von Meer und Himmel die geschützte Flora und Fauna auf den Inseln an und am Kai werden Austern geschlürft.

Wer die Garden Route befährt, sollte den Umweg über das Cape Agulhas in Kauf nehmen, nicht nur um gleichzeitig Atlantik und Indischen Ozean zu überblicken. In Waenhuiskrans bilden pittoreske Fischerhütten ein beliebtes Fotomotiv, und das nahe gelegene De Hoop Nature Reserve zeigt eines der schönsten Beispiele für *Fynbos*-Vegetation, niedrig wachsende Büsche und Sträucher, die für das Kap so typische Pflanzenwelt mit fast 8500 Arten, vor allem Erika- und Protea-Arten. Dazwi-

Am Cape Agulhas trifft der Atlantik auf den Indischen Ozean. In rund 300 Jahren versanken in dieser Region 124 Schiffe

schen tummeln sich allerlei Antilopen und Bergzebras, schleichen Reptilien durch den Busch, und im Meer blasen zwischen Juni und Dezember Wale Wasserfontänen in die Luft.

Nördlich von Kapstadt, direkt am Atlantik, liegt der West Coast National Park mit einer einzigartigen Zugvogelpopulation in den Feuchtgebieten und dem für die Atlantikküste typischen harten, eisblaugrauen Licht. Vorbei an dem kleinen verschlafenen Fischerort Paternoster neben der beliebten Feriensiedlung St. Helena Bay geht es auf breitem Asphaltband schnell nach Norden. Citrusdal, Clanwilliam und Klawer sind Wein- und Obstanbaugebiete und für den eiligen Reisenden nur Landschaftspunkte für den Tankstopp. Doch damit tut man ihnen Unrecht. Sie liegen zu Füßen der Cedar-Berge, eigentlich einer 100 Kilometer langen Bergkette und eines Eldorado für Naturfreunde. Hier kann man Wanderungen in grün bewaldeten Schluchten unternehmen oder hoch hinauf zu den letzten Exemplaren der Clanwilliam-Zeder, die Namensgeberin der Berge war, und auf Entdeckungsreise gehen zu Höhlen mit Malereien der San und immer wieder bizarren, in der Abendsonne rot aufflackernden Felsformationen. Die Missionsstation Wuppertal auf der östlichen Seite der Bergkette in einem Tal glänzt unvermutet mit weiß gestrichenen, strohgedeckten Häuschen. Rooibostee, eines der Nationalgetränke Südafrikas wird dort kultiviert und verkauft – ein Getränk gegen vielerlei Beschwerden oder auch einfach eine wohlschmeckende Erfrischung.

Eine typische Pflanze der Kapregion: die Königsprotea

Interessante Felsformation in den Cedar-Bergen

Port Elizabeth und Umgebung:
Vom Strand in die Nationalparks

Am westlichen Rand der Algoa-Bucht wird P. E., wie die Einwohner Port Elizabeth eilig nennen, von den Industrieanlagen dominiert, die den drittgrößten Hafen des Landes bilden. Die Stadtgründung geht auf das auslaufende 18. Jahrhundert zurück, als Fort Frederick erbaut wurde. Bald darauf kamen die ersten Siedler, und der damalige Gouverneur, Sir Rufane Donkin, nannte die Stadt nach seiner Frau, die an einem Fieber verstorben war. Heute erinnern im Zentrum ein Denkmal, ein Park und die Donkin Street mit ihrer historischen Häuserzeile an das Ehepaar. Viele weitere Gebäude führen in die Geschichte: das Rathaus am Market Square, das Museum Nr. 7, Castle Hill im ältesten Haus der Stadt mit Möbeln und einer Puppensammlung aus der ersten Hälfte des 19. Jahrhunderts, der 1923 zur Erinnerung an die ersten Siedler errichtete Campanile am Hafeneingang (204 Stufen hinauf lassen die Besucher schnaufen), der sich die Lüfte mit den Ladekränen teilen muss, und der Leuchtturm im Donkin Reservat, dessen Spitze durch enge, steile Treppen und Luken erklommen wird.

Der Museumskomplex in Port Elizabeth umfasst Bayworld Oceanarium, Museum and Snake Park. Das Museum widmet sich der Kultur- und Naturgeschichte, im Tropenhaus schwirren bunte Vögel, Schlangen und andere Kriechtiere sind im Snake Park zu sehen. Im Oceanarium ist eine kleine Kolonie von Seehunden angesiedelt, Pinguine demonstrieren ihre Geschicklichkeit unter Wasser. Eine besondere Attraktion sind die beiden ausgewachsenen Haie und der große Oktopus, der mit seinen acht Beinen den Tank abtastet.

Port Elizabeth: koloniale Vergangenheit

Der Apple Express verbindet die Bahnstation Humewood im Süden des Zentrums an der Strand-Avenue P. E. mit dem Örtchen Thornhill in der benachbarten St. Francis Bay. Puffend und stöhnend zieht die Dampflokomotive die kleinen Waggons aus einer anderen Zeit die Schmalspur entlang. Mit dem Auto erreicht man das Cape Recife mit dem gleichnamigen Naturreservat. Ein mehrstündiger Wanderweg mit Verstecken zur Vogelbeobachtung erlaubt Blicke auf seltene Spezies, unter anderem die Rosenseeschwalbe. Brillenpinguine leben in einer eigenen Kolonie; kranke Tiere werden hier gesund gepflegt und auf die Auswilderung vorbereitet.

Ein Tagesausflug entführt in die wilde Natur des Addo Elephant National Park. In dem Reservat sind Elefanten garantiert. Mit dem eigenen Wagen und in Obhut eines Wildhüters fährt man kreuz und quer auf festen Pisten zu den Sammelstellen und Wasserlöchern, sieht langsam dahinziehende Herden, die ab und an halten und sich einen Ast herunterzupfen oder auch einen Baum komplett umlegen. Wie nach einem Bombenangriff kann so eine

Schneise wirken, doch macht dies für die Natur Sinn; so kommen auch kleinere Tiere, die nicht nach oben reichen, an die Köstlichkeiten bestimmter Pflanzensorten heran, ganze Areale werden nach und nach entforstet und können sich über die Jahre neu bilden.

Fährt man von Addo die Nationalstraße 10 Richtung Norden, liegt unweit von Cradock der Mountain Zebra National Park, Refugium der Bergzebras (Hartmannsche Zebras). Sie unterscheiden sich von ihren Verwandten der Steppe durch die Fell-Zeichnung und natürlich den Lebensraum. Hoch oben klettern die Zebras und Antilopen an den Flanken der Berge entlang, kleinere Raubtiere begeben sich auf die Jagd nach noch kleineren Säugetieren, und auf einem Wanderweg, der über drei Tage in Anspruch nimmt, ist man mit sich und der Natur alleine.

Fährt man nach East London nicht die Küste entlang, sondern auf direktem Weg, passiert man ein Kleinod viktorianischer und georgianischer Architektur – Grahamstown. Dauernde Grenzkriege mit den Xhosa nördlich des Great Fish River führten zum Bau mehrerer Forts am Fluss, die die Lage befrieden sollten. Eines davon, das spätere Grahamstown, wurde von Oberst Graham am Platz eines alten Farmhauses gegründet und war immer wieder Schauplatz heftigster Kämpfe. Ruinen der Befestigungsanlagen sind noch zu begutachten, und in den einzelnen Museen gibt es Naturgeschichtliches wie Dinosaurierfunde, Kulturgeschichtliches zum Leben der Xhosa und Historisches zur Besiedlung zu sehen. Die Museen befinden sich alle in historischen Gebäuden des Stadtkerns, dessen herausgeputzte Häuserzeilen die Baustile über die Jahrhunderte kolportierten. Hoch über der Stadt thront neben der Befestigung Fort Selwyn das moderne 1820 Settler's Memorial, eine Wallfahrtsstätte weißer Südafrikaner.

Mehr im Leben steht das Dakawa Art and Craft Project in der Stadt: 1987 in einem tanzanischen Flüchtlingslager südafrikanischer Unabhängigkeitskämpfer gegründet, wurde es 1991 nach Grahamstown verlegt. Sein Ziel war, den Familienangehörigen der Kämpfer und auch diesen eine kunsthandwerkliche Ausbildung zu geben, damit sie nach Ende des Krieges in einer normalen Existenz Fuß fassen konnten.

In den Aquarien der Kapregion lässt sich die faszinierende Vielfalt der Unterwasser-Welt aus Atlantischem und Indischem Ozean bewundern

Südafrika:
East London 3

East London: Stadt am Great Kei River

Fährt man von Port Elizabeth nach Osten und Richtung East London, durchquert man das ehemalige *Homeland* Ciskei, einen Landstreifen zwischen den Flüssen Great Fish River und Great Kei River. Nur East London war weißes Gebiet und einzige Lohnquelle der Xhosa-Wanderarbeiter, die sich hier das Brot für sich und ihre Familien verdienen mussten. Jenseits des Great Kei River beginnt die Transkei, ebenfalls Xhosa-Land. Augenfälliger kann einem die Benachteiligung der schwarzen Menschen unter dem Apartheid-Regime nicht ins Gesicht springen – so, wie sie sich heute noch darstellt. Auf sich alleine gestellt und in der Vergangenheit ohne Finanzen für infrastrukturelle Maßnahmen aus dem reichen Topf der Regierungsgelder, kämpft die Region heute um jede Verbesserung der Lebensumstände. Umtata, die ehemalige Hauptstadt der Transkei, versucht als Regionalzentrum den Tourismus zu entwickeln, und die Chancen stehen nicht schlecht. Die eigenwillige grünbraune Hügellandschaft und die wunderschönen Küstenbereiche der Wild Coast laden zu Entdeckungsfahrten ein. Die freundlichen Menschen helfen weiter, wenn man sich auf Pisten verfahren hat, und am Wegesrand lagern Frauen und schmauchen ihre Pfeife, warten auf den Bus oder auf bessere Zeiten. Es wird noch lange dauern, bis die Touristen einfallen wie in East London.

East London wurde als Siedlungsgebiet durch einen bösen Zufall entdeckt: Eine Brigg strandete, und viele Monate mussten die Schiffbrüchigen auf ihre Retter warten. Als diese kamen, entschied man sich, den einzigen nennenswerten, natürlichen Flusshafen des Landes auszubauen, und 1835 war es so weit. Port Rex wurde gegründet und später in East London umbenannt. Heute ist es ein Tiefseehafen, und der Flusshafen wurde zu Latimer's Landing umgestaltet, einer kleinen Waterfront, an der man besinnlich den Sonnenuntergang genießt. Die breiten Straßen des Zentrums sind schachbrettartig angelegt, dominantes Gebäude ist die City Hall, viktorianisch in Rot und Weiß glänzend, von der Renaissance beeinflusst. Vor ihr galoppiert auf einem Sockel ein Reiter zur Erinnerung an den englisch-burischen Krieg. Klein dagegen ist das Denkmal von Steve Biko geraten, der in den Gefängniszellen der Apartheid mutwillig zu Tode gebracht wurde.

East London in der Eastern Cape Province mit der City Hall aus dem 19. Jahrhundert

East London besitzt den einzigen kommerziell genutzten Flusshafen Südafrikas

Das East London Museum stellt den ersten Fisch der Gattung Coelacanth *(Latimeria chalumnae)* aus, der je in Menschenhand gelangte. Der Quastenflosser aus grauer Urzeit galt seit mehr als 50 Millionen Jahren als ausgestorben – bis 1938. Auch das einzige existierende Ei der ausgestorbenen Vogelart Dodo liegt in einer Glasvitrine. Kulturhistorischem der Xhosa ist eine eigene Abteilung gewidmet.

Tagesausflüge führen an die Wild Coast im Osten und auf Stichstraßen zu den zahlreichen Siedlungen an den Flussmündungen, unter ihnen Gonubie Mouth, Cintsa Mouth, Kei Mouth, Qolora Mouth. Nur wenige sind mit einer kleinen Autofähre versehen und so heißt es, jedesmal wieder zurück ins Landesinnere zur nächsten Brücke zu reisen.

Die Karoo: Berge, Busch und Bauern

Graaff-Reinet, das »Schmuckstück der Karoo« an der nordwestlichen Provinzgrenze wurde 1786 gegründet und sein Juwel ist das Reinet House von 1806 am Ende der Parsonage Street. Es gilt als klassisches Beispiel für den kapholländischen Baustil. Als Nationalmonument – mehr als 200 werden gezählt – beherbergt es heute ein Museum mit Waffen, Kleidung, Möbeln und Hausrat aus der Gründerzeit. Die bestechend einfache Architektur ist besonders schön an der Rückseite zu erkennen: Die Freitreppe schwingt sich in ihrer Simplizität elegant um eine kleine Terrasse zum Eingang hoch. Die Drotsdy, Rathaus und Versammlungsort, wurde ein Jahr später errichtet. Das Ensemble (zu ihm gehören auch ehemalige Sklavenhäuschen) aus gekalktem Mauerwerk zieht sich an einem Weg entlang flach und fotogen in die Tiefe und wird als Hotel genutzt. Die holländisch-reformierte Kirche wurde der Kathedrale von Salisbury/England nachgebildet.

Um die ruhige Stadt zieht sich in einer weiten Schleife der Sundays River. Am jenseitigen Ufer beginnt der Camdeboo National Park; Graaff-Reinet ist die einzige Stadt Südafrikas, die nahezu vollständig von einem Reservat umgeben ist. Bekanntester der drei Teile des Schutzgebietes ist das Valley of

Das Valley of Desolation im Camdeboo National Park ist eine beeindruckende Felsformation aus Dolerit

Desolation, eine fantastische Gesteinsformation mit Zinnen und Kuppeln aus Dolerit. Weniger besucht ist das Wildgebiet mit Antilopen, Zebras und Büffeln, und im Osten der Stadt befindet man sich meist alleine im Gelände des Reservats.

Ein weiteres Schutzgebiet mit Karoo-typischen Tieren, Pflanzen und Landschaftsformen liegt gute 200 Kilometer westlich in der Provinz Western Cape bei Beaufort West – der Karoo National Park. Eine einzigartige Gebirgslandschaft reckt sich steil aus der Ebene in den Himmel. Hier leben Zebras, Antilopen, Nashörner und 200 Vogelarten, unter ihnen Adler und Geier. Die Karoo besteht aus mehreren Sedimentschichten, die sich vor 150 bis 250 Millionen Jahren während einer Feuchtperiode auf zwei Dritteln des Bodens Südafrikas abgelagert haben. Für Geologen besonders interessant ist der Reichtum an eingelagerten Fossilien. In der untersten Schicht befinden sich hauptsächlich versteinerte Pflanzen; sie ist mit der Beaufort-Schicht bedeckt,

Beste Böden und ideales Klima – die Tradition des Weinanbaus

Von Anbeginn der Kolonisierung wurde am Western Cape die Rebe kultiviert. Die Hugenotten führten sie im Reisegepäck, und in den Tälern westlich und nördlich Kapstadts fanden die Weinstöcke ein ideales Klima. Mit dem Ende der Apartheid konnte der südafrikanische Wein seinen internationalen Siegeszug antreten und braucht heute zu Recht keinen Vergleich mit dem Rebensaft aus den Spitzenlagen Frankreichs zu scheuen. An der Wine Route sind Paarl, Stellenbosch, Worcester, Ceres und Franschhoek die bekanntesten Orte, deren Wirtschaft auf dem geistigen Getränk gründet. Die Namen der Güter wie Jim Fouché erinnern an die Vergangenheit. Weinfreunde sind auf den Gütern gerne gesehen, und ob man nun weißen, roten Wein, Rosé oder Prickelndes *à la méthode champagnoise* vorzieht, man kommt bei den Proben auf seine Kosten – und sollte nicht mit dem Auto nach Hause fahren.

Unter den über hundert Rebsorten, die kultiviert werden, sind bei den weißen Chenin Blanc, Riesling, Colombar, Clairete Blanche und Green Grape die wichtigsten, bei den roten Cabernet Sauvignon, Shiraz und Cinsaut. Eine Spezialität Südafrikas ist der Pinotage – eine Kreuzung aus Pinot Noir und Cinsaut. Doch nicht nur am Kap wird Wein angebaut. Auch hoch im Norden am Oranje-Fluss haben sich Winzer angesiedelt, und im Hinterland der Atlantikküste lädt ebenfalls eine Weinroute zum Besuch ein. Die Weinbauern in der Kapregion haben aber nicht nur Alkoholisches zu bieten. Eine Fahrt durch das Hinterland von Kapstadt mit seinen kapholländischen und viktorianischen Bauten ist auch architektonisch interessant, die Gärten und Naturreservate laden zu Spaziergängen ein, und immer wieder erinnern Denkmäler an Ereignisse der Landnahme durch die Weißen.

Battlefield Route – jeder gegen jeden

Die dichteste Ansammlung von Schlachtfeldern ganz Südafrikas findet sich in KwaZulu Natal. Zulu gegen afrikanische Völker, Zulu gegen Briten, Zulu gegen Buren, Buren gegen Briten, fast jeder Ort hat sein eigenes Schlachtfeld, und mit die wichtigsten Treffen wurden in der friedlichen, teilweise lieblichen Landschaft ausgefochten.

König Shaka besiegte bei Ulundi das Volk der Ndwandwe 1818 am Gqokli Hill, am Blood River wurde zum Gedenken an eine Schlacht zwischen Buren und Zulu ein immenses Monument errichtet. Dutzende Vortrekkerwagen aus Bronze gleißen grauschwarz im Vollkreis in der Sonne und erinnern die Nachkommen der Buren an ihren wichtigsten Kampf mit den Zulu 1838, deren Überzahl sie abweisen konnten. Bloukrans bei Estcourt gemahnt an einen Sieg der Zulu über die Vortrekker ein Jahr davor. Bei der Schlacht von Isandhwana am 22. Januar 1879 nahe

die extrem viele Fossilien von Dinosauriern und Amphibien aufweist. In der Stormberg-Schicht, der obersten, finden sich Pflanzen, Reptilien, Fische und Amphibien. Immer wieder ragen aus den Sedimenten Doleritstöcke hervor und können sich als kammartige Dykes kilometerweit hinziehen. In flüssiger Form haben sie das Sediment durchbrochen und sind schließlich erstarrt. Hatte sich das flüssige Gestein waagerecht ausgebreitet, schützte es den Boden unter sich und nur die Umgebung wurde erodiert. Es entstanden die für die Landschaft des südlichen Afrika und der Karoo typischen Kopjes, Rundhügel massiven Felsens, die schon aus weiter Entfernung die Umgebung dominieren und als gute Aussichtspunkte für die Urbevölkerung, die San, beliebter Siedlungspunkt waren – dort finden sich deshalb auch meist Felsritzungen und -malereien.

Durban und Pietermaritzburg:
Mit Schiff und Ochsenwagen

Die Industrie- und Hafenstadt Durban ist, man glaubt es kaum, der größte Ferienort des Landes. Die langen Strände am Indischen Ozean, am Zentrum entlang laufend, sind dicht mit Hoteltürmen der unterschiedlichsten Kategorien besetzt, und das subtropische Klima sorgt dafür, dass die Stadt in den Sommerferien von Badetouristen überlaufen ist.

Vasco da Gama entdeckte die Bucht 1497, und da es Weihnachten war, nannte er sie Port Natal, doch erst 1835 gründeten englische Händler die Stadt an der Küste des Zululandes. Sie prosperierte als Umschlagplatz für Elfenbein und Einfuhrhafen für britische Waren. Mit der Ankunft der Vortrekker, die im Hinterland Pietermaritzburg gründeten, wurde der Druck auf die Zulu größer, und sie wehrten sich zunehmend und effektiv, sodass Durban sogar eine Zeit lang aufgegeben werden musste. Mit dem endgültigen Sieg über die Zulu am Blood River riefen die Buren ihre Republik Natal aus. Die Engländer nahmen dies nicht hin und drängten die Buren nach Transvaal und in den Oranje-Freistaat ab, Natal wurde britisch. Für die Zuckerrohrplantagen im Hinterland benötigte man billige und willige Arbeitskräfte, und der Zuzug indi-

Farbenprächtiger Zulu-Rikscha-Fahrer in Durban

scher Lohnarbeiter begann. Heute noch stellen die Bürger mit Ursprung vom indischen Subkontinent über 20 Prozent der Stadtbevölkerung dar.

Spaziergänge durch Durban führen an der englischen und indischen Vergangenheit vorbei. Viktorianische Gebäude sind im modernen Stadtbild verblieben, Moscheen und Hindu-Tempel geben ein asiatisches Gepräge, Märkte wie der Victoria Street Market bieten Sinnvolles und Tand an, aus aller Herren Länder und von allen Ethnien, die in Durban koexistieren, denn noch ist das Ende der Apartheid nicht endgültig vollzogen, die Viertel sind immer noch nach Hautfarbe getrennt, und die schwarze Bevölkerung hat dabei das schlechteste Los gezogen und lebt größtenteils in den ausufernden Townships mit minimaler Infrastruktur. Nicht das Rassengesetz, sondern die Wirtschaftskraft des Haushalts diktiert heute den Wohnort der Familien.

Ein Ausflug in das Valley of a Thousand Hills entführt in die pittoreske Welt der Zulu. Abseits der

Nqutu trieben die Zulu die englischen Truppen in die Flucht, auf dem Hlobane-Schlachtfeld bei Vryheid zwei Monate später wurden die Engländer ein weiteres Mal geschlagen, am 4. Juli 1879 schließlich besiegten englische Truppen die Krieger der Zulu am Umfolozi-Fluss. Die großen Erfolge der Zulu waren zu Ende, auch ihre geschickte Taktik und die bislang erfolgreichen Strategien ihrer Führer konnten gegen die modernen Waffen Europas nichts mehr ausrichten.

Ladysmith ist wohl der wichtigste Ort für den englisch-burischen Krieg zwischen 1899 und 1902 in KwaZulu-Natal. 118 Tage wurde es von Buren belagert, und in zahlreichen Schlachten in der Umgebung versuchten die Briten Ladysmith zu entsetzen, was immer wieder misslang. Bei Colenso sind noch Reste eines Panzerzuges zu sehen, den Buren angriffen und sprengten. Winston Churchill fiel ihnen bei dieser Gelegenheit in die Hände und wanderte in ein Gefangenenlager – aus dem ihm allerdings die Flucht gelang.

Fast alle Schlachtfelder sind als Museen ausgebaut und frei zugänglich. Ausstellungen und Broschüren dokumentieren die Kämpfe. In KwaZulu-Natal sind weit über ein halbes Hundert an Kriegsmonumenten ausgewiesen, und die Informationsbüros in den Städten verteilen Prospekte mit genauen Anfahrtsbeschreibungen.

Der Victoria Street Market bietet Waren aller Ethnien, die in Durban koexistieren

Die City Hall in Pietermaritzburg

Hauptstraße nach Pietermaritzburg verläuft entlang der Hügellandschaft KwaZulu-Natals eine kleine Höhenstraße, die weite Blicke über die grünen Hügel erlaubt. Das Dorf PheZulu ist ein Nachbau einer traditionellen Siedlung und mit Tanzvorstellungen und Führungen wird dem Besucher das Leben der Zulu nahe gebracht.

Eisenbahnnostalgiker können an jedem letzten Sonntag im Monat oder auf Sonderfahrten mit der Umgeni Steam Railway die landschaftlich wunderschöne Strecke zwischen Inchanga und Kloof genießen. Die Strecke wurde gegen Ende des 19. Jahrhunderts gebaut und gehört zu den ältesten des Landes.

Pietermaritzburg, 80 Kilometer weiter im Norden, zeigt ein ganz anderes Bild als die Millionenstadt Durban, obwohl in der Hauptstadt der Provinz KwaZulu-Natal auch mehr als eine Million Menschen wohnen. Sie besitzt einen Stadtkern, in dem sich ein denkmalgeschütztes Haus an das nächste reiht, und viele sind als Museum zugänglich. Parks und Gärten gestalten die Stadt locker und freundlich. Der Stadtname verweist auf die beiden Vortrekkerführer Pieter Retief und Gerrit Maritz. Wichtigste Museen sind das Natal Museum mit großer naturwissenschaftlicher Sammlung und ethnographischen Ausstellungsstücken und der Komplex des Vortrekker Museums. Dort wird die Geschichte der Burentrecks erzählt, und im Wohnhaus des burischen Kommandanten der Blood-River-Schlacht, Andries Pretorius, liegt seine Bibel aufgeschlagen – als ob er gleich zurückkehrte und darin lesen würde.

25 Kilometer nördlich von Pietermaritzburg fällt bei Howick im Umgeni Valley Nature Reserve das Wasser eines Flusses beeindruckende 110 Meter in die Tiefe. Dort bildet es einen kleinen See, vor dem Tanzgruppen der Zulu Stegreif-Vorstellungen zu Trommelmusik geben.

iSimangaliso Wetland Park und Hluhluwe-Umfolozi:
Natur im Herzland der Zulu

Auf mautpflichtiger Autobahn geht es die Küste entlang nach Nordosten zum iSimangaliso Wetland Park, der zum Weltnaturerbe erklärt wurde. St. Lucia, eine kleine Feriensiedlung mitten im Naturschutzgebiet, besticht durch ihre tropische Vegetation. Der Park zeigt gänzlich unterschiedliche Landschaftsformen: Feuchtgebiete mit Sumpf, Seen und Lagunen, Dünenwelt und tiefe Wälder. Zur Tierpopulation gehören Krokodile, Flusspferde und dort, wo in der Lagune Süß- und Salzwasser zusammenfließen, eine einzigartige Vogelwelt. Auf kleinen Dampfern geht es hinaus aufs Wasser und zur Tier- und Landschaftsbeobachtung. An den endlosen Stränden reihen sich Angler auf, die mit ihren langen Ruten den Köder weit hinaus ins Meer werfen. In St. Lucia übernachtet man je nach Geschmack in kleinen luxuriösen Gästehäusern, größeren Hotels oder in den Camps der Parkverwaltung. In den Restaurants steht vornehmlich Meeresgetier auf der Speisekarte – Calamares, Krabben und Krebse, Fisch in allen nur erdenklichen Größen.

Umfolozi ist einer der ältesten Parks des Landes

Wenige Kilometer landeinwärts bietet sich im Hluhluwe-Umfolozi Park ein anderes Landschaftsbild mit grasbestandenen Hügeln, Akazienwäldern in den Tälern und mäandernden Flüssen. Dazu kommt eine reiche Tierwelt in einem der ältesten

Parks des Landes. Nicht nur die »Big Five« (Elefant, Büffel, Nashorn, Leopard und Löwe) und die »Big Seven« (mit Giraffen und Flusspferd) sind zu sehen, sondern auch die »Großen Neun« (man rechnet noch Geparde und Hyänen hinzu) leben im Hluhluwe-Umfolozi Park. Viele Antilopenarten grasen

Tanzdarbietung der Zulu in Stammeskleidung – eine Präsentation alter Traditionen

friedlich auf den grünen Weiden oder dienen als Nahrung für die Raubtiere. Steil und sich verdrehend hüpfen die Springböcke in die Luft, wenn sie die Witterung eines ihrer Feinde aufnehmen, Elands rasen trommelnd in großen Herden hinweg. Mehrere Tage kann man im Park verbringen, Nashörnern im Verein mit Warzenschweinen beim Schlammbad zusehen und träge Flusspferde dabei beobachten, wie sie aus dem Wasser steigen. Doch sollte man sich vom plumpen Körper dieser Tiere nicht täuschen lassen, Flusspferde können sehr schnell laufen, und Menschen in der Fluchtlinie zwischen Grasplatz und Wasser werden gnadenlos angegriffen und zu Tode gebissen.

Vom Hluhluwe-Umfolozi kann man über Ulundi in einem Bogen an die Küste zurückfahren und passiert auf dieser Strecke nahe Eshowe Shakaland, einen der folkloristischen Höhepunkte in KwaZulu-Natal. Das Dorf wurde 1984 für den Film und eine Fernsehserie »Shaka Zulu« gebaut und nach den Dreharbeiten als Kulturzentrum übergeben. Zu dem Komplex, der ständig von Zulu bewohnt ist, gehört ein Freilichtmuseum. Die Zulu sind bemüht, ihr reiches kulturelles Erbe und ihre handwerklichen Traditionen zu bewahren. In den Aufführungen der Tänze, Riten und Gesänge zeigt sich ihr Lebensgefühl. Der Nationalstolz eines afrikanischen Volkes, dessen Kämpfer den englischen und burischen Gegnern durchaus Paroli bieten konnten, wird trotz der touristischen Shows deutlich.

Stolzer Zulu-Krieger

Stolze Zulu-Krieger

Sanft geschwungen zeichnen sich die grünen Hügel KwaZulu-Natals gegen den Horizont ab – Herzland eines Volkes, das die Geschicke des ganzen südlichen Afrikas beeinflusst hat. Einst eine kleine Gruppe, wurden die Zulu unter ihrem Führer Shaka zu einem der mächtigsten Völker Afrikas, das mit seinen Eroberungskriegen und Feldzügen eine ganze Völkerwanderung in Gang setzte, andere Stämme in die Berge trieb, in tiefe Wälder, in neue Siedlungsgebiete, um der Allmacht der Krieger Shakas zu entgehen, nicht zu Tributzahlungen verpflichtet zu werden und ihre Identität als Völker zu wahren. Die Zulu kämpften, nahmen sich was sie wollten – und das war alles – und assimilierten die verbliebenen Reste ihrer unterlegenen Gegner. Was blieb, war ein Volk – das der Zulu. Ihr strategisches Geschick und ihre Waffentechnik waren so durchschlagend, dass selbst die weißen Landnehmer der beginnenden Kolonialisierung ihnen machtlos gegenüberstanden. Auch englische Truppen sahen noch lange nach Shakas Zeit diversen Niederlagen ins Gesicht. Bei Rourke's Drift standen am 22. Januar 1879 Briten und Zulu sich gegenüber. Das Ergebnis waren 1000 gefallene Zulu-Krieger und fast 1400 tote Soldaten des britischen Expeditionskorps, das ausgezogen war, den Zulu Mores zu lehren – und sich zurückziehen musste. Unvergleichlich soll der Mut der Zulu-Kämpfer gewesen sein, vorbildlich ihre Taktik und ausgezeichnet ihre Ausrüstung. Doch hatten sie keine Feuerwaffen. Ihre Siege errangen sie im Kampf Mann gegen Mann, mit von Shaka neu entwickelten Waffen wie zum Beispiel dem Kurzspeer, der sich im Kampfgetümmel als ausgesprochen effektiv erwies. Es dauerte aber nicht lange, bis die Zulu der Überzahl an Mannschaften und dem Einsatz moderner Waffen unterlagen.

Heute noch sind die Zulu stolz auf die kriegerischen Leistungen und ihre kulturelle Vergangenheit, und in KwaZulu-Natal wird Letztere mit Liebe und Elan gepflegt. In Touristenzentren wie Shakaland und PheZulu bringt man den Gästen die Kultur der Zulu nahe, ihre Lebensweise, ihre Kunst, ihre Tänze und ihre Gesänge. Bis in die internationalen Hitparaden haben es die A-cappella-Gesänge der Zulu geschafft, und immer wieder nutzen Popstars die ganze Bandbreite der Sangeskunst der Zulu – von melancholischen und auch kriegerischen Liedern über die Apartheid bis zu den fröhlichen Gesängen, die ihren Ursprung in Familienfesten haben.

Südafrika: Drakensberge, Panorama Route 3

Der Lämmergeier hat eine Flügelspannweite von bis zu zwei Metern

Die Drakensberge: Steile Gipfel

Die Drakensberge sind das höchste Gebirge Südafrikas und erstrecken sich einem Drachenrücken gleich über 1000 Kilometer in Nord-Süd-Richtung. Dabei bildet die 3000 Meter hohe Abbruchkante die natürliche Grenze zum Königreich Lesotho. Mit seinen tiefen Schluchten, Wasserfällen und der märchenhaften Atmosphäre ist der Gebirgszug im touristisch am besten erschlossenen Abschnitt zwischen Harrismith und Kokstadt ein Eldorado für Urlauber. Neben einfachen Hütten in den Schutzgebieten finden sich Luxushotels auf den Spitzen von Cathedral Peak, Champagne's und Gigant's Castle; in glasklaren Flüssen tummeln sich Forellen, einsame Wanderwege führen durch das Hochgebirge mit Höhlen, in denen San vor Zehntausenden von Jahren Malereien und Ritzungen hinterlassen haben.

Die Drakensberge gehören zur Großen Randstufe, die das Innere des südlichen Afrikas von der Küste trennt und die im Erdmittelalter entstanden ist. Von der parallel zur Bergkette verlaufenden Hauptstraße zweigt auch die höchste Pass-Straße Südafrikas ab, die über den 2874 Meter hohen Sani Pass in die karge, ursprüngliche Bergwelt von Lesotho, dem »Dach Afrikas«, führt.

Neben den vielen Schutzgebieten sind der Royal Natal National Park mit dem »Amphitheater« genannten Bergabschnitt und der Golden Gate Highlands National Park an der Nordgrenze Lesothos im Freistaat Höhepunkte. Auf dem Weg zu Letzterem passiert man das Basotho Cultural Village, das sich der Kultur der Sotho verpflichtet hat.

Die Panorama Route: Über grüne Berge und durch tiefe Schluchten

Kleine Städtchen liegen dicht beieinander in der wohl fruchtbarsten Region des Landes – in Mpumalanga. Im »Land der aufgehenden Sonne« (ehemals Eastern Transvaal) werden Tee und Kaffee, Tabak und Bananen zwischen den grünen Hügeln kultiviert, Flüsse und Bäche sind allerorten zu finden, fließen in engen Kurven, stürzen malerisch Felswände hinab und haben in Jahrmillionen tiefe

und breite Schluchten entstehen lassen. Der Blyde River hat sich bis zu 700 Meter tief in die Drakensberge des Transvaal gegraben und bildet einen 25 Kilometer langen Canyon. An seinem Rand bieten sich immer wieder schöne Aussichten – so bei God's Window, dem Wonder View oder den Three Rondavels.

Der Blyde River Canyon bietet spektakuläre Ausblicke

Bourke's Luck Potholes am Zusammenfluss von Blyde River und Treur River sind märchenhafte Erosionsformen, entstanden aus Stromschnellen, in denen Steine und Sand herumgewirbelt wurden und kreisrunde Löcher austrugen, die heute unterhalb der Brücken des Naturschutzgebiets dicht an dicht, getrennt durch teilweise nur hauchdünne Steinwände zu sehen sind. Namensgeber Bourke selbst hatte kein Glück, seine Goldschürferei war nicht von Erfolg gekrönt. In drei Tagen kann man auf dem Blyderivierspoort Hiking Trail den Canyon durchwandern.

In der Regenzeit verbirgt sich die Sonne hinter einer Decke prasselnden Regens, dichtem Nebel

Die 55 Meter hohen Mac-Mac Falls

oder feinem Niesel. Dann sprudeln an allen Ecken die Wasserfälle. Sabie, ein Zentrum der Holzwirtschaft, ist besonders reich gesegnet. In der Umgebung stürzen die Mac-Mac Falls als Zwillinge 55 Meter in die Tiefe, die Lone Creek Falls sind 68 Meter hoch und der Bridal Veil, wahrhaft ein Brautschleier, bringt es auf 70 Meter. Das Städtchen Pilgrim's Rest ist als Ensemble ein einziges Museum. Dem Gold verdankt es seine Gründung, und wenn heute die Bergwerke und Waschanlagen auch stillgelegt sind, Besucher dürfen sich mit dem Sieb auf die Suche begeben, im Hotel des ausklingenden 19. Jahrhunderts nächtigen, in der Originalpost Grußkarten aufgeben und die musealen Läden aus der Zeit des Goldrausches bestaunen. Von Pilgrim's Rest kann man über den Robber's Pass und Lydenburg und über den Long Tom Pass – mit 2150 Metern zweithöchster des Landes – nach Sabie zurückkehren. Am Pass ist die Kanone, der Namensgeber, zu sehen, mit der die Buren den Übergang gegen die Briten verteidigten.

Westlich von Mbombela (früher: Nelspruit), der modernen Provinzhauptstadt Mpumalangas, liegen die beeindruckenden Tropfsteinhöhlen von Sudwala. In einem Park wird die Welt der Dinosaurier wieder lebendig, und der Sudwala Kraal bietet Tanzvorführungen und Kunsthandwerk der Volksgruppe der Tsonga.

Bei White River werden im Nutcracker Valley allerlei Spirituosen aus Obst verkauft. Die großen Nussplantagen haben dem Tal seinen Namen gegeben. In Hazyview, einem der Einfallstore zum Krüger Nationalpark, stellt sich im Madiba Cultural Village die Kultur der Swazi vor.

Swaziland: Zum »Platz des Himmels«

Das Königreich von Swaziland war immer und ist auch heute noch politisch unabhängig von Südafrika. Als Binnenland ist es wirtschaftlich vollständig auf seinen großen, ihn zu vier Fünfteln umgebenden Nachbarn angewiesen. Erst langsam entwickeln sich nennenswerte ökonomische Beziehungen zu dem bis vor nicht allzu langer Zeit vom Bürgerkrieg gebeutelten Mosambik.
Wie anders ist die Stimmung, sobald man die Grenze überquert hat. Nie von der Apartheid betroffen,

sind die Swazi ein selbstbewusstes Volk, das an der Gleichberechtigung von Schwarz und Weiß nicht zweifeln musste. Das Management von Institutionen und Wirtschaft ist schwarz, man scherzt, ist locker im Umgang, geht über die vermeintliche Grenze der Hautfarbe hinweg, und auch weiße Touristen können zur Zielscheibe charmanten Spottes werden – in Südafrika undenkbar.

Als eigenständiges, bis zur Unabhängigkeit 1968 unter britischem Schutz stehendes Land, das nicht calvinistisch-burischem Gedankengut unterworfen war, galt Swaziland als eines der beliebtesten Ausflugsziele weißer, südafrikanischer Pharisäer, die wochentags die Bibel lasen und sich am Wochenende am Würfeltisch dem Nervenkitzel hingaben. Bei Mbabane beginnt das Tal von Ezulwini, dem »Platz des Himmels«, mit einer vorzüglichen Infrastruktur, inklusive Kasinos. Nationalparks und ein Museum zur Geschichte des Landes und des Königshauses runden das touristische Angebot ab. Unweit von Mbabane Richtung Westen, nahe der Grenze, produzieren die Endlotane Studios herrliche Teppiche aus Mohair. Die deutschstämmige Familie ist international renommiert und liefert in die ganze Welt. Ngwenya Glass gleich daneben bläst kleine Kunstwerke aus Glasabfällen. Man kann den Handwerkern von einer Tribüne aus zusehen.

Ökonomisch ist Swaziland auf die Holzwirtschaft angewiesen, große Teile des Landes sind dichte Forste, und nur im Westen wird die Landschaft, von der Großen Randstufe bestimmt, mit ihren Bergen und Hügeln sehr malerisch. Den Osten, der in das Lowveld übergeht, dominieren ausgedehnte Zuckerrohrfelder.

Baobabs – die Affenbrotbäume

Polokwane und der Norden:
Vortrekker im Land der Baobabs

Polokwane (früher: Pietersburg) wurde 1884 gegründet und ist ein wichtiger Halt auf dem Weg nach Simbabwe und in den Norden des Krügerparks. Um die Hauptstadt der Provinz Limpopo am Wendekreis des Steinbocks liegen Viehfarmen. Trotz der geografischen Lage ist das Klima durch die Höhe von 1200 Metern relativ ausgeglichen. Im Hugh Exton Museum ist nur ein geringer Teil der

Sammlung von über 20 000 historischen Fotos auf Glasträgern ausgestellt. Im modernen Irish House Museum besteht die Kollektion aus Kulturgeschichtlichem der Region. Gewicht wurde auf das Leben der Nord-Sotho gelegt. Deren vitale Kultur kann man im Bakoni-Malapa-Freiluftmuseum entdecken. In dem für die Nord-Sotho typischen Dorfnachbau werden handwerkliche Fähigkeiten demonstriert, Tänze aufgeführt und das ganz normale Leben dieser Volksgruppe veranschaulicht.

Louis Trichardt, 100 Kilometer nördlich, liegt am Westfuß der Soutpansberge. Noch ist hier die Vegetation dicht und relativ üppig. Erst hinter den Bergen beginnt das Land der Baobabs, der Affenbrotbäume, und reicht in Südafrika bis Musina und dann weiter in das Lowveld Simbabwes hinein – heiß und trocken, flach und staubig, aber mit einem ganz eigenen Reiz, den die Affenbrotbäume wuchtig vermitteln. Unweit Louis Trichardt wurde das Schoemansdal Vortrekker Museum errichtet. Weit verstreut im Busch liegen die Wohn- und Vorratshütten, stehen die Destillen und Planwagen, so wie sie von den Vortrekkern einst erbaut und benutzt wurden. Holz und Gras war das Material. Bett,

Das Obst aus den Plantagen Südafrikas wird nicht nur in die Supermärkte geliefert, sondern auch an die Stände der ehemaligen Homelands

Tisch, Stuhl und Bibel, die im Karren mitgeführte Möblierung, der Boden gestampft – zu viel zum Verlassen, zu wenig zum Bleiben. Genügsam war man und gottesfürchtig, allzeit bereit aufzubrechen, das Gelobte, das versprochene Land zu finden.

Die Region um die Waterberge liegt in der südwestlichen Ecke der Provinz Limpopo. Sie ist wegen der Mineralquellen um Warmbaths als Kurland bekannt, befindet sich aber weiter nach Westen Richtung Thabazimbi erst in der touristischen Entwicklung. Bergbaugebiete mit steil aufragenden, schwärzlichen Halden und Reservate mit dichtem Busch, ursprünglich und nur mit geländegängigen Fahrzeugen zu bewältigen, bilden einen spannungsreichen Gegensatz. Der Marakele National Park ist in seiner Wildheit durchaus besuchenswert, hier leben Elefanten, Antilopen und die großen Raubtiere. Einige der von zunehmender Trockenheit geplagten Viehfarmen wurden zu privaten Reservaten mit Unterkünften umfunktioniert und bieten die ganze Bandbreite von einfach bis Luxus.

Tierreichtum im Kruger National Park: Elefantenfamilie und Löwin

Im Krüger-Nationalpark: Vielfalt der Tiere

Wer den Krügerpark nicht besucht, hat Südafrika nicht gesehen. Legende sind sein Tierreichtum und die Vielfalt der Pflanzenwelt. 20 000 Quadratkilometer, über 300 Kilometer lang, zwischen 40 und 80 Kilometer breit, ist er der Park mit der reichhaltigsten Fauna der Welt, es gibt fast kein Tier des südlichen Afrika, das hier nicht vorkäme. 1898 wurde der Grundstein für das Schutzgebiet gelegt. Unkontrollierte Jagd hatte das Wild dezimiert, und der Volksrat der Burenrepublik Transvaal schritt ein. Nach und nach kamen weitere Schutzgebiete hinzu, 1926 wurde das Nationalparkgesetz erlassen.

Elefanten, Giraffen, Büffel, Zebras, Nashörner, Löwen, Leoparden, Geparde, Hyänen, Schakale, Wildhunde, Kudus, Elands, Springböcke, Säbel-, Halbmond- und Elenantilopen, Gnus, Wasserböcke, Pferdeantilopen – die Liste ist beinahe endlos. Viele Reptilienarten bevölkern dieses Gebiet, von der Schwarzen Mamba über die Speikobra zur Baumschlange, und in den Flüssen teilen sich Fische das Revier mit Flusspferden.

Hoch im Norden fließt der Limpopo und bildet die Grenze zu Simbabwe und Mosambik. Luvuvhu,

Mphongolo und Shinwedzi bewässern ebenfalls den Norden. Richtung Süden folgen Letaba und Olifants, Timbavati und Sabie. Am Crocodile River endet der Park. Über 500 Vogelarten leben im Reservat, und wer kein gutes Bestimmungsbuch dabei hat, wird sich in dieser Vielfalt verlieren. Im hohen Norden wachsen die Baobabs, abgelöst vom Mopane-Busch; in den Grassavannen stehen einsam die malerischen Schirmakazien, Flussufer sind von Galeriewäldern gesäumt, Dornbusch wechselt mit dichten und hohen Wäldern ab. Mehr als ein Dutzend große und kleine Camps und Rastlager, alle vorzüglich ausgestattet und unterhalten, stehen den Besuchern zur Verfügung. Die guten Pisten laden zu tagelangen Wildbeobachtungsfahrten ein. Immer wieder stößt man auf eine Wasserstelle, eine geschützte Beobachtungshütte, auf einen See, und stolpert mehr oder weniger über das Wild. Löwenrudel kreuzen die Pisten, nach allen Seiten sichernd, Schildkröten kriechen träge über

Pavian (links) und Spitzmaulnashorn, auch Schwarzes Nashorn genannt (rechts), im Krüger-Nationalpark

den Asphalt, Elefanten sperren die Wege, und wenn Babys dabei sind, werden die Ohren nach außen gestellt – klares Signal für den Touristen, äußerste Vorsicht walten zu lassen. Der Krügerpark ist Teil des Great Limpopo Transfrontier Park mit einer Fläche von 35 000 Quadratkilometern, der in der Nachbarschaft den Limpopo National Park in Mosambik bereits umfasst und auch Naturschutzgebiete in Simbabwe zukünftig einbeziehen wird.

Die Welt der Antilopen

Der Springbock ist das Nationalemblem Südafrikas, die Oryx-Antilope findet sich im Wappen Namibias, das Kudu in dem von Simbabwe. Antilopen spielen in den Ländern des südlichen Afrika eine wichtige Rolle. Schon für die Urbevölkerung bildeten die großen Herden der eleganten Springer und Läufer eine wichtige Nahrungsquelle. Hoch oben von den Hügeln beobachteten die San die Wanderungen der Antilopen und meißelten ihr Abbild in Stein, beschrieben bunt die Jagd auf sie in Malereien.

Winzig huscht der Blauducker, mit 30 Zentimetern Schulterhöhe die kleinste Antilopenart des südlichen Afrika, durch das Unterholz, träge äst das Gnu meist zusammen mit Zebras auf den Ebenen der Savanne. Gnus sehen schlecht, und so gesellen sie sich gerne zu den Zebras und folgen diesen bei Gefahr in blinder Stampede. Springböcke, mit weißem Bauch und dunkelbraunen Streifen an den Seiten sind die lustigsten Springer. Ausschlagend geht es in die Höhe, mehrmals hintereinander vom selben Platz, den Schädel fast unter die Vorderhufe geduckt. Wie Popcorn kann eine Herde wirken, bevor sie in wilder Flucht davonstiebt. Das Springen am Platz soll Raubtiere verwirren, ihnen das Opfersuchen erschweren.

Das Eland ist die schwerste und größte Antilope. Ausgewachsene männliche Tiere bringen 700 Kilogramm und mehr auf die Waage. Nur 240 Kilogramm wiegt die Oryx-Antilope, auch Spießbock oder Gemsbok. Ganz anders ist sie mit ihrer klaren schwarz-weißen Zeichnung des Gesichtes und den langen geraden Hörnern. Sie hat sich angepasst an die Wüste und kann bei großer Hitze überleben. Auf 46 Grad Celsius kann das Tier die Körpertemperatur anheben. Um die Nase finden sich feine Blutgefässe, durch die Atemluft wird das Blut ständig gekühlt.

Es gibt Antilopen, die Gräser fressen, welche, die Blätter bevorzugen, und wieder andere ernähren sich von harten dornigen Ästen. In Herden oder einzeln ziehen sie über weite Ebenen, hinauf in die harsche Gebirgswelt, durch die dichten, sattgrünen Wälder und in den trockenen Busch. Antilopen sind im südlichen Afrika allgegenwärtig. Aufmerksam schauen und wittern die Tiere unaufhörlich in die Umgebung nach einem Feind, sei es Tier oder Mensch – Löwe, Leopard, Gepard, Hyäne oder Jäger. Keiner von ihnen verachtet Antilopenfleisch – roh für die Tiere, gut abgehangen als Braten, Ragout, Steak oder luftgetrocknete Schinken für die Menschen.

Pretoria/Tshwane:
Stolze Bürger in der Hauptstadt

Pretoria hat den Beinamen Jacaranda-Stadt, weil viele Straßen von diesen Bäumen gesäumt sind, die von Oktober bis November in leuchtendem Violett erstrahlen. Hier haben die Verwaltung des Landes und im Winterhalbjahr die Regierung ihren Sitz. (Im Sommer zieht die Regierung nach Kapstadt um.) Gärten und Parks lockern das Stadtbild auf, viele historische Gebäude erinnern an die bewegte Vergangenheit der 1855 vom Burengeneral Pretorius gegründeten Stadt. Seinen Namen trägt seit Ende 2005 nur noch das alte Stadtzentrum. Die Gesamtheit des städtischen Anwesens mit seinen knapp zwei Millionen Einwohnern erhielt den Namen Tshwane. Es liegt mit Johannesburg und Soweto in der kleinsten Provinz des Landes, in Gauteng. Etwa ein Viertel der Gesamtbevölkerung lebt in dieser Region, hier siedelte sich auch hauptsächlich die Schwerindustrie des Landes an.

Herzstück von Pretoria ist der Church Square mit dem Palace of Justice und dem Raadsaal, dem ehemaligen Regierungssitz. In der Mitte wacht ein Denkmal des Präsidenten Paul Krüger. Zahlreiche Museen sind zugänglich, unter ihnen große wie das National Cultural History Museum und das Transvaal Museum of Natural History, aber auch kleine wie die Kunstausstellung im Pierneef Museum, das Polizei-Museum, das Eksteen Transport Museum, die Ausstellung der Post oder das Geologiemuseum und das Wohnhaus von Paul Krüger.

Die Union Buildings – seit 1913 Regierungssitz – liegen erhöht etwas außerhalb. Trotz seiner Größe überblickt der lang gestreckte Bau elegant die Stadt. In der weiß strahlenden Villa Melrose House wurde 1902 der englisch-burische Krieg mit dem Friedensvertrag von Vereeniging beendet. Ab und an finden in dieser historischen Atmosphäre Konzerte statt.

Das Vortrekker Monument ist ein Wallfahrtsort der Südafrikaner burischen Urspungs. Quaderförmig massiv liegt das Gebäude auf einem Hügel und zeigt in seinem Inneren anhand von Reliefs die Geschichte der Besiedlung und des Großen Trecks von 1838.

In der Umgebung liegen viele Naturreservate wie das Austin Roberts Bird Sanctuary, die Nature Reserves Faerie Glen und Wonderbom und der Harte-

Ndebele-Frau in der Botshabelo Mission Station

Tshwane: Ende Oktober entfalten die Jakarandas ihre violette Blütenpracht

beespoort Dam. Wer sich für Geschichte und Kultur der ursprünglichen Bewohner der Region interessiert – der Ndebele –, fährt hinaus nach Middelburg und besucht die Botshabelo Mission Station. In den charakteristischen, streng geometrisch bunt bemalten Häuschen der Ndebele produzieren und verkaufen Frauen herrlichen Schmuck.

Johannesburg und Soweto: Auf der Suche nach Gold und Frieden

60 Kilometer von der Hauptstadt entfernt, ist Johannesburg ein Hexenkessel, von dem niemand so genau weiß, wie viele Menschen ihn bewohnen. Mit dem ehemaligen Township Soweto mögen es zwischen drei und vier Millionen sein. Traurige Berühmtheit erlangte die Stadt durch ihre Mordrate, mit der sie in die Weltspitze vorgedrungen ist. Die Geschäftswelt hat das Zentrum verlassen und sich in der neuen Siedlung Sandton einquartiert. Geschlossene Hotels und die eindringliche Warnung an die Touristen, sich nicht alleine zur Besichtigung aufzumachen, haben der Stadt in den letzten Jahren ihren touristischen Stellenwert genommen – trotz der zahlreichen beachtenswerten Sehenswürdigkeiten. Viele Museen, Theater und Galerien künden aber noch heute von der Lebenslust und Kulturverbundenheit der Johannesburger.

Südafrika: *Johannesburg und Soweto* 3

Johannesburg war das pulsierende Zentrum der Bergwerkswirtschaft Gautengs – auf dem Gold des Witwatersrand gründet ihr Reichtum. Südafrikas kleinste Provinz hat hierher ihren Namen, Gauteng ist das Sotho-Wort für »Platz des Goldes«. Mine an Mine liegt im Umland – viele sind jedoch wegen des zeitweisen Goldpreisverfalls geschlossen –, und Halden ragen grau in den Himmel, die Skelette der Gittertürme markieren die zahllosen Schächte, in die über mehr als ein Jahrhundert lang die Hauer einfuhren. Viele von ihnen blieben im Berg, immer wieder kam es zu Katastrophen.

Gold Reef City ist heute einer der wenigen Orte, die in und um Johannesburg problemlos besucht werden können. Als Freizeitpark gut gesichert, vermittelt es die Gründerzeit der Goldsuche. Eine Bergwerksstadt wurde vollständig rekonstruiert, Theater, Brauhaus, Bar, Wäscherei, Apotheke,

Die Häuserschluchten von Johannesburg

Wohnhäuser usw. geben ein gutes Bild der früheren Zeit.

In den Sterkfontein Caves sind herrliche Tropfsteine zu sehen. Dort wurden 1896 Schädelfragmente von »Mrs. Ples« gefunden, einer prähistorischen Dame. Im Lesedi Cultural Village Richtung Pretoria kann man sich dagegen über fast alle Ethnien Südafrikas informieren. In Theatervorführungen wird die Geschichte nahe gebracht, Siedlungsnachbauten zeigen den Unterschied in der Bauweise und Anlage der Dörfer, die Darsteller tragen die traditionellen Kostüme der einzelnen Volksgruppen.

Soweto war einer der Brennpunkte des Kampfes gegen die Apartheid, hier wurden die Schulen bestreikt, hier mordeten Soldaten und Polizisten. Ungesund ist das Klima bei starken Winden, die den Abraum der Bergwerkshalden als feinen Staub über den Vorort tragen, durchsetzt mit all den Chemikalien, die zur Goldextraktion nötig sind.

Doch nicht jeder Bewohner möchte Soweto verlassen, ja, wer im Leben Erfolg und die Möglichkeit hatte, sich eine Villa in »besserer« Gegend zu kaufen, wählte auch als Altersruhesitz seine Heimatstadt. So steht neben wild zusammengewürfelten Hütten aus Wellblech, Pappe und Holzresten eine Villa. An die einfachsten Gebäude aus Apartheid-Zeiten – für Arbeiter konstruiert, mit nur einem Raum, einem Plumpsklo und einem Wasserhahn im winzigen Hof – wird ein herrschaftliches Haus angebaut. Man möchte seine Vergangenheit nicht vergessen, nicht zerstören. Auch Winnie Mandela und Erzbischof Tutu wohnen in Soweto. Heute werden in Soweto die Wege befestigt, Kanalisationen errichtet und neue Siedlungsprojekte aufgelegt. Trotzdem wird es Jahrzehnte dauern, bis die Stadt in allen Winkeln und Ecken ein menschenwürdiges Gesicht erhalten hat.

Die Hütten Sowetos – einstiger Brennpunkt im Kampf gegen die Apartheid

Bloemfontein und Umgebung:
Die Blumen der Buren

Die Hauptstadt der Provinz Free State, Bloemfontein, die Stadt der Rosen, atmet Vergangenheit. Sie ist Sitz des obersten Gerichtshofes des Landes. Rötlich schimmern die historischen, repräsentativen Sandsteingebäude wie die Old Presidency oder

Südafrika: Bloemfontein und Umgebung 3

Die Aloe ist in den Trockengebieten Afrikas mit etwa 250 Arten vertreten

die ehemaligen fünf Regierungssitze (Raadsaals), die man zur Unterscheidung durchnummeriert hat. In herrlichen Gärten stehen alte Villen, die umgebenden Hügel sind grün bewachsen, Parks lockern das Stadtbild auf, und Museen dokumentieren die Vergangenheit und Kultur der Buren. Wahrzeichen der Stadt ist die mit italienischem Marmor und tropischen Hölzern ausgestattete City Hall. Der Appeal Court entstand 1929 in klaren Linien, und seine Inneneinrichtung ist beachtenswert. Das National Afrikaans Literary Museum wurde in einem der ehemaligen Regierungsgebäude untergebracht. Ebenfalls besuchenswert ist das Military Museum im Alten Fort auf einem Hügel. Panzer künden in seinem Park von kriegerischer Vergangenheit, im Fort behandeln die Abteilungen die ersten Grenzkriege mit den schwarzen Völkern, aber auch den Zweiten Weltkrieg, bei dem die Südafrikaner die Alliierten unterstützten. Das Freshford House Museum zeigt das Leben einer reichen Familie um 1900, die Oliewenhuis Art Gallery Bilder zeitgenössischer südafrikanischer Künstler.

Nach Südosten erreicht man die grünen Hügel der Transkei, Weideland der Xhosa, durch eine schöne und vegetationsreiche Landschaft fährt man am Rande von Lesotho nach Nordosten. Kleine Ortschaften liegen charmant in den Wäldern. Besonders hübsch ist die Siedlung Clarens. Im Dorf bieten viele Galerien die Werke mehr oder weniger bekannter Künstler an. Die Strecke zwischen Ladybrand und Zastron im Süden Lesothos ist als Highland Route bekannt. Auf Wanderungen gilt es, San-Höhlen mit Malereien und Ritzungen zu entdecken. Über Zastron ragt eine markante Felsformation – das »Auge« –, ein neun Meter großer, natürlicher Durchbruch in den Klippen.

Von Bloemfontein Richtung Lesotho passiert man das Maselspoort Pleasure Resort am Ufer des Modder River, ein Stück weiter Thaba 'Nchu beim Maria Moroka National Park. Ein Luxushotel mit Kasino dient als Basis für Ausflüge in das Reservat. Im Norden Bloemfonteins liegen das Erfenis Dam Nature Reserve und das Willem Pretorius Game Reserve. Erfenis Dam ist ein künstlicher Stausee, der dem Wassersport dient. Das Tierreservat ist im Süden von weiter Savanne geprägt, Tummelplatz vieler Antilopen, und im Norden von grünen Hügeln, in denen die großen Säugetiere leben.

Lesotho: Harsche Bergwelt

Die unglaubliche Bergwelt des Königreichs Lesotho gehört zu den abgelegensten Regionen des südlichen Afrika, die touristische Infrastruktur ist auf die Hauptstadt Maseru und auf wenige Hotels mitten im Hochgebirge beschränkt. Nur wenige Straßen sind asphaltiert, dazu gehört die Verbindung zum Staudamm von Katse, einem künstlichen See, der wie eine Schlange in den Hochtälern des Landesinneren liegt. Von Ficksburg geht es sofort steil über den ersten Pass auf 3000 Meter Höhe. Eng schlängelt sich der neue Teer durch die zerklüftete, aber grüne Bergwelt, Hirtenjungen stehen am Wegesrand, kleine Dörfer sind der Mittelpunkt des Lebens eines Großteils der Süd-Sotho, die seit Jahrhunderten in dem eigenständigen Binnenland leben. Lange Jahre war Lesotho durch die unsichere politische Situation nicht bereisbar, heu-

Die grandiose Bergwelt des Königreichs Lesotho ist ein Muss für Liebhaber unberührter Natur

te ist es ein Kleinod und ein Muss für Liebhaber unberührter Natur und des wirklich wilden Afrika. Nicht so sehr die Tierwelt ist bestechend, vor allem der grandiosen Landschaften wegen kommt man hierher. Endlos scheinen die staubigen Pisten, die in ständigem Wechsel über Kämme und Pässe und durch bewaldete, flussreiche Täler führen. Langsam nur kommt man voran, in Serpentinen schraubt man sich hoch und runter, selten begegnet man Menschen.

Reiter finden in Lesotho ihr Paradies. Auf bergerprobten Pferden führen kundige Ranger die Touristen tage- oder wochenlang durch das Land, besuchen den höchsten Wasserfall des südlichen Afrika, der bei Maletsunyane einstufig 192 Meter in die Tiefe stürzt, und die versteckten San-Höhlen mit Malereien, die in ganz Lesotho zu finden sind.

Kimberley: Diamanten im »Big Hole«

Das Big Hole in Kimberley

»Diamanten« ist das Stichwort, Big Hole, der Ort wo man sie fand, Cecil Rhodes der Herr, den sie reich machten und der die Geschicke der Anfangsjahre fast eines ganzen Kontinents lenken sollte. 1870 fand man den ersten Edelstein, ein Diamantenrausch ohnegleichen setzte ein und katapultierte die Stadt an die Spitze der Diamantenförderung. Heute sind die Gruben fast erschöpft, doch die Firma De Beers – eine Schöpfung von Rhodes – kontrolliert weiterhin den Welthandel mit den kostbaren Steinen.

1882 besaß Kimberley eine elektrische Straßenbeleuchtung, 1887 wurde die Straßenbahn eingeweiht, die heute noch das Zentrum mit dem nahe gelegenen Big Hole verbindet. Zwar ist das einst 800 Meter tiefe Loch geflutet, doch vermittelt es noch die gigantischen Ausmaße, kann man sich die Digger vorstellen, die sich wie Ameisen immer weiter in die Ränder des Loches gruben, es verbreiterten und vertieften. Das Kimberley Mine Museum ist ein historisches Diamantengräberdorf, in dem die Touristen die einzelnen Arbeitsgänge nachvollziehen, in den Auslagen der Läden die Luxusgüter aus früherer Zeit bestaunen, einen Blick in die Aufkäuferbüros und in die Bars werfen können, wo das Geld mit vollen Händen ausgegeben wurde. Im

Diamonds Are a Man's Best Friend

Sir Cecil Rhodes (1853–1902) war ein Phantast, der aber viele seiner Ideen verwirklicht hat. Ein ganzes Land trug seinen Namen, sein Reichtum war Legende, einen ganzen Kontinent wollte er neu definieren, und seine Firma kontrolliert noch heute – streng und unnachgiebig – den Handel mit den glitzernden Steinen aus der Tiefe der Erde. Der Konzern De Beers bestimmt die Födermengen, die Verteilung auf der Welt und die Preise der Diamanten – und kann ganze Nationen ins Unglück stürzen: Der Diamantenreichtum vieler afrikanischer Länder finanziert größtenteils die Bürgerkriege in West- und Zentralafrika. Länder wie Kongo, Angola und Sierra Leone haben darüber eine traurige Berühmtheit erlangt.

Begonnen hatte Rhodes in Kimberley. Als junger Mann wurde er von seinen britischen Eltern nach Südafrika geschickt, um seine Tuberkulose in den Kolonien zu heilen. Als Hilfsarbeiter fand er beim Big Hole eine Anstellung und kaufte nach und nach Claims auf. Mit glücklicher Hand gesegnet, wurde sein Einfluss immer größer, und er gründete die De Beers Company. Aber da war noch jemand. Barney Barnato gehörte vom Big Hole ebenfalls ein erklecklicher Anteil. Er war etwa zur gleichen Zeit und im gleichen Alter wie Rhodes nach Südafrika gekommen und nicht weniger geschickt. Mit 20 Jahren Barmann, hatte Barnato fünf Jahre später schon seinen Zenit erreicht – er war Multimillionär. 1888 stellte Rhodes einen Scheck über 5 338 650 Pfund Sterling auf Barney Barnato aus und war fürderhin Alleinbesitzer des Big Hole – und Alleinherrscher.

Die Besitzer der Farm, auf der die Diamanten gefunden wurden, die Familie De Beers, gingen leer aus; sie durften ihren Namen Rhodes Firma stiften, vom unermesslichen Reichtum sahen sie nichts. Von Barney Barnato hörte man auch nichts mehr, doch Rhodes, der Meister im Ausbooten, nur sich selbst (und den Diamanten) verpflichtet und finanziell überaus kommod abgesichert, begann seinen Siegeszug als Politiker und Eroberer des südlichen Afrika, namens der britischen Krone und durch sie geadelt.

Zentrum stehen noch die Häuser der ganz Reichen, wie die Villa Don Luce oder das Rudd House.

Museen dokumentieren den Diamantenrausch, aber auch die Belagerung der Stadt im englisch-burischen Krieg, die vier Monate dauerte und viele der Bewohner das Leben kostete – auch wenn Rhodes Frauen und Kinder zum Schutz vor dem burischen Beschuss zumindest nachts in die Minen ließ. Zahlreiche Denkmäler und Monumente erinnern an historische Ereignisse und Personen, die eng mit der Stadt verbunden waren. In die Bultfontein Mine können Besucher einfahren und sich über die Arbeit unter Tage aufklären lassen.

Im südwestlich gelegenen Mokala National Park leben Spitzmaulnashörner und Oryx-Antilopen, weil dort schon die Kalahari-Landschaft beginnt.

Südafrika:
Kalahari

3

Erdmännchen im Kgalagadi Transfrontier Park

Kgalagadi und Augrabies Falls National Parks: Kalahari pur

Dr. David Livingstone war der bekannteste Bewohner der Missionsstation am »Eye of Kuruman«, einem stillen und kristallklaren Quellsee im Herzen der gleichnamigen Stadt im Nordwesten des Landes. Er war verheiratet mit der Tochter des Gründers der Moffat Mission. Heute ist die Mission ein Museum inmitten eines Wäldchens. Die einzelnen Gebäude wurden liebevoll restauriert und mit Fotos und Gegenständen der berühmten Familie ausstaffiert. Hier begann Livingstone seine erste große Reise »into darkest Africa«, sah schließlich als erster Weißer die Wasserfälle des »donnernden Rauches« und nannte sie Victoria Falls.

Upington ist das Zufahrtstor aus dem Osten und Süden zu den beiden Nationalparks Augrabies Falls und Kgalagadi Transfrontier. Die moderne Stadt, entstanden aus einer Missionsstation, besitzt die längste Palmenallee der südlichen Hemisphäre und ein kleines Museum mit Exponaten zur Geschichte dieses Gebiets. Heute wird an den Ufern und auf der Insel Kanoneiland des Oranje River Wein und Obst angebaut und weiterverarbeitet. Die größte Trockenobstverarbeitungsanlage Südafrikas ist in Upington angesiedelt.

Der Kgalagadi Transfrontier National Park liegt 240 Kilometer nördlich von Upington. Pure Kalaharilandschaft, rote Dünen, spärliche Grasnarben, dornige Büsche, Löwen an den Wasserlöchern und Oryx-Antilopen am Horizont machen den Besuch des Nationalparks zu einem unvergesslichen Erlebnis. In den zwei Trockenflusstälern von Auob und Nossob verlaufen die festen Pisten, drei Rastlager, teilweise mit Swimmingpool – ein unerhörter Luxus für die wasserarme Region – umsorgen die Touristen.

130 Kilometer westlich von Upington an der Hauptstraße Richtung Atlantik ist der Augrabies Falls National Park zu finden. Das kleine Reservat entstand zum Schutz der Wasserfälle, die nach starkem Regen weiter im Osten beeindruckend auf 150 Meter Breite über 50 Meter in die Tiefe stürzen. Die Region selbst ist ausgesprochen arm an Regen. Der Fluss Oranje ist im Park von glatt geschliffenem Granit gerahmt, einer Mondlandschaft, in der trotzdem Tiere leben: Antilopen und sogar Leoparden. Die Paviane sind sicherlich die possierlichsten

Bewohner, wenn sie nicht von gedankenlosen Touristen gefüttert würden – denn dann fordern sie aggressiv einen Nachschlag.

Im Augrabies Falls National Park hat sich der Oranje durch Granitbarrieren gegraben

Simbabwe:
Harare

3

Simbabwe

Simbabwe, das noch am Ende der 1980er Jahre als Afrikas Musterland galt und über eine expandierende Tourismusbranche verfügte, wurde durch das Vorgehen seines mit autoritärer Macht ausgestatteten Präsidenten Robert Mugabe und dessen Anhängerschaft in der Partei ZANU(PF) wirtschaftlich total ruiniert. Die formelle Wirtschaft existiert (auch als Folge der Vertreibung der meisten Weißen) nicht mehr, die informelle Wirtschaft wurde im Zuge der »Säuberungsaktionen« im Sommer 2005 gewaltsam zerstört. 2013 zeigt sich folgendes Bild: Bis 2009 herrschte im Land eine Hyperinflation, die 231 000 Prozent erreichte. Daraufhin wurde der Simbabwe-Dollar als Währung ausgesetzt und durch ausländische Währungen (Euro, US-Dollar und Rand) ersetzt. Die Arbeitslosigkeit wird auf etwa 80 Prozent geschätzt. Daraus resultiert, dass etwa drei Millionen Simbabwer meist illegal nach Südafrika eingewandert sind und dort auf dem auch recht desolaten Arbeitsmarkt für Konfliktstoff sorgen.

Rund ein Fünftel der Bevölkerung ist an HIV und AIDS erkrankt. Die Lebenserwartung ist drastisch auf 44 Jahre gesunken. Man spricht von mindestens 1,6 Millionen AIDS-Waisen, die als neue soziale Randgruppe ein elendes Leben fristet. Demgegenüber stieg das Bevölkerungswachstum um 4,3 Prozent – somit ist es das zweithöchste der Welt.

Den ganzen Problemen zum Trotz hält der Diktator Mugabe an seiner Macht fest. Obwohl der Oppositionelle Morgan Tsvangirai bei der letzten Wahl die Mehrheit gewonnen hatte, wurde das Ergebnis so lange verbogen, bis Mugabe Staatsoberhaupt blieb und Tsvangirai nun als Regierungschef unter seiner Gnaden regiert. Die Neuwahlen Mitte 2013 gelten als historisch.

War der Tourismus schon vor diesen Ereignissen aufgrund der desolaten wirtschaftlichen Lage und der politischen Repressionen fast zum Erliegen gekommen, so kann angesichts der derzeit völlig unsicheren Entwicklung des Landes und der akuten Gefahr des Ausbruchs eines Bürgerkrieges von einer Reise nach Simbabwe nur dringend abgeraten werden. Was bleibt ist die Hoffnung auf eine politische und wirtschaftliche Konsolidierung – in erster Linie im Sinne der geschundenen Bevölkerung. Erst dann wäre auch eine schrittweise Öffnung für den

Hoch über Harare, auf dem Kopje, erinnert die Flamme der Unabhängigkeit an den Tag, an dem aus Rhodesien Simbabwe wurde

Am African Unity Square in Harare werden Luxusgüter und Souvenirs für vermögende Städter und Touristen feilgeboten

Tourismus wieder denkbar – zur Stärkung der Wirtschaft und zur Freude derer, die die landschaftliche Schönheit und die kulturelle Vielfalt des Landes erleben möchten.

Um dieser Hoffnung Ausdruck zu verleihen, werden im Folgenden die touristischen Highlights beschrieben – in ihrer natürlichen Schönheit, die auch politischer Missbrauch nicht nachhaltig zerstören kann.

Harare: Wo die Jakarandas blühen

Harare, wie das von den britischen Kolonialherren gegründete und Salisbury genannte Gemeinwesen seit 1982 heißt, ist nicht nur die größte Stadt des Landes, sondern seit 1953 auch dessen Hauptstadt. Im Bereich eines 1890 errichteten Forts entstanden, wurde es 1935 Stadt und alsbald auch das Verwaltungs-, Wirtschafts- und Kommunikationszentrum des Staates. Der Stadtname entsprach immer der Wertschätzung des Ortes: Salisbury war ein britischer Premierminister, Neharawa, der Namensgeber der heutigen Stadt, ein Shona-Häuptling.

Das Stadtbild ist geprägt durch eine erkleckliche Anzahl moderner Hochhäuser, die zum Teil nach der Unabhängigkeit 1980 entstanden und sowohl den Selbstbehauptungswillen wie die Modernität des jungen Staates sinnfällig machen sollten. Dass die Stadt dennoch ihren beschaulich kleinstädtischen Charakter nie ganz verlor, liegt zum einen an der liebevollen Pflege, die man dem kulturellen Erbe in Form der aus britischer Kolonialzeit stammenden Gebäu-

Paradiesvogelblüte

de zukommen ließ. Zum anderen hat es jedoch seine Ursache auch darin, dass das Zentrum zu großen Teilen dem Geschäftsleben vorbehalten war und ist und somit außerhalb der Bürostunden für eine 1,5-Millionen-Stadt relativ unbelebt wirkt. Wer es sich leisten kann, lebt in den mit ausgedehnten Gartenanlagen prunkenden Villenvierteln, und wer es sich nicht leisten kann, was für die Mehrheit der Einwohner gilt, in den Slums am Rande der Stadt.

Zumindest bis 2005 war das so, bis die Bulldozer im Regierungsauftrag die ärmlichen, ohne Genehmigung errichteten Unterkünfte niederwalzten und man die Menschen irgendwohin aufs Land zwangsexpedierte. Die Zwei-Millionen-Stadt zählt seither rund 700 000 Einwohner weniger.

Bei dieser »Säuberungsaktion« verschwanden zudem die informellen Märkte und alle nicht registrierten Händler. Was dies für die Lebendigkeit und Farbigkeit des Stadtbildes bedeutet, kann man sich leicht ausmalen. Befürchten lässt sich auch, dass das außergewöhnlich hoch entwickelte Kunsthandwerk des Landes, von den Steinmetz- und Holzschnitzarbeiten bis zu den Handarbeiten der Frauen, sich zurückentwickelt, weil jetzt die Absatzmärkte fehlen.

So malerisch es auch aussehen mag: Tabakernte ist harte Arbeit

Geblieben ist die planvolle Anlage des Stadtzentrums mit seinen schachbrettartig sich kreuzenden Straßen und den großen Parks, dessen bekanntester der Botanische Garten mit seinen über 1 000 unterschiedlichen Pflanzen und Bäumen ist. Geblieben ist auch das Kopje, der kleine Hügel im Südwesten des Zentrums, auf dessen Kuppe die »Flamme der Unabhängigkeit« nach wie vor brennt. Von hier kann man den Blick über die Metropole schweifen lassen.

Sehenswert ist des weiteren die National Gallery, die einen interessanten Überblick über das Kunstschaffen in Simbabwe bietet und unter anderem auch als Forum für die renommiertesten Steinmetze des Landes dient. Künstler wie Sylvester Mubayi, Henry Munyaradzi und Joseph Ndandarika konnten sich durchaus auf dem internationalen Kunstmarkt etablieren. Außerdem werden hier auch wechselnde Ausstellungen ausländischer Künstler gezeigt. Einen Überblick über Landesgeschichte, Geografie und Naturgeschichte erhält man im Queen Victoria Museum an der Rotten Row. Wer mehr an der Selbstdarstellung des modernen Simbabwe interessiert ist, sollte den ganz in der Nähe liegenden Komplex des Rainbow-Towers-

Hotels sowie des angeschlossenen Kongresszentrums in Augenschein nehmen. Auch ein Blick auf das weithin sichtbare Hochhaus der Parteizentrale der ZANU(PF) ist von Interesse.

Solange ein Großteil der Farmen des Landes kommerziell bewirtschaftet wurden, gehörte Simbabwe zu den führenden Tabakproduzenten. Die jährliche Tabakauktion, bei der die Ernte in den Tabacco Auction Floors vermarktet wurde, war auch für Reisende ein sehenswertes Spektakel. Aufkäufer bewegten sich schnüffelnd und tastend im Gänsemarsch hinter einem monoton murmelnden Ausrufer her und gaben mittels Zeichen, die nur Insider verstanden, ihre Gebote ab. Dergleichen gehört der Vergangenheit an. Wie man hört, haben enteignete Tabakfarmer aus Simbabwe inzwischen in Sambia Fuß gefasst und dort Tabakanbau und -vermarktung mit Erfolg in Gang gesetzt.

Die »Bereinigung« inoffizieller Märkte hat auch vor dem größten städtischen Markt, Mbare Musika Market, nicht Halt gemacht. Geblieben ist der größte Busbahnhof Simbabwes inmitten des Areals, der nach wie vor als Drehscheibe für alle Busbewegungen im Land dient.
Geblieben sind aber vor allem die vielen Jakaranda-Bäume der Stadt, die Harare jedes Jahr im Frühjahr (Oktober bis Dezember) im Glanz ihrer lila leuchten-

Die ehemaligen Tabacco Auction Floors in Harare – der Tabak aus Simbabwe galt bis zur Enteignung der Tabakfarmer als einer der besten der Welt

den Blütenpracht erstrahlen lassen. Die Natur schert sich wenig um die Irrungen und Wirrungen der menschlichen Politik. Sie existiert schlicht fort und erweist sich so als beständiger Schatz des Landes.

Ausflüge von Harare führen zu den berühmten Wackelsteinen, den Balancing Rocks von Epworth, die die Rückseiten aller Geldscheine der Landeswährung zieren. Führer zeigen die versteckten Felsmalereien und dienen als Wachmänner, weil in der Umgebung viele wilde Siedlungen entstanden sind.

Verlässt man Harare nach Westen und Richtung Bulawayo, passiert man den Heroe's Acre, die Begräbnisstätte der Sieger des Befreiungskampfes. Arena, Grabstellen und ein Obelisk machen den Platz wahrlich monumental. Ein Stück weiter liegt das wichtigste Naherholungsgebiet der Stadt – der Lake Chivero, ein Stausee, an dessen Ufern sich mehrere Wildparks und Reservate mit Löwen, Antilopen, Schlangen und einer reichen Vogelwelt befinden. Auf Dampfern oder mit dem Auto kommt man der Tierwelt nahe.

Im Nordosten Harares wurden im Ewanrigg Botanical Garden über 100 Jahre lang Tausende Aloen gepflanzt, die reichhaltigste Sammlung dieser für Simbabwe typischen Pflanze. Spazierwege führen durch den Park, und am Wochenende kommen die Städter und verbringen hier den Tag mit Picknick und Spielen im Freien.

Einen Tagesausflug entfernt liegen die Chinhoyi Caves, Kalksteinhöhlen, die eingebrochen sind und in denen nun wundersam türkis, durch einen Kamin beleuchtet, ein kleiner See schimmert. Seine Oberfläche mag klein sein, dafür ist der See 100 Meter tief und besitzt eine gleichbleibende Temperatur von 22 Grad Celsius.

Landbevölkerung in der Nähe von Masvingo

Masvingo und die Steine von Great Zimbabwe: Zeugen der Vergangenheit

Masvingo, das ehemalige Fort Victoria, wurde 1890 von Pionieren gegründet, die auf Geheiß von Cecil Rhodes nach Norden zogen. Das kleine propere Städtchen hat eigentlich nicht viel zu bieten, wäre da nicht die wichtigste Ausgrabungsstätte des Landes, vielleicht ganz Afrikas südlich des Äquators – Great Zimbabwe. Das »Haus aus Steinen« gilt als der Beweis, dass Afrika große Kulturen hervorgebracht

Zeitgenössische Dörfer nahe den Ruinen von Great Zimbabwe

hat, was über Jahrhunderte von der Wissenschaft abgestritten wurde.

Neben Great Zimbabwe besitzt Masvingo noch den Lake Mutirikwi Recreational Park, einen in die Hügel des Middelveldes eingelagerten Stausee, dessen Ufer fingerartig wie Fjorde weit in die Landschaft reichen. Im Kyle Game Park am Nordufer werden Wildbeobachtungsfahrten und Ponyausritte unternommen, am Südufer gilt es, Felsmalereien zu entdecken. Viele Hotels, Pensionen und Campingplätze stehen für die Übernachtung zur Verfügung.

25 Kilometer westlich von Masvingo ist ein weiterer Stausee zu finden: Mushandike. Das Tierreservat um ihn herum ist nicht so touristisch; es wird hauptsächlich von Anglern und an Felsmalereien Interessierten besucht.

Im Norden Masvingos stößt man in das Herzland des Bergbaus vor. Siedlungen wie Chivhu und Mvuma verdanken ihre Existenz den reichen Bodenschätzen. Hier durchzieht auch der Great Dyke das Land, ein etwa zehn Kilometer schmaler, aber über 500 Kilometer langer Bergkamm. Vulkanische Tätigkeit entlang eines Risses in der Erdkruste drückte Magma nach oben, das erstarrte. In der Folge war die Umgebung der Erosion unterworfen und übrig blieb der Kamm – reich an Erzen. Abgebaut werden unter anderem Platin, Chrom und Magnesit. Besonders augenfällig ist der Great Dyke im Sebakwe Recreational Park nördlich Mvuma. Beidseits des Stausees wächst er etwa 200 Meter in die Höhe und verliert sich in der Ferne. Er besitzt eine gänzlich andere Vegetation als die Umgebung, die in einem eigenen

Reservat geschützt ist. Der schotterartige Untergrund macht ein Vorwärtskommen bei Exkursionen schwierig. Am See werden auch verschiedene Akazienarten behütet, die sonst im Land nur noch selten zu finden sind.

Nähert sich der Reisende Great Zimbabwe, sieht er hoch oben auf einem Hügel regelmäßige Steinmauern, sie waren ehemals das Zentrum einer Kultur, von der nur wenig bekannt ist, die aber ganz Simbabwe beherrschte und deren Handelswege bis an die Küste des Indischen Ozeans reichten. Chinesisches Porzellan, Fayencen aus Persien und syrisches Glas wurden bei Ausgrabungen entdeckt. Wie entstand diese Kultur, warum verschwand sie? Karl Mauch, ein deutscher Forscher und Prospektor, soll der erste Weiße gewesen sein, der in den 1870er Jahren Great Zimbabwe sah. Ihm folgten Jäger, Glücksritter und selbst ernannte Archäologen und machten die Ausgrabungsgeschichte zu einem Schulbeispiel dafür, wie es unter keinen Umständen ablaufen sollte. Es wurde umgepflügt, gestohlen, Goldfunde eingeschmolzen – kurz, zerstört, was zu zerstören war. Übrig blieben die Steinmauern und nur nach Quadratmetern zählende Flächen, die späteren ernsthaften archäologischen Forschungen zur Verfügung standen. Aus diesem verbliebenen Rest versuchte man Rückschlüsse zu ziehen.

Mitte des 12. Jahrhunderts wurde Great Zimbabwe wohl gegründet. In der späten Eisenzeit entwickelten sich bei den Shona Gesellschaftstrukturen, die über die Familienverbände hinausgingen – es entstanden Völker, die einen König bestimmten. Dieser Umformungsprozess war begleitet von wirtschaftlichen Veränderungen. Man begann, Besitz zu akkumulieren und hatte nun die Möglichkeit, auch entsprechende Bauwerke zu errichten. Die Mauern oben auf dem Hügel datieren als älteste und waren vermutlich der Wohnsitz der Herrscherfamilie und deren Entourage. Auch fanden dort die wichtigen Zeremonien statt. Nach und nach kamen im Tal weitere Ringbefestigungen hinzu.

Die perfekt in Trockenbauweise errichteten Mauern dienten wohl nicht dem militärischen Schutz. Man geht heute von einer über drei Jahrhunderte hinweg friedlichen Kultur aus, die mit dem Handel prosperierte und über diesen ihren Herrschaftsbereich ausdehnte. Um die Mitte des 15. Jahrhunderts ging das Reich unter. Vielleicht waren die Böden ausgelaugt, eine Tierseuche oder eine Dürreperiode könnte ebenfalls die Ursache des Zerfalls gewesen sein. Great Zimbabwe spaltete sich auf, ein Teil der Bevölkerung zog weg und gründete bei Bulawayo die Dynastie der Torwa, die die Macht nach und nach übernahm.

Das bekannteste und am besten erhaltene Bauwerk ist die Great Enclosure. Mit 100 Metern Durchmesser und einem Umfang von 250 Metern ist die bis zu elf Meter hohe und sechs Meter dicke Mauer äußerst beeindruckend. In ihr haben Adelige gewohnt, deren Höfe durch weitere Mauern getrennt waren. Mysteriös ist der konische Turm in der Umfriedung. Massiv gebaut, ohne Höhlung und Kammer, ist er zehn Meter hoch, misst an der Basis fünf Meter, an der Spitze zwei Meter im Durchmesser. Er mag eine religiöse Funktion gehabt haben.

Die in der Umgebung gebrochenen Granitsteine wurden in wunderbarer Regelmäßigkeit zu den Bauwerken geschichtet, doch unter Verzicht auf gerade Linien und Kanten. So wie die Natur keine Ecken kennt, hat man auch bei den Bauten darauf verzichtet. Steinmuster wurden angebracht, schachbrettartig, linienförmig oder im Zickzack. Auch die auf dem Hügelkomplex gefundenen Skulpturen be-

Kunstvoll bezogen die Erbauer der ältesten Bauten des Hill Complexes von Great Zimbabwe die Gesteinsformationen in die gerundeten Mauern und Gänge mit ein

weisen die Kunstfertigkeit der Bewohner Great Zimbabwes. Steinerne Vögel, die so genannten Simbabwe-Vögel, messen mit Sockel eineinhalb Meter Höhe und bewachten einen bestimmten Hof des Hügelkomplexes. Man nimmt an, dass sie als Verbindungsglied zur Ahnenwelt dienten. In der Kolonialzeit wurden sie in die Museen der ganzen Welt entführt, kehrten aber nach der Unabhängigkeit zurück. Der Simbabwe-Vogel ist heute das Wappentier des Landes.

Bulawayo und die Hügel von Matopos

Die zweitgrößte Stadt des Landes geht auf die Einwanderung der Ndebele zurück: Bei Bulawayo ließen sie sich unter König Mzilikazi nach ihrem Raubzug durch Botswana nieder. Bulawayo besitzt eine angenehme Atmosphäre bar jeder Hektik –

Der Matopos National Park gehört zu den landschaftlich reizvollsten des Landes

obwohl 1,5 Millionen Menschen hier leben. An den breiten Avenuen westlich der grünen Lunge der Stadt, den beiden Parks Centenary und Central stehen viele Gebäude aus der kolonialen Zeit. Die City Hall bildet mit ihrem großen Platz das Herz. Ein kleiner Markt erinnert daran, dass man sich in Afrika befindet. Unweit steht das Douslin House von 1900. Es beherbergt die National Art Gallery. In kleinen Studios kann man Künstlern bei der Arbeit zusehen und nach einer Erfrischung in der Cafeteria im Laden einkaufen. Im modernen Bau des Natural History Museum sind über 75 000 Exponate zur Naturgeschichte des Landes zu sehen. In Dioramen wird die Tierwelt in ihrem Lebensraum dargestellt. Aber auch die Kulturgeschichte des Landes ist Thema des Museums.

Als Zentrale der Eisenbahn des Landes besitzt Bulawayo das National Railway Museum. Highlight ist der Salonwagen von Cecil Rhodes mit fein gedecktem Abendtisch. Lokomotiven, Waggons und viele Ausstellungsstücke rund um die Schienenwege machen das Museum zu einem Leckerbissen für Bahnfreunde. Vom Bahnhof aus geht der Zug am Hwange-Nationalpark vorbei nach Victoria Falls ab, unter Dampf und mit luxuriösen Abteilen für die Reisenden.

Besuchenswert sind auch die Kunsthandwerkszentren im Nordwesten der Innenstadt: Mzilikazi Arts Centre und Bulawayo Home Industries. Als Kooperativen staatlich unterstützt, sollen sie Arbeitslosen zu einem Einkommen verhelfen. Tonwaren, Flechtwerk und Webwaren werden hergestellt. Man kann zuschauen und einkaufen.

Nesbitt Castle in einem der südlichen Vororte war ursprünglich ein Herrensitz, der Anfang 1980 zu einem Hotel umgebaut wurde. Im Stil eines englischen Schlosses eingerichtet, steht Nesbitt Castle nun am oberen Ende der touristischen Unterkünfte des Landes: Luxus pur mit nur zehn Zimmern und Suiten, aufmerksamstem Personal und dem besten Restaurant der Stadt.

Ein Ausflug 25 Kilometer nach Osten führt zum Chipangali Wildlife Orphanage, ehemals war Prinzessin Diana Schirmherrin. Hier kann man die Patenschaft für ein Tier einer bedrohten Art übernehmen, sei es ein kleiner Vogel, ein Löwe oder auch ein Nashorn. 25 Kilometer Richtung Westen kommt man zu den Ruinen von Khami, Sitz der Torwa-Dynastie, die das Reich von Great Zimbabwe abgelöst hat. Auf Hügeln und in Tälern stehen die Mauerreste, sehenswerte Ruinen unter dem weißblauen Himmel. In Khame hat man den Steinschmuck der Mauern perfektioniert, sodass Durchgänge, enge Pfade und Rundwege entstanden, immer flankiert von schön gestaltetem Mauerwerk.

Weitere Ruinen befinden sich im Nordosten Bulawayos: Dhlo Dhlo und Nalatale, beide nur abseits der Teerstraße über Pisten erreichbar. Die Ruinen gehören zum einstigen Sitz des Rozwi-Reiches, das nach dem Niedergang der Torwa-Dynastie diese ablöste. Verglichen mit Khame und Great Zimbabwe sind die Mauern nicht sehr gut erhalten, doch hat die Buschlandschaft der Umgebung einen ganz eigenen Reiz. Ein Modell zeigt bei Dhlo Dhlo, wie dieser Ort ursprünglich ausgesehen haben mag.

Viele weiße Südafrikaner und »Rhodesier« kommen zwar nach Matobo, um das Grab von Sir Cecil Rhodes zu besuchen, doch die Touristen aus Übersee wollen vor allem die reiche Tierwelt des Matobo National Park sehen, die einzigartige Landschaft aus *balancing rocks* und grünen Hügeln genießen und sich auf die Suche nach Höhlen mit Felsmalereien begeben, die zu den schönsten Kunstwerken der frühen Zeit des Landes zählen.

Coiffeuse im Fountain Park von Bulawayo, einer grünen Oase im Stadtinneren

Mehrere Tage kann man in den Rastlagern und auf den Zeltplätzen verbringen, Wanderungen in die Wildnis unternehmen oder auf Beobachtungsfahrten die Tierwelt erleben – in Matobo soll die dichteste Leopardenpopulation des Landes leben. Geteilt ist der Park in mehrere Bereiche, die Whovi Wild Area ist den Tieren vorbehalten, und man kann sie nur mit dem Wagen besuchen. Ansonsten führen Spaziergänge und längere Wanderungen hinauf in die Hügel durch dichten Busch und über glatte Granitflächen zu den Höhlen der San. Als Rückzugsort und Platz für die Zeremonien, die die Naturgeister gnädig für die Jagd stimmen sollten, waren diese Höhlen ein ausgezeichneter Aussichtspunkt, um die Wanderungen des Wildes zu beobachten. Auf riesigen Plateaus sind Jagdszenen dargestellt, alle Arten von Tieren wurden fein herausgearbeitet.

Ein 20-minütiger Fußmarsch über einen mit Flechten bunt bewachsenen Granitrücken führt hoch hinauf zum World's View. Hier wurden die Gebeine von Cecil Rhodes begraben, eine einfache Platte gibt die Geburts- und Sterbedaten an. An höchster Stelle ruht er, umgeben von rund geschliffenen Granitkugeln. Es war sein Wunsch, hier beigesetzt zu werden. Sein Freund Jameson, der ihm bei der Kolonisierung half, ruht etwas unterhalb. Ein Denkmal, ebenfalls unterhalb von Rhodes' Grab, erinnert an Shangani, wo 33 britische Soldaten in einem Kampf gegen die Ndebele ihr Leben verloren – die Ndebele hatten 400 Tote zu beklagen.

Um Matopos Hills herum liegen einige der schönsten und exklusivsten Lodges des Landes, ideale Basen für einen mehrtägigen Aufenthalt, um eine der faszinierendsten Landschaften Simbabwes kennenzulernen.

Gonarezhou: Wilde Tiere in heißem Land

250 Kilometer südöstlich von Masvingo kommt man zum Gonarezhou National Park im Lowveld. Die flache Landschaft wird von Affenbrotbäumen, Baobabs, bestimmt, sandig ist der Boden und nur wenig fruchtbar. Kinder verkaufen am Straßenrand die Früchte des Affenbrotbaums, im Sommer ist es unerträglich heiß. In der Regenzeit schwellen die Flüsse Save und Runde an und können Überschwemmungen anrichten. Im Jahr 2000 hat dies in Mosambik zu einer Jahrhundertkatastrophe geführt, weite Landstriche waren überflutet.

Wichtigste Sehenswürdigkeit des Parks sind die Chiloyo-Klippen über dem Runde-Fluss – rotgelb wachen sie über das Tal, einen Steilabfall aus Sandstein. In Gonarezhou wurde der Hauptkampf des Landes gegen aus Mosambik eindringende Wilderer zur Zeit des dort tobenden Bürgerkriegs geführt. Der 5000 Quadratkilometer große Park gilt als einer der schönsten und wildesten Afrikas und soll, gemäß den Bestrebungen der beteiligten Regierungen – Simbabwe, Südafrika und Mosambik –, schrittweise mit den jenseits der Grenzen existierenden Parks in Mosambik (Limpopo National Park) und Südafrika (Krüger National Park) zum grenzübergreifenden Great Limpopo Transfrontier Park zusammengeschlossen werden. Mit einer geplanten Größe von rund 100 000 Quadratkilometer würde dies das größte Tierreservat Afrikas. Ein entscheidender Schritt zur Realisierung wurde 2006 mit der Öffnung der Grenze zwischen Limpopo- und Krüger-Park getan.

Hoch über den Tälern der Flüsse Save und Runde türmen sich die Chiloyo-Klippen im Gonarezhou National Park

Simbabwe:
Sambezi und Lake Kariba

3

Sambezi und Lake Kariba:
Schutzgebiete am Wasser

Fährt man von Harare nach Norden, erreicht man am Zambezi Escarpment, dem Steilabfall in das Lowveld um den Fluss Sambezi, die Mavuradonha Wilderness Area. Hier endet auch der Great Dyke, ein Bergkamm, der fast das ganze Land durchzieht. Das Schutzgebiet wird von der Organisation Campfire genutzt, das die lokale Bevölkerung an den Einnahmen des Tourismus teilhaben lassen will. Elefanten, Antilopen und Leoparden leben hier neben vielen Vögeln. Auf Wanderwegen darf man die Landschaft durchstreifen, kleine und einfache Hütten dienen als Unterkunft mitten in der typischen Waldsavanne.

In Richtung Norden geht es das Escarpment in Serpentinen hinunter und durch die Kontrollpunkttore hindurch – die die Tsetsefliegen-Region markieren – in die Ebene, ins Lowveld. Drückender wird

die Luft, schwüler und heißer ist es nun. Durch Safarigebiete, die zur Jagd genutzt werden, erreicht man den Mana-Pools-Nationalpark an den Ufern des Sambezi – er gehört zum Weltnaturerbe. Das flache Überflutungsgebiet wird jenseits des Flusses von den Bergen Sambias dominiert. Dieseits wachsen im Uferbereich Akazien, Mopane, Mahagoni und Tamarisken. Mana Pools ist eines der bevorzugten Ausflugsziele der Simbabwer. Zeltplätze am Ufer und im dichten Busch versteckte luxuriöse Villen im Südstaaten-Stil lassen keine weiteren Wünsche aufkommen. Die Lager sind offen und nachts grasen die Flusspferde zwischen den Zelten, gehen Hyänen

Der Kariba-See entstand 1959 durch die Stauung des Sambezi-Flusses. Als Mittelpunkt von Nationalparks und Safarigebieten zählt er heute zu den schönsten Regionen Simbabwes

Der Sambezi ist Tummelplatz der Flusspferde

auf Jagd nach Essbarem, beißen Kühltruhen und Alukisten auf. Tags klauen Paviane alles Verwertbare und Elefanten beschnüffeln die Fahrzeuge, ob nicht etwa doch ein Tourist – streng verbotenerweise – Zitrusfrüchte mitgebracht hat: in Mana Pools eine Elefanten-Delikatesse, für die sie schon mal einen Wagen aufs Dach legen. Am Ufer kann man seine Angel ins Wasser hängen und das Abendessen fangen, immer mit Blick auf die reiche Tierwelt. Kanus ziehen den Sambezi entlang, und erreichen in einer mehrtägigen Tour den Ort Kariba. Trotz der wilden Tiere sind Wanderungen im Park erlaubt. Doch wer keine Erfahrung hat mit Fußsafaris, sollte dies nicht ohne versierte Begleitung tun. Selbstverständlich ist Baden im Fluss verboten – aber wer will schon als Appetithappen für ein Krokodil dienen.

Eines der schönsten Gebiete Simbabwes geht auf eine ökologische Katastrophe zurück. In den 1950er Jahren wurde mit dem Bau des Staudammes von Kariba der Sambezi-Fluss, die Grenze zu Sambia, zu einem 280 Kilometer langen See aufgestaut. Den dort siedelnden Tonga hatte man neuen Lebensraum zugewiesen, doch das Wild wurde vergessen. Mit der Operation Noah versuchte man, so viele Tiere wie möglich zu retten, die auf die entstandenen Inseln geflüchtet waren. Wie viele Tiere ertranken, wie viele verhungerten, ist unbekannt. Die Geretteten wurden in den Matusadona National Park verbracht. Doch auch der Blutzoll bei den Menschen war hoch. 86 Bauarbeiter ließen bei der Errichtung des gigantischen Dammes ihr Leben.

Der Kariba-See ist zwischen Hügel gebettet, an seiner schmalsten Stelle nur 200 Meter breit und von Nationalparks und Safarigebieten umgeben. Viele kleine und exklusive Lodges bieten ihre Dienste an. Auf Booten geht es an den Ufern entlang, an Flusspferden, Krokodilen, Elefanten und Antilopen vorbei. Unter bewaffneter Begleitung wandert man durch den Matusadona-Park oder angelt zwischen den pittoresk-weißlichen Gerippen der abgestorbenen Bäume nach dem Kariba Bream. Eine ganze Fischindustrie hat sich entwickelt. Aus dem Hafen der Ortschaft Kariba fahren täglich die Fischer aus und werfen ihre Netze. Gefangen wird hauptsächlich Kapenta – eine Sardinenart, die gesalzen und getrocknet einen vorzüglichen Snack für den Sundowner abgibt.

Der Kariba-See ist auf Asphalt nur an zwei Stellen zu erreichen. Am Ort Kariba und im Südwesten bei Binga. Eine Autofähre verbindet beide Orte, und so umgeht man die lange Pistenfahrt den See entlang. Die meisten Touristen lassen sich aber einfliegen und mit dem Boot abholen.

Etwas abseits und im Süden des Sees liegt der Chizarira National Park, einer der abgelegensten und ursprünglichsten Parks des Landes. Durch eine enge Schlucht fährt man hinein, nicht selten ist sie durch Löwenrudel blockiert, die ihren Fang verteidigen wollen, oder durch einen Elefanten. Da in den Safarigebieten der Umgebung die kontrollierte Jagd auch auf Großwild erlaubt ist, verbinden die Elefanten mit Menschen nichts Gutes und begegnen ihnen vergeltenderweise aggressiv. Dann heißt es abwarten, bis die Dickhäuter weiterziehen.

Victoria-Fälle: Donnernd stürzt der Sambezi über die Abbruchkante in eine mehr als 100 Meter tiefe Schlucht ▷

Hwange National Park: Perfekte Wildschau

Mit 14 000 Quadratkilometern ist Hwange der größte Park des Landes und mit vielen Rastlagern und Camps der am besten ausgestattete. Ursprünglich das Jagdrevier der Ndebele-Könige, wurde er bald Ziel weißer Großwildjäger, die gnadenlos alles Wild erlegten. Schließlich erklärte man das Gebiet zum Reservat, um die Tierbestände zu retten. Der schwarzen Bevölkerung gereichte dies zum Nach-

Nashörner gehören zu den bedrohten Tierarten. Wildhüter haben Mühe, sie vor Wilderern zu schützen

teil, sie wurde zwangsweise umgesiedelt und verlor ihr angestammtes Gebiet. Heute leben 30 000 Elefanten, rieisige Büffel-, Zebra- und Antilopenherden im Park, Raubtiere aller Arten und eine Unzahl Vogelarten. Nashörner stehen in der Landschaft, Krokodile verstecken sich in den Seen und Flusspferde trompeten vernehmlich über ihr Revier. Dichter Busch ist im Norden vorherrschend, im Süden wird die Vegetation lichter, breite Ebenen sind mit Gras bewachsen, Schirmakazien in der Ferne geben dem Betrachter das richtige Afrikagefühl.

Die festen, aber rauen Pisten im Park sind so zahlreich, dass man tagelang durch das Gebiet fahren kann. Immer wieder sind Picknickplätze ausgewiesen, auf Teakholzstühlen verspeist man den Lunch. Auf Beobachtungsplattformen an den Tränken kommt man der Tierwelt ganz nahe. Hyänen durchstreifen die Landschaft, Schakale sitzen am Straßenrand, ein Löwenrudel macht sich fertig zur Jagd, Springböcke warnen ihre Artgenossen, wenn das Pfeifen der Geparde zu hören ist, Zebras trommeln gemeinsam mit Gnus über die Ebenen.

Um den Nationalpark herum sind viele Lodges zu finden, günstige und teure. Teilweise haben sie auch ein eigenes Wildschutzgebiet, doch alle unternehmen mit ihren offenen Geländewagen Ausflüge in den Park – meist früh am Morgen und am Abend, wenn die Tiere vor und nach der Tageshitze zu den Wasserlöchern kommen.

Die drei bis vier Meter großen Giraffen ernähren sich von Blättern und Zweigen

Die Victoria-Fälle:
Donnernde Gischt im Regenwald

1855 durfte Dr. David Livingstone, Missionar und Entdecker, als erster Weißer die gigantischen Fälle entdecken. »Mosi-o-Tunya«, die donnernde Gischt, hatten ihm seine Gewährsleute erzählt, befände sich mitten im Busch, herabstürzen würde der Sambezi auf einer Breite vieler Steinwürfe und keiner könne von oben den Grund sehen, lärmend seien die Wasser und die Sicht verdeckt vom feinen Nebel, der alles umhülle. Tatsächlich sind die Fälle eines der wundersamsten Naturschauspiele der Welt. Nicht die breitesten, nicht die höchsten, nicht die mit dem meisten Wasser, doch alles zusammengenommen die größten Fälle der Welt. Mit über eineinhalb Kilometern Breite, über 100 Metern Höhe und mit über

500 000 Kubikmetern Wasser pro Minute im Durchschnitt sind die Fälle einzigartig. 1905 wurde die Eisenbahnbrücke gebaut, und in den ersten Jahren kamen die Touristen mit dem Dampfross, nächtigten im Zug und sahen die Fälle von der Brücke aus. Nach und nach entstanden Hotels – das erste war das Victoria Falls Hotel, von Anfang an bis heute *die* exklusive Adresse der Stadt.

Wären die Fälle nicht, so gäbe es hier wahrscheinlich nur eine kleine Grenzstation im Ländereck Botswana, Sambia, Simbabwe, doch die Wassermassen haben eine Stadt entstehen lassen, deren Daseinsberechtigung der Tourismus ist und die alles für ihn tut. Flüge mit dem Helikopter, der Cessna und der Ultraleichtmaschine über den Fällen, Rafting in den Wildwasserschluchten des Sambezi, Bungeesprünge von der Brücke in die Tiefe und abends die Diskotheken, Gamedrives in den umliegenden Nationalparks, Ausritte, Tanzvorführungen in den Hotels, Sundowner-Ausflüge mit dem Pontonboot, Champagnerfrühstück »auf des Messers Schneide«, auf den Inselchen direkt am Wasserfall – der Unterhaltung sind keine Grenzen gesetzt.

Ein besonderer Leckerbissen sind dabei Ritte auf dem Elefantenrücken durch den Zambezi National Park. Begleitet von einem bewaffneten Ranger geht es gemächlich und mit hohem, exklusiven Blick durch das dichte Buschwerk. Die gutmütigen Dickhäuter schaukeln die Touristen an Wild vorbei, Giraffen strecken hinter Bäumen ihre Hälse und beäugen die Safari – Elefanten sind ihnen bekannt, stellen keine Bedrohung dar und so flüchten sie nicht.

Unterhalb des Victoria Falls Hotels beginnt der tropische Regenwald des Victoria Falls National Park. Die Gischt der Fälle befeuchtet die Umgebung mit nach Metern zählenden Niederschlägen und lässt eine untypische Vegetation gedeihen. Auf kleinen Wegen geht es die Fälle entlang, immer wieder kann man auf Balkons in den ewigen Regen hinaustreten – Devil's Cataract, Boiling Pot, Danger Point sind einige Namen der einzelnen Abschnitte. In dichten Trauben stehen die Menschen und bewundern die Regenbögen über dem Wasservorhang. Wer die Fälle ruhiger und einsamer genießen will, geht über die Brücke nach Sambia und wandelt auf der anderen Seite der Grenze.

Zeit für Gefühle: Löwin mit ihrem Nachwuchs

Eastern Highlands:
Regenwälder im Hochgebirge

◁ Sonnenaufgang im Zambezi National Park

Mutare, die viertgrößte Stadt Simbabwes ist eine ideale Basis für eine Erkundung der Eastern Highlands. Schon vom kühleren Klima der hohen Berge geprägt, ist die Temperatur im Sommer angenehm, und Mutare dient auch als Fluchtpunkt vor der Hitze. Die Wirtschaft wird bestimmt von der Holzindustrie. Als Knotenpunkt für den Verkehr nach Mozambik ist Mutare auch ein wichtiger Warenumschlagplatz.

Einige kleinere Museen und städtische Parks sind zu besichtigen, der eigentliche Zweck eines Besuchs in Mutare ist aber die Umgebung, vornehmlich die Vumba-Berge 30 Kilometer südöstlich und deren Reservate. Vom 1100 Meter hoch gelegenen Mutare geht es in das Gebirge, dessen höchster Gipfel 1900 Meter misst. Vorzügliche Hotels, viele Pensionen und ein idyllischer Zeltplatz im Vumba Botanical Garden ziehen die Sommerfrischler an. Eine herrliche Rundfahrt führt durch das Burma Valley vorbei an Tabak- und Bananenplantagen. Die Vumba-Berge sind die Hochburg des Obstanbaus, hier werden die besten Fruchtsäfte Simbabwes gepresst. Auch den besten Käse stellen die Molkereien her.

Das Klima der Eastern Highlands ermöglicht Obst- und Kaffeeanbau und die Kultivierung von Tee

Simbabwe: *Eastern Highlands* 3

Prächtige Lilie im immergrünen Bergwald

Einer der schönsten Golfplätze liegt ganz oben in den Bergen beim Leopard Rock Hotel. Die grünen Flächen bilden einen überaus reizvollen Kontrast zu den schroffen Granitgipfeln im Rund. Der Bunga-Forst ist ein immergrüner Bergwald, den man auf Fußwegen durchstreifen kann. Im Zwielicht leben kleine Antilopenarten, Bächlein springen an den Bäumen vorbei und Lianen umranken die Urwaldriesen. Im gepflegten botanischen Garten mit Lehrpfaden wachsen Farne und Azaleen und in einem Kräutergarten Heil- und Zauberpflanzen.

Nicht nur wegen seiner grandiosen Bergwelt ist der Nyanga National Park nördlich von Mutare interessant, auch archäologisch hat der Park einiges zu bieten. Die Funde datieren wohl aus dem 16. Jahrhundert. Einzigartig für Simbabwe sind die Grubenruinen, mit Trockenmauern gesicherte Löcher von fünf bis acht Metern Durchmesser. Ihr Zweck ist unklar, es könnten jedoch Kornspeicher oder Viehställe gewesen sein. Die Siedlungen waren durch Forts auf den Hügeln gesichert. Die einzelnen Ruinen sind gut ausgeschildert, und man kann sich nach Geschmack eine Rundtour zusammenstellen. Wer von der Vergangenheit genug hat, badet im Naturbecken des Nyangombe River und ruht sich auf dem weißen Sand aus. Die sanfte, sattgrüne Hügelwelt von Nyanga wird immer wieder von dicht bewaldeten Schluchten durchschnitten, unzählige Wasserfälle sprudeln in die Tiefe, einfache Hütten stehen für die Nacht zur Verfügung, meist an besonders exponierten Lagen. Um den Park herum existieren exklusive Hotels mit Golfplätzen und Seen zum Angeln. Wanderungen durch die besonders im Frühjahr bunt blühende Landschaft sind möglich, die Besteigung des höchsten Berges des Landes, des Mount Inyangani dauert zwei Stunden. Mit einem Geländewagen kann man vom Parkplatz am Berg durch die unberührte Gebirgslandschaft in den südlichen Teil des Parks fahren (mit dem Auto geht es über die Hauptstraße nur außen herum), zu den Mtarazi Falls. Sie stürzen schmal, aber immerhin über 700 Meter hinab in das Honde Valley. Wer dann noch Zeit hat, fährt mit dem Wagen ins Tal und folgt ihm hinauf bis zu den Tee- und Kaffeeplantagen bei den Makopana Hills. Hier endet Simbabwe und Mosambik beginnt.

Die Chimanimani Mountains südlich von Mutare sind ein Eldorado für Wanderer. Mehrtägige Trekkingtouren, mit oder ohne Begleitung führen vom Basislager hinauf ins Hochgebirge über einen Kamm ins Hochtal. Dort erwartet den Wanderer eine reiche Flora mit Proteen, Aloen und Farnen. Hibiskus blüht und Orchideen zeigen ihre ganze Farbenpracht. Täler, Höhlen und Wasserfälle machen das Hochgebirge geradezu idyllisch, Zedern und Gelbholzbäume stehen an den Ufern der Flüsse und Bäche – doch Vorsicht! Plötzliche Wettereinbrüche verlangen die richtige Ausrüstung. Bis auf eine Schutzhütte existiert keinerlei Infrastruktur, und man sollte alles Nötige dabeihaben.

Die Ortschaft Chimanimani lebt von der Holzwirtschaft und dem Tourismus in den Bergen. Ausgedehnte Forste umgeben den Chimanimani National Park, Kreissägen kreischen in den Wäldern, Schwerlasttransporter winden sich auf den engen Straßen um die Kurven. Die bekanntesten Wasserfälle der Region sind die Bridal Veils inmitten einer dicht bewaldeten Schlucht, ein kühler Rastplatz, wenn es mittags zu heiß wird.

Südlich des Nationalparks erreicht man über Chipinge den Chirinda Forest, einen von Teeplantagen umgebenen tropischen Regenwald mit Urwaldgiganten. Die über 60 Meter hohen Bäume sind Roter Mahagoni. In einem kleinen Camp auf einer Lichtung kann man inmitten des südlichsten tropischen Regenwaldes der Welt übernachten.

Urwaldriesen wie dieser sind mittlerweile eine Rarität im südlichen Afrika

BOTSWANA
Gaborone: Die junge Hauptstadt

Botswanas Hauptstadt entstand erst in den 1960er Jahren. Man suchte einen Standort für die Verwaltung und entschied sich für das ehemalige Siedlungsgebiet der Batlowka unter ihrem König Gaborone. Die Stadt wurde halbkreisförmig angelegt, mit dem Regierungsviertel im Zentrum. Strahlenförmig ziehen sich die Straßen nach Osten, wie in einem Spinnennetz miteinander verbunden. Die zentrale Achse bildet die Mall, eine breite Fußgängerzone. In Gaborone kann man sich gut zu Fuß bewegen, doch als Neugründung hat sie an Sehenswürdigkeiten wenig zu bieten – bis auf das Nationalmuseum. Es beleuchtet in seinen Ausstellungen die Ethnologie und Archäologie des Landes und zeigt in einer Galerie Werke zeitgenössischer Künstler. In der African Mall kann man Teile dessen bewundern, was Botswanas wirtschaftliche Basis bildet: Diamanten. In den Auslagen der Juweliergeschäfte werden die glitzernden Edelsteine feilgeboten. Im Bereich südlich der Mall mit seinen Lädchen und Imbiss-Stuben erwartet den Reisenden eine weniger glänzende, dafür aber umtriebigere Atmosphäre.

Touristisch Interessantes ist allerdings in der Umgebung zu finden. Im Osten liegt das Gaborone Game Reserve, ein kleines Schutzgebiet mit einigen Antilopen, Zebras und Nashörnern. Am Mokolodi Nature Reserve, das einen guten Überblick über die Flora und Fauna Botswanas gibt, geht es vorbei zum

Das Nationalmuseum mit angegliederter Art Gallery in Gaborone veranschaulicht Geschichte und Kultur Botswanas

St. Claire Lion Park im Süden der Stadt. In einem großen Freigehege leben Löwen, um das Gehege herum wird am Wochende auf den weiten Rasenflächen gepicknickt. Noch weiter im Süden bei Otse leben an einem hohen, aus der Ebene aufragenden Berg die vom Aussterben bedrohten Kapgeier in einer Kolonie im eigens für ihren Schutz gegründeten Manyelanong Game Reserve.

Ein Ausflug führt zur westlich der Hauptstadt gelegenen Kolobeng Mission, von David Livingstone als erste Missionsstation des Landes gegründet. Nur noch einige Mauerreste künden aus dieser Zeit. Burische Truppen haben die Station zerstört, weil sie Livingstone des Waffenhandels für die Tswana verdächtigten. Unweit liegt der kleine Ort Manyana im Busch. Seine Felsmalereien sind hinter einem Zaun und unter einem Überhang schon stark von der Zeit in Anspruch genommen und nur noch zu erahnen.

Porträt einer Ndebele-Frau in der Art Gallery in Gaborone

Der Norden:
Über Francistown zum Chobe National Park

Abseits der gut ausgebauten Teerstraße zwischen Gaborone und Francistown, auf einem Abstecher nach Serowe, erreicht man das bestbewachte Tierreservat der südlichen Hemisphäre – Khama Rhino Sanctuary. Die Spitz- und Breitmaulnashörner sind durch die exzessive Wilderei vom Aussterben bedroht, und in Khame lässt man sie von einer Militärbrigade schützen. Die Stadt Serowe selbst ist die alte Königsstadt des Landes. Als Wegbereiter der Nation werden Khama III. und sein Enkel Sir Seretse Khama, der hier begraben liegt, besonders verehrt.

1897 wurde Francistown gegründet und war die erste Stadt des Landes – heute ist es mit 90 000 Bewohnern neben Gaborone der größte Ort. Aus der Kolonialzeit gibt es nichts mehr zu entdecken, nur ein kleines Museum beschreibt das Leben der Kalanga, eines der botswanischen Völker. Wirtschaftliche Bedeutung hat Francistown wegen seiner Lage an der Grenze zu Simbabwe und als Zwischenstation für den Verkehr aus Südafrika Richtung Okavango-Delta.

Im Osten an der Grenze zu Südafrika liegt eine der exklusivsten Lodges in dem privaten Schutzgebiet des Tuliblockes an den Ufern des Flusses Limpopo – das Mashatu Game Reserve. Mashatu bietet Tiere à la carte. Je nach Wunsch und Gusto begeben sich

Im Norden Botswanas haben die großen Flüsse weitläufige Feuchtgebiete geschaffen, die teilweise immer noch völlig unberührt sind

die Wildführer mit den Gästen auf die Pirsch nach bestimmten Arten; wer Leoparden will, bekommt Leoparden, wer Löwen will, Löwen. Führt der Limpopo Wasser und die Furt ist nicht befahrbar, werden die zahlungskräftigen Gäste mit der Seilbahn über den Fluss gebracht.

Im Norden hat sich Kasane an den Ufern des Chobe und am Vierländereck Sambia, Simbabwe, Namibia und Botswana in den letzten Jahren zu einer wichtigen Touristendestination entwickelt. Lodges und Hotels unternehmen am Chobe-Fluss Wildbeobachtungsfahrten. Die Elefantenherden sind Legende. Unbeeindruckt von Landesgrenzen und imaginären Schutzlinien der Reservate, wandern die Tiere von einem Land zum anderen. Da die Wilderei gestoppt wurde und auch die Einheimischen nicht mehr zur Fleischversorgung jagen dürfen, konnte sich die Elefantenpopulation erholen und besitzt heute eine Größe, die sie zum Problem werden lässt, denn die Dickhäuter durchstreifen die Pflanzungen und hinterlassen breite Schneisen der Zerstörung.

Die Region um Kasane wird von den Flüssen Chobe und Linyanti und von Sumpfgebieten bestimmt, während die Gegend südlich davon schon die Kalahariwüste ankündigt. Den Chobe National Park erreicht man nur über schwierige Sandpisten, aber dafür wird man mit unvergleichlicher Natur belohnt: Wälder aus Miombo und Mopane und schmale tiefsandigen Pisten, die an Trockenflusstälern entlangführen. Durch offene Luxuszeltlager wandern allerlei Tiere. Zu den Linyanti-Sümpfen hin ändert sich die Vegetation, Papyrus und tropische Hölzer wachsen auf dem Schwemmland. Von den Lagern und Lodges führt die Piste weiter nach Süden an das direkt anschließende Moremi Game Reserve am Okavango-Delta, dem landschaftlich absoluten Höhepunkt von Botswana.

Salzpfannen – weiße Glitzerebenen im Busch

Baobab auf den Granitklippen von Kubu Island

Die Salzpfannenansammlung westlich von Francistown bedeckt eine Fläche von über 12 000 Quadratkilometern und führt damit die Weltspitze an. Die Pfannen von Nxai und Makgadikgadi sind als Nationalparks geschützt, an sie schließen die Ntwetwe- und die Sowa-Pfanne an. Nur Sowa wird industriell für den Abbau von Sodaasche genutzt. Die Salzpfannen sind durch einen See entstanden, der vor 15 000 Jahren austrocknete und die Salze als mächtige Decke zurückließ. Auch außerhalb des Nationalparks ist die lebensfeindliche Gegend kaum besiedelt. Die Pisten verlaufen auf hartem Untergrund oder durch tiefen Sand, der über die Jahrtausende vom Wind in die Einöde geweht wurde, manchmal über spitze Steine und durch lockeren Busch oder durch feinste pudrige Asche, die aufgewirbelt wird und minutenlang am Himmel stehen bleibt.

Einer der abgeschiedensten und schönsten Orte in den Pfannen ist Kubu Island – nicht nur wegen des beschwerlichen Weges dorthin. Als Felseninsel in der weißen, flirrenden Hitze der sich im Horizont verlierenden Fläche ist Kubu Island der Punkt, an dem sich das Auge festhalten kann. Mit gigantischen Baobabs bewachsen, dient die Insel bis heute als religiöses Heiligtum. Steinwälle weisen auf eine Besiedelung im 18. Jahrhundert.

Makgadikgadi ist für seine enormen Zebraherden bekannt, die durch den Busch ziehen und über die Sanddünen bergauf und bergab donnern. Zwischen der dichten, mannshohen Vegetation tun sich immer wieder kleinere Salzpfannen auf, an denen landschaftlich hervorragende Lagerplätze ausgewiesen sind. Nxai Pan besitzt eine berühmte Gruppe von Baobabs, die der Maler Thomas Baines auf seinen Gemälden verewigt hat und der er seinen Namen gab. Zu den besonderen Attraktionen der Pfannen zählt auch das Nata Bird Sanctuary mit seiner riesigen Flamingo-Kolonie.

Das Okavango-Delta:
Moremi und Chief's Island

Das Flussdelta des Okavango, der im angolanischen Hochland entspringt, bietet während der Regenzeit ein einmaliges Naturschauspiel. Dann schwillt der Okavango an und wälzt sich langsam in Richtung Botswana. Wenn in Angola die Regenzeit schon längst zu Ende ist, erreichen die Wassermassen die Grenze, und auf dem Höhepunkt der Trockenzeit im August ist schließlich das Delta auf seine doppelte Größe angewachsen. Durch Versickerung und Verdunstung verkleinert es sich im zweiten Halbjahr wieder. Wenn die Tiere in den Landschaften der Kalahari also kein Wasser mehr finden, beschert ihnen die Natur im Delta ein Paradies. Riesige Herden von Antilopen, Elefanten und Zebras ziehen zu Beginn der Trockenzeit dorthin und bleiben bis zum Anbruch der Regenperiode. Dann fällt das Delta größtenteils trocken und die Inseln bekommen wieder eine Landverbindung.

Der Tierreichtum dieses Naturwunders ist unglaublich, und die Tourismusindustrie Botswanas nutzt dies weidlich aus. Dutzende Lodges und Zeltcamps haben vom Staat eine Konzession erhalten. Obwohl nur ein Teil des Deltas als Reservat ausgewiesen ist – das Moremi Game Reserve – wird das Delta de facto als Ganzes als Schutzgebiet behandelt und die Infrastruktur reglementiert. Alle Übernachtungsmöglichkeiten sind als offene Lager eingerichtet, das heißt, dass das Wild freien Zugang hat. Dies geschieht nicht aus Liebenswürdigkeit. Es wurde bislang einfach keine Lösung gefunden, die Lager so zu befestigen, dass die Tiere draußen gehalten werden können. Nachts, wenn die Feuer verlöschen und nur noch die Petroleumlampen auf den Wegen vom Restaurant zu den Übernachtungshütten und -zelten vor sich hin flackern, erobert die Wildnis die Inseln der Zivilisation. Dann kommen die Elefanten und zupfen an den Bäumen, Büffel grasen neben der Zeltwand, Flusspferde drücken sich durch das Schilf. Die Nacht ist voll ungewohnter Geräusche, die den Reisenden am

Mokoro-Fahrt durch das faszinierende Okavango-Delta

Anfang beunruhigen mögen. Es dauert einige Zeit, bis er gelernt hat, dass weder das Kichern einer Hyäne noch das ferne Brüllen eines Löwen Gefahr für ihn bedeutet. Dann beginnt er die fremden Laute zu identifizieren und wird am Ende sanft in den Schlaf gewiegt von den zarten Tönen der winzigen Glockenfrösche, deren nächtliche Kommunikation wie das leise Klirren im Wind schwingender Glasperlenvorhänge erscheint.

Auch ansonsten ist Angst unangebracht. In den Lodges und Camps sind alle denkbaren Vorsichtsmaßnahmen getroffen, und die Gäste werden zudem mit einem Verhaltenskodex bekannt gemacht, der ihnen das Überleben in der Wildnis garantiert.

Die größte Insel wird Chief's Island genannt, sie ist in der Trockenzeit mit dem Auto erreichbar, doch bleibt das übliche Fortbewegungsmittel im Delta das Flugzeug. Kleine Maschinen starten von Maun aus und landen auf Pisten nahe der Lodges. Von dort geht es mit dem Auto oder den für den Okavango typischen kleinen Booten – Mokoros – weiter. Mokoros wurden früher aus Holz hergestellt, man höhlte einfach einen Stamm aus. Heute sind sie meist aus Plastik. Mit langen Stöcken werden die Einbäume durch tiefes und flaches Wasser gestakt – ein ideales, weil leises Gefährt für die

Mit Beginn der Trockenzeit zieht es die Tiere der Kalahari zum Okavango-Delta: hier eine Antilopenherde

Die Kargheit des Bodens bietet für den Ackerbau gerade das Nötigste zum Überleben ▷

Tsodilo Hills

Versteckt am Okavango-Fluss und gut auf der geteerten Verbindungsstraße Maun – Caprivi-Streifen erreichbar, liegen westlich des Okavango-Deltas einige Lodges. Doch sollte man nicht nur der Landschaft wegen hierher kommen. Tief in den Sanden der Kalahari liegt Tsodilo Hills, wo eine der schönsten Ansammlungen von Felsmalereien zu sehen ist. Von der Lodge Drotsky's Cabins kann man Tsodilo in einem Tag erreichen und kehrt noch rechtzeitig vor der Dunkelheit zurück – vorausgesetzt man fährt bei Sonnenaufgang los. Es geht durch richtig tiefen Kalaharisand, und jeder Geländewagen quält sich über die Dünenketten aus rotem Puder. Tsodilo Hills sind vier Hügel, die einsam in der Landschaft stehen. Verständlich, dass die Volksgruppe der San sie als Lagerplatz nutzten, um die Wanderungsrichtung des Wildes zu bestimmen. Das Jagdglück versuchten sie mit Zeremonien zu beeinflussen, und dabei entstanden auch die Felsbilder. Der berühmte Autor Laurens van der Post, der viel über die Kalahari und ihre Bewohner veröffentlichte, besuchte auch Tsodilo und beschrieb die 4000 Felszeichnungen, die seit Juni 2002 zum UNESCO-Weltkulturerbe zählen.

Tierbeobachtung. Auf geführten Wanderungen kommt man dem Wild bis auf wenige Meter nahe.

Maun ist die Basis des Okavango-Deltas. Wer hier landet wird sich wundern, wenn er aus den Lautsprechern das »Welcome to Maun International Airport« hört. Die Stadt besteht aus einer Hauptstraße mit einigen Einkaufszentren und weit verstreuten Hüttensiedlungen links und rechts davon. Sie dient ausschließlich als Durchgangsstation für Reisen ins Delta, denn jeder Besucher will so schnell wie möglich in die Wildnis.

Mit dem Fahrzeug können Touristen das Innere des Deltas nur über die Pisten nach Moremi erreichen. Die Nationalparkverwaltung unterhält in Moremi mehrere Zeltplätze.

Central Kalahari Game Reserve:
Der rote Sand der Kalahari

Jedem Bewohner des südlichen Afrika glänzen die Augen, wenn man das Wort »Zentralkalahari« ausspricht. Sie symbolisiert die absolute Einsamkeit, die Abgeschiedenheit par excellence. Die San sind das einzige Volk, das in Tausenden von Jahren gelernt hat, in der feindlichen Umgebung zu überleben und zu leben. Tiefer Sand und dichter Busch charakterisiert die Landschaft, Wasser ist nur an wenigen Stellen zu finden. Ganz eigene Strategien mussten die Buschleute entwickeln, um ihr Leben in dieser Umgebung zu führen. Nur selten gibt es ein Volk, das so eins mit der Natur ist wie das der San. In kleinen Familienverbänden durchstreifen sie – noch – die Kalahari, doch ist abzusehen, dass sie der moderne Staat aus den unterschiedlichsten Gründen fest ansiedeln wird: um Naturschutzgebiete zu öffnen, um die unter den Sanden der Kalahari ruhenden Bodenschätze zu heben oder auch nur, weil das nomadische Leben den Prinzipien der staatlichen Kontrolle widerspricht. Schon haben viele San die Kunst des Lebens in der Wüste verlernt, die Extraktion von Wasser aus den Wurzeln, die Kenntnis der Natur und der geheimen Kräfte der Pflanzenwelt.

Das südliche Central Kalahari Game Reserve mit seinem kleinen Anhängsel Khutse Game Reserve sind die beiden am schwersten zu erreichenden Schutzgebiete Botswanas. Die Durchquerung dau-

Kunstvoll verarbeiten die San ▷ die Schalen der Straußeneier zu Schmuckstücken

ert Tage, die meiste Zeit verbringt man im Wagen, der sich auf den tiefsandigen, schmalen Pisten durch den mannshohen Busch quält. Schnurgerade sind die Schneisen über Dutzende von Kilometern, plötzlich steht man vor einer undurchdringlichen Wand aus Busch, der Weg führt rechtwinklig weiter. Nicht Gegebenheiten der Landschaft diktieren den Weg, virtuelle Landmarken bestimmen die Fahrt durch den Busch, Punkte, einst von Prospektoren an Hand der Sterne bestimmt, sind die Stellen, an denen abgebogen wird in dem immer gleichen Ozean dorniger Pflanzen. Das ist der Grund, weshalb zu Reisen hierher nur im Konvoi mit Geländewagen, ausgerüstet mit Kartenmaterial und GPS geraten wird. Belohnt wird der Naturliebhaber durch das Erleben einer Landschaft in (fast) absoluter Unberührtheit, wo das Brüllen eines der schwarzmähnigen Kalahari-Löwen noch aus acht Kilometern Entfernung zu hören ist.

Kgalagadi Transfrontier National Park und Mabuasehube Game Reserve: Kalahari pur

Am 7. April 1999 wurden der Gemsbok-Nationalpark in Botswana und der gleichnamige südafrikanische Nationalpark zu dem länderübergreifenden,

Auch wenn es so scheint: Parkplatzprobleme gibt es in der Kalahari nicht

unter gemeinsamer Verwaltung stehenden Kgalagadi Transfrontier National Park zusammengeführt. Die Grenze wird nur durch einige weiße Steine markiert, sodass sich die Tiere im gesamten Park ungehindert bewegen können. Auf südafrikanischer Seite ist die Infrastruktur hervorragend, auf botswanischer Seite minimal, nicht um Touristen abzuhalten, sondern um die Natur in ihrem ursprünglichen Zustand zu belassen. Hier sind nur zwei einfache Zeltplätze ausgewiesen, die auf einer »4 x 4-Tour« mit dem Geländewagen erreicht werden. Die Tour ist nur im Konvoi mit mindestens zwei Geländewagen zu befahren, muss bei der Nationalparkverwaltung angemeldet werden und dauert mindestens drei Tage. Nur versierte Wüstenfahrer sollten diesen Ausflug unternehmen, zu lebensfeindlich ist die Natur für Touristen, die nicht an die Wüste gewöhnt sind. Belohnt wird man aber mit einer einzigartigen Tierwelt inmitten der roten Dünen der Kalahari, ungestört von anderen Besuchern, denn auf dem Rundkurs ist immer nur eine Gruppe zugelassen.

Ein umgestürzter Baumriese – er mag einer vorbeiziehenden Elefantenherde zum Opfer gefallen sein

Reiserouten durch das südliche Afrika

4

1. Faszinierende Weite aus Sand und Stein

Eine Mietwagenrundreise zu den Highlights Namibias

Der erste Tag des Namibia-Aufenthaltes steht ganz im Zeichen der Landeshauptstadt Windhoek, wo sich moderne Geschäfts- und Regierungsbauten in Stahl und Glas mit den architektonischen Hinterlassenschaften des kaiserlichen Deutschland in Fachwerk-, Gründerzeit- und Jugendstil aufs Erstaunlichste und trotzdem Selbstverständlichste mischen.

Die Rundreise führt von dort in den ariden, das heißt klimatisch trockenen Süden, wobei der erste Tag auf der Pad, wie die Landstraßen auf Südwesterdeutsch genannt werden, der allmählichen Eingewöhnung in fremde Fahr- und Sehgewohnheiten dient: Mehr als 300 Kilometer können auf gewohntem Asphalt zurückgelegt werden, bevor man sich auf die Schotterpiste einstellen muss. Und bevor man Landschaftsbilder als Variationen zum Thema »Sand und Stein« erlebt, ruft der Blick auf den Hardap-Stausee das Element Wasser noch einmal in Erinnerung. Dann geht's ab in die Wüste, in die Kalahari zunächst, deren rote Dünenwellen sich bald hinter Stampriet längs der Straße wölben und später überquert werden – Achterbahn-Feeling inbegriffen. Kurz vor Keetmanshoop hat man Gelegenheit, die größte Ansammlung der charakteristischen Köcherbäume und den chaotischsten »Spielplatz«, Giant's Playground, zu besuchen.

Nach zwei Tagen rund um den (und möglicherweise auch im) zweitgrößten Canyon der Erde, den Fish River Canyon, führt die Route quer durch die rund 100 Kilometer breite Wüstenzone der Namib zur Keimzelle der einstigen Kolonie Deutsch-Südwest, ins Küstenstädtchen Lüderitzbucht. Neben den mächtig anrollenden Atlantikwogen, die wegen ihrer Kälte zum Baden kaum Anreiz, aber einer reichen Tierwelt Nahrung und Heimat bieten, lockt die Geisterstadt Kolmanskop mit ihren dem Wüstensand im beständigen Kampf abgerungenen Gebäuden aus der Zeit der ersten Diamantenfunde (1908). Zeitgleich ließ ein adliger Offizier der deutschen Schutztruppe rund 330 Kilometer nordöstlich von hier seinen Lebenstraum in Form eines Schlosses Gestalt annehmen: Schloss Duwisib. Dem Reisenden heute mag es im sandigen Umfeld des Namibrand-Gebietes wie eine Fata Morgana erscheinen.

Traumgebilde ganz anderer Art locken alsdann in und um Sossusvlei, jener meist trockenen Mulde, in die der Tsauchab, wenn er denn fließt, mündet: die höchsten Dünen als Teil der ältesten Wüste, vor allem aber die spektakulärsten Sandgebilde in Rosa-, Rot- und Ockertönen. Bei der Weiterfahrt wird der Blick auf die rosigen Dünenkuppen bald durch die schroffen Naukluft-Berge verstellt, um sich dann in der scheinbaren Unendlichkeit der Kieswüste bei der Fahrt zur Küste zu verlieren. Als weiterer Höhepunkt bietet sich bei diesem Streckenabschnitt die bizarre Felswelt rund um den Kuisib-Canyon.

◁ *Kinder in Katutura, dem Schwarzenviertel von Windhoek*

Opuwo
Ovamboland
Etosha Pan
Namutoni
Etosha National Park
Halali
Okaukuejo
Otjovasondu
Tsumeb
Otavi
Grootfontein
Tsumkwe
Kamanjab
Skeleton Coast Park
Outjo
Waterberg Plateau Park
Versteinerter Wald
Khorixas
Vingerklip
Otjiwarongo
Okakarara
Twyfel-fontein
Verbrannter Berg
Okonjima
N
50 km
Brandberg
Damaraland
>Winston<
Uis Myn
Okombahe
Omaruru
National West Coast Tourist Recreation Area
Cape Cross
Okahandja
Usakos
Karibib
Hentiesbaai
Windhoek Airport
Gobabis
Welwitschias
REP. OF NAMIBIA
Swakopmund
Windhoek
Walvis Bay
BOTS-WANA
Rehoboth
Leonardville
Namib
Rostock Ritz Lodge
Solitaire
Naukluft
Namib Rest Camp
Büllsport
Kalkrand
Aranos
Stampriet
Hardap Dam
Sesriem
Mariental
Park
Hammer-stein
Maltahöhe
Sossusvlei
Gochas
Gibeon
Atlantic Ocean
Kalahari
Namib
Sinclair
Naukluft
Helmeringhausen
Koes
Fish River
Park
Bethanie
Lüderitz
Keetmanshoop
Aroab
Aus
Goageb
Seeheim
Kolmanskop
Bethanien
Löwenfluß
Diamond Area (Restricted Area)
Holoog
REP. OF SOUTH AFRICA
Fish River Canyon
Grünau
Rosh Pinah
Ai-Ais
Karasburg
Oranjemund
Oranje

An der Küste erreicht man zunächst die ehemalige südafrikanische Enklave und den einzigen namibischen Hochseehafen Walvis Bay und nur 30 Kilometer davon entfernt das Seebad Swakopmund mit seinem speziell deutschen Flair. Im Wüstenumfeld gedeihen die mächtigsten und wahrscheinlich ältesten Exemplare der Welwitschia mirabilis, jener uralten Pflanzenart, die man nur in der Kargheit Namibias findet. Will man aber eine der Robbenkolonien am Atlantik sehen, muss man schon einen größeren Abstecher bis zum Kreuzkap einplanen.

Der Reisende kehrt danach der Wüste den Rücken und fährt quer durch das Damaraland – vorbei am mächtigen Brandbergmassiv mit der höchsten Erhebung des Landes – nach Twyfelfontein, bekannt durch die Fülle in Stein gravierter Tierbilder. Von den Abbildern führt der Weg zu den höchst lebendigen Vorbildern: den in paradiesischer Vielfalt den Etosha-Nationalpark bevölkernden Wildtieren Afrikas. Hat man sich dann schweren Herzens von ihrem Anblick verabschiedet, bleibt immerhin die Hoffnung, bei der Rückfahrt nach Windhoek auf dem Holzschnitzermarkt von Okahandja ein Konterfei des Lieblingstieres in Wohnzimmerformat zu erstehen.

Gesamtlänge der Reiseroute: ca. 3525 km (ohne Ausflüge und Abstecher)

Reisedauer vor Ort: 15 Tage

Reisezeit: Für die kühleren Wintermonate (Mai bis September) sprechen die hohe Wahrscheinlichkeit von wolkenlos blauem Himmel, Trockenheit und Tageshöchsttemperaturen um 20 bis 25 Grad. Trockenheit und Kargheit der Vegetation locken die Tiere dann verstärkt zu den Wasserstellen, was die Beobachtung erleichtert. Allerdings kann es abends, nachts und in den Morgenstunden auch empfindlich kalt werden. Für die Sommermonate (Oktober bis April) sprechen Temperaturen von 30 Grad und mehr (ohne Schwüle) und die Üppigkeit der Vegetation. In dieser Zeit zu erwartende Regenfälle können jedoch die Reise hin und wieder kurzfristig behindern. Wer die Weite des Landes für sich haben möchte, meidet zudem die Zeiten der Schulferien (Termine dem *Accommodation Guide* zu entnehmen).

Route: Windhoek (Ankunftstag); Windhoek – Gochas; Gochas – Keetmanshoop; Keetmanshoop – Fish River Canyon; Fish River Canyon; Fish River Canyon – Lüderitz; Lüderitz – Hammerstein; Hammerstein – Rostock Ritz Lodge; Rostock Ritz Lodge – Swakopmund; Swakopmund; Swakopmund – Twyfelfontein; Twyfelfontein – Etosha National Park; Etosha National Park – Etosha Aoba Lodge; Etosha Aoba Lodge – Okapuka Ranch; Okapuka Ranch – Windhoek.

Namib Highway straight on! ▷

1. Tag: Windhoek

Programm:

Stadtrundgang durch Windhoek.

Service & Tipps: Noch anstehende Fragen in Bezug auf die Reise lassen sich klären beim Namibia Tourist Board (NTB), 1st Floor, Channel Life Towers, 39 Post Street Mall, Windhoek, ✆ 061/29 06 00-0, www.namibiatourism.com.na, info@namibiatourism.com.na; Reservierungen für die Nationalparks nimmt Namibia Wildlife Resorts Ltd. vor: Private Bag 13378, Windhoek, ✆ 061/285 72 00, www.nwr.com.na. Restaurantempfehlungen: Gathemann's Café und Restaurant, 175 Independence Ave., ✆ 061/22 38 53, verbindet gute Küche mit einem hübschen Ausblick; Leo's at the Castle im Hotel Heinitzburg, Heinitzburgerstr. 22, ✆ 061/24 95 97, bietet die exquisiteste Küche und den spektakulärsten Blick über die Stadt; African Roots, ✆ 061/23 27 96, Sam Nujoma Drive, Hidas Centre, von der Nelson Mandela Ave. zugänglich, versucht Einsteigern die afrikanische Küche nahe zu bringen. Cafés: Gathemann's (s. o.); Café Zoo, im Zoo Park, ruhig, aber zentral gelegen; Aqua Tree Coffee Shop, in Ferreira's Garden Nursery, ein guter Platz für Eltern mit Kindern, die auf dem Spielplatz wunderbar aufgehoben sind. Kunsthandwerk aus Namibia kauft man am besten im Namibia Crafts Center, 40 Tal St., tägl. 9–17.30 Uhr; Penduka Centre in Katutura, Independence Ave. in nördlicher Richtung stadtauswärts, ✆ 061/25 72 10, penduka@namibnet.com, eine Frauen-Kooperative, die hübsches Kunsthandwerk anbietet.

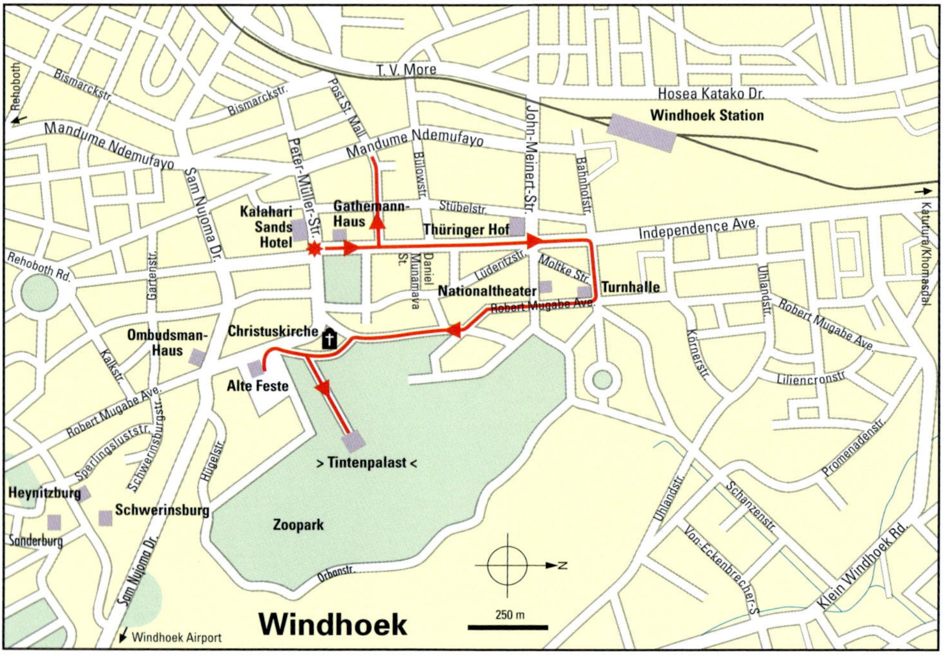

Windhoeks beliebtestes Fotomotiv: Der »Reiter von Südwest« vor der Christuskirche

Ein Stadtrundgang durch **Windhoek** beginnt sinnvollerweise direkt vor den Türen des Kalahari Sands Hotels auf der Independence Avenue, der Hauptgeschäftsstraße. Folgt man ihr Richtung Norden, stößt man schon bald auf das markanteste Beispiel der kontrastreichen Stadtarchitektur: Vor den bunten Glas- und Stahlpalästen des modernen Namibia behauptet sich eine ganze Häuserzeile im Stil deutscher Gründerzeit mit Stuck, Fachwerk und dem gesamten Spektrum heimeliger Gemütlichkeit. Das **Gathemann-Haus** mit dem gleichnamigen Café im Obergeschoss findet sich hier, aber auch die **Luisen-Apotheke**, die ihren deutschen Namen ein Jahrhundert nach ihrer Entstehung und trotz fundamentaler politischer Veränderungen noch mit Stolz trägt.

Den Zugang zur **Post Street Mall**, einer Fußgängerzone, die ganz im Zeichen des lebendigen Miteinanders der in Namibia vereinigten Ethnien steht, markiert ein nostalgisches, fachwerkgekröntes **Glockentürmchen**. Jenseits dieses Reliktes aus alter Zeit wird es bunt: Auf dem Straßenmarkt bieten Caprivianer die für ihre Heimatregion im Norden des Landes typischen Schnitzereien an, wehen die gehäkelten Tischdecken der Shona aus dem benachbarten Simbabwe im Wind und wetteifern von bunten Stoffmassen umwölkte Hererofrauen mit ihren Abbildern in Puppenformat. Über all dem Treiben darf man den **Meteoriten-Brunnen** inmitten der Mall nicht übersehen: 33 Teile des angeblich größten auf der Erde gefundenen Schwarms kosmischer Herkunft wurden hier zur Plastik vereint.

Zurück auf der Independence Avenue bietet sich im weiteren Verlauf nach Norden das vertraute Großstadtbild: Banken, Kaufhäuser, Bürogebäude. Rechts in die **Bahnhofstraße** einbiegend, mag man sich darüber wundern, wie langlebig sich deutsche Straßennamen hier erweisen, wo doch nur zwei Prozent der Einwohner Windhoeks Deutsch als Muttersprache sprechen. Die **Turnhalle** an der Kreuzung mit der Robert Mugabe Avenue hat vor allem politische Bedeutung: als Ort der 1975 mit dem Ziel der Vorbereitung der Unabhängigkeit einberufenen Konferenz, die an der Ablehnung durch die heutige Regierungspartei SWAPO wie durch die UNO scheiterte.

Über die Robert Mugabe Avenue führt nun der Weg vorbei am **Staatstheater** und **State House**, dem Amtssitz des Präsidenten, zur **Christuskirche**, dem Wahrzeichen der Stadt. 1910 wurde sie vom Regierungsbaumeister Redecker errichtet. Genau wie das Regierungsgebäude im Park oberhalb der Kirche, das immer noch in Anspielung auf den einst dort gepflegten preußischen Bürokratismus »**Tintenpalast**« genannt wird. Dabei weiß gerade dieses koloniale Bauwerk auch heute noch zu überzeugen: durch klare Funktionalität und Anpassung an die klimatischen Verhältnisse des Landes.

Beim Abstieg von den Höhen der Regierungsgewalt muss noch dem »**Südwester Reiter**« gegenüber der Christuskirche Referenz erwiesen werden. Als idealisierte Verkörperung des Südwesters reitet er seit seiner Enthüllung an Kaisers Geburtstag im Jahre 1912 auf mächtigem Natursteinsockel. Dort wird in einer Inschrift der deutschen Toten gedacht, die bei der Etablierung der Kolonialherrschaft ihr Leben ließen.

Den Rundgang am ältesten steinernen Zeugnis Windhoeker Stadtgeschichte, der **Alten Feste**, zu beenden, empfiehlt sich schon wegen des Blicks über die Innenstadt. 1890 wurde der Bau errichtet, um den deutschen Herrschaftsanspruch unmissverständlich zu verdeutlichen. Abschreckend martialisch wirkt das Gemäuer indes nicht. Sogleich fühlt man sich zur Eroberung des strahlend weißen, in Grün und Palmen gebetteten Karrees mit offenem Säulengang zur Straße eingeladen. Dem Drang sollte man nachgeben: Ein sehenswertes Museum zur Kolonialgeschichte befindet sich im Innern.

Herero-Frauen bieten ihre Abbilder in Puppenformat als Souvenir an

2. Tag: Windhoek – Gochas (ca. 390 km)

Route/Programm (rote Route):

Von Windhoek aus über die B 1 Richtung Süden mit der Möglichkeit eines Abstechers zum Hardap-Stausee; von dort Richtung Osten auf der C 20 bis Stampriet, hier auf der C 15 Richtung Gochas; 6 km vor Gochas liegt die Auob Lodge.

Service & Tipps: Hardap Dam, Erholungsstätte und Restaurant, für Tagesbesucher von Sonnenaufgang bis 18 Uhr geöffnet, bietet Möglichkeiten zum Angeln, Wandern, Schwimmen und zur Tierbeobachtung im Bereich von Namibias größtem Stausee, Eintritt: Erwachsene 40 N$, Kinder unter 16 frei, Pkw 10 N$, das Restaurant ist tägl. 7–9, 12–14 und 18–22 Uhr geöffnet. Übernachtung: Auob Country Lodge, 6 km vor Gochas, ✆ 061/37 47 50, Fax 061/25 65 98, www.namibiareservations.com/auobe.html.

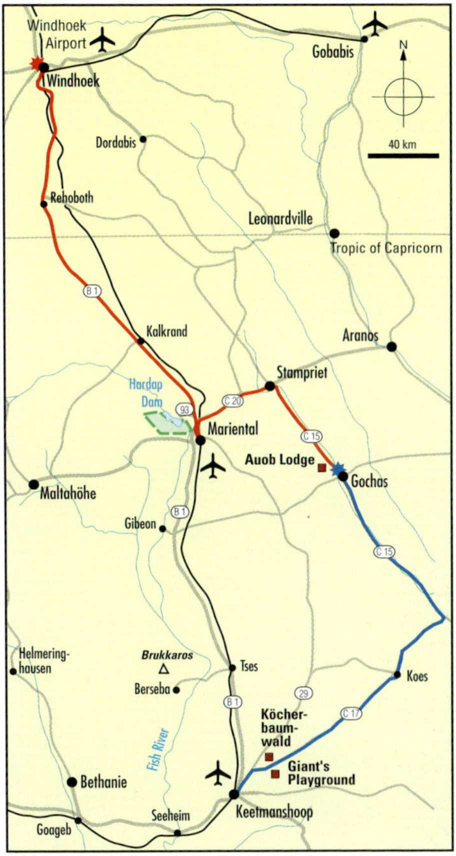

Bevor man die richtige namibische *Pad*, eine der vielen Schotterstraßen, unter die Räder bekommt, hat man auf dieser Strecke nach Süden zunächst einmal Gelegenheit, sich mit dem ungewohnten Fahren auf der linken Straßenseite vertraut zu machen. Die B 1 ist eine gut ausgebaute Asphaltstraße, allerdings auch mit für Namibia ungewöhnlich hohem Verkehrsaufkommen, was beides mit der Funktion der Straße als Hauptverkehrsverbindung zwischen Windhoek und Südafrika zusammenhängt.

Und bevor der Blick sich darauf einstellen kann, ungehindert in scheinbar endlose Weite zu schweifen, gilt es zuerst noch die Auas-Berge mit dem auf 2500 Meter ansteigenden Moltke-Blick zu durchqueren. Danach wird es dann zusehends flacher, die Landschaft entbehrt aller offensichtlichen Reize, und der Betrachter lernt allmählich, die Beschränkung auf wenige sinnliche Wahrnehmungen als Möglichkeit zu einer größeren Intensität und Ruhe des Schauens zu begreifen.

Als erste größere Ansiedlung passiert man **Rehoboth**, das Zentrum der Rehobother Baster, die in der zweiten Hälfte des 19. Jahrhunderts aus der Kapprovinz einwanderten. Bis 1996 konnten sie sich sogar weitgehende Autonomie in ihrem *gebied* bewahren. Geblieben ist ihnen bis heute ihr

Stolz auf die Abstammung aus Verbindungen zwischen Buren und Nama-Frauen und damit einhergehend ein starkes Gefühl von Zusammengehörigkeit.

Schon wenige Kilometer weiter südlich wird dann der *Tropic of Capricorn*, der Wendekreis des Steinbocks, überfahren und damit der Bereich der Tropen verlassen. Bis zum Erreichen des Abzweigs zum **Hardap Dam** bleibt genügend Zeit, über die (aus europäischer Sicht) verkehrte Welt auf der Südhalbkugel nachzudenken: Nach Süden fahrend, verlässt man die Tropen, und am Mittag steht die Sonne hoch im Norden! Etwa um die Zeit mithin, zu der man den Stausee erreicht. 1963 wurde er fertig gestellt und kann bis zu 300 Millionen Kubikmeter Wasser aus dem Fish River aufnehmen, eine überwältigende Menge Flüssigkeit inmitten staubtrockenen Landes. Was allerdings nur in extrem guten Jahren mit ausgiebigen Niederschlägen der Fall ist. Ansonsten reicht das feuchte Element immerhin noch zum Angeln, Schwimmen und zum Wandern, wobei Tierbeobachtungen möglich sind.

Die Route führt Sie auf der asphaltierten C 20 zum relativ unbedeutenden Landstädtchen **Stampriet** und damit in die Randgebiete der **Kalahari**. Die Wüste, die eigentlich gar keine ist, kündigt sich schon bald in Form roter Erdwellen an, eingefärbt durch einen dünnen Film von Eisenoxyd, der die einzelnen Sandkörnchen einschließt. Während dies in der Wissenschaft unumstritten zu sein scheint, wird die Frage, wie es zu dem Prozess kam, nach wie vor kontrovers diskutiert. Fest steht hingegen: Die Bodenschichten unterhalb des Sandes sind wenig wasserdurchlässig und speichern Feuchtigkeit, die in den oberen Sandschichten rasch versickert. Damit ist die Voraussetzung für eine absolut wüstenuntypische Vegetation geboten. Es gedeihen Gräser und Buschwerk und sogar Bäume, allen voran Akazien. Weshalb man denn auch von der Kalahari als »grüner Wüste« oder (vegetationsgeographisch korrekt) als Halbwüste spricht. Die Entstehung dieser Landschaft, die sich bis weit nach Botswana und Südafrika hineinzieht, liegt 500 Millionen Jahre zurück. Durch Anhebung des umliegenden Landes entstand eine

Das gängige Verkehrsmittel der Nama – ein Donkey-Karren

flache Senke von immenser Größe, die sich mit lockeren Sedimenten, den Kalaharisanden, füllte. Vor Jahrtausenden gaben die damals vorherrschenden Winde diesen Sanden in Form von Dünen ihre charakteristische Form: im Norden des Landes westöstlich, in der Mitte und im Süden nordsüdlich ausgerichtet. Das heißt, sie sind immer longitudinal und parallel verlaufend.

Letzteres lässt sich besonders gut auf der C 15 beobachten, in die man hinter Stampriet einbiegt. Rechts der Straße verläuft, entsprechend der Fahrtrichtung der rote Dünenwall, nicht grandios aufgetürmt, eher als dezente Welle anschwappend. Links hingegen erstreckt sich die grüne Flussoase des Auob, hinter der schroffe Abbruchkanten aufragen. Der Auob führt wie die meisten der namibischen *riviere* (Südwesterdeutsch = Flussbetten) nur nach heftigen Regenfällen Wasser. Doch selbst wenn er knochentrocken zu sein scheint, reicht der Grundwasserspiegel aus, um eine relativ üppige Vegetation am Leben zu erhalten. So verwundert es denn auch nicht, dass sich – meist auf der Fluss-Seite – ein Farmhaus ans andere reiht, alle höchst gediegen und gepflegt und ins satte Grün alter Bäume gebettet, all unsere lieb gewonnenen Vorstellungen von »Wüste« auf den Kopf stellend.

3. Tag: Gochas – Keetmanshoop (ca. 250 km)

Route/Programm (Karte S. 153, blaue Route):

Von Gochas (Auob Lodge) aus weiter auf der C 15, dann (nach ca. 100 km) rechts auf die C 17 Richtung Koes/Keetmanshoop einbiegen; ca. 15 km vor Keetmanshoop besteht die Möglichkeit, den Köcherbaumwald und Giant's Playground zu besichtigen (Pad 29), nach Keetmanshoop.

Service & Tipps: Köcherbaumwald (engl.: *Quivertree forest)* auf der Farm »Gariganus« an der Pad 29, 15 km außerhalb von Keetmanshoop, in unmittelbarer Nachbarschaft die bizarren Steingebilde von »Giant's Playground«. Alternative: Panorama Camping Site und Trail, 25 km weiter Richtung Koes an der C 17, neben einer ansehnlichen Anzahl von Köcherbäumen kann man hier Mesosaurusknochen ansehen. Uschi's Kaffeestube, 5th Ave.& Hendrik Nel St., Keetmanshoop, unbedingtes Muss für Anhänger süßen Gebäcks nach deutschen Rezepten. Kaiserliches Postamt Keetmanshoop, gleichzeitig Tourist Information, Mo–Fr 8–12.30 und 13.30–16.30 Uhr. Klipkerk, Kaiserstraße, Keetmanshoop, Mo–Fr 7.30–12.30 und 13.30–16 Uhr.

Im weiteren Verlauf der Strecke von Gochas aus wechseln alsbald Dünenwogen in Kalaharirot und graugelbe Wüstensande einander ab. Aber der teilweisen Kargheit zum Trotz wirken die Farmhäuser nach wie vor proper. Man lebt hauptsächlich von der Karakulzucht, der Aufzucht jener 1907 aus Westturkistan eingeführten Fettschwanzschafe, deren Lämmer die einst begehrten Swakara-Felle für die Herstellung von Pelzmänteln lieferten. Heute müssen die Farmer sich allerdings damit begnügen Fleisch und Wolle der Schafe zu vermarkten, da kaum noch Felle nachgefragt werden.

Auch wildes Getier lässt sich längs der Strecke beobachten. Nicht gerade das, was man sich unter afrikanischem Großwild vorstellt, dafür aber in großer Zahl: Erdhörnchen, die die Reisenden neugierig beäugen. Vielleicht ringelt sich auch eine Schlange über die wenig befahrene Straße und erinnert daran, dass man bei einem Autostopp im spärlichen Gras am Straßenrand achtsam sein muss.

Das absolute Highlight des Tages hält die C 17 bereit, in die man nach etwa 100 Kilometern einbiegt. Die Strecke führt in südwestliche Richtung, und das bedeutet, dass hier die Kalaharidünen durchquert werden müssen. Mehr als 30 Kilometer zieht sich das weiße Band der Straße auf und ab durchs sanft dümpelnde, in traumhaftem Rostrot erstrahlende Kalaharidünenmeer. Nur sollte man sich vor lauter Begeisterung (über das Achterbahn-Feeling oder die Farbenpracht) nicht zu Eskapaden auf der Fahrbahn hinreißen lassen: Entgegenkommende Verkehrsteilnehmer sieht man erst, wenn es zu spät ist: auf dem Dünenkamm.

Kurz vor **Koes** wird die Landschaft plötzlich wieder bretteben, und die Route gestaltet sich zu einer der vielen Variationen zum Thema »namibische Weite«. Vielleicht bringt da der Abstecher zur Farm »**Panorama**« Abwechslung: Versteinerte Mesosaurusknochen wurden hier gefunden, und eine ansehnliche Gruppe von Köcherbäumen gibt es. Auf die Existenz dieser endemischen Pflanzen, die zu den Aloen zählen, weisen schon die »Geröllhalden« im Umfeld der Straße hin. Das schorfig, steinige *Vratteveld* (Warzenfeld) des Südens ist der ideale Boden für diese Bäume, die genaugenommen gar keine sind, sondern nur wegen ihrer Größe und des ausladenden Geästs so genannt werden. Die bekannteste Ansammlung, den **Köcherbaumwald**, erreicht man etwa 15 Kilometer vor Keetmanshoop.

In direkter Nachbarschaft befindet sich auch »**Giant's Playground**«, ein wahres Labyrinth aus Brocken von Doleritgestein. Erosionskräfte haben es im Verlauf von Jahrmillionen zu einem Skulpturenpark gestaltet, der der Phantasie des Betrachters gigantischen Spielraum lässt. Zumindest der Vorstellung, Riesen hätten hier ihr Spiel getrieben und am Schluss das Aufräumen vergessen, wird man sich anschließen.

Der Köcherbaumwald bei Keetmanshoop – nicht dicht, aber einzigartig

Die für das Reiseziel des Tages, **Keetmanshoop**, übliche Bezeichnung »Hauptstadt des Südens« scheint hingegen eher dazu angetan, ungerechtfertigte Erwartungen zu wecken. Wie bei den meisten anderen Städten Namibias handelt es sich auch hier um ein kleines, unspektakuläres Landstädtchen, dessen Funktion in erster Linie die eines ländlichen Versorgungsmittelpunktes ist. Was allerdings dem Ort darüberhinaus einen Rang verleiht, ist die Rolle als Verkehrsknotenpunkt: Die wichtigste Straßenverbindung zum südafrikanischen Nachbarn führt über die Stadt genau wie die bereits in deutscher Kolonialzeit angelegte Eisenbahnlinie. Außerdem gibt es noch einen Flughafen.

Dass der Ortskern des 19 000 Einwohner zählenden Städtchens dennoch recht großzügig erscheint, hat mit den speziellen Bedürfnissen der Stadtgründer zu Beginn des 20. Jahrhunderts zu tun: Vielspännige Ochsenwagen, das gebräuchliche Verkehrsmittel, sollten Platz zum Wenden haben. Auch die markanten Bauwerke stammen aus dieser Zeit der Stadtgründung. Ansehen sollte man vor allem das **Kaiserliche Postamt** am Stadtgarten und die »**Klipkerk**« (Afrikaans *klip* = Stein) mit ihrem Heimatmuseum.

Die »Klipkerk« in Keetmanshoop

4. Tag: Keetmanshoop – Fish River Canyon (ca. 160 km)

Route/Programm:

Auf der Teerstraße B 4 geht es zunächst Richtung Lüderitzbucht, dann biegt man kurz vor Seeheim links in die C 12 ein; bei der Station Holoog rechts auf die D 601 einbiegen, an der sich (ca. 95 km von Keetmanshoop entfernt) das »Canon the Roadhouse« befindet. Den Fish River Canyon (Main View Point) erreicht man, indem man der D 601 weiter folgt (ca. 35 km vom Roadhouse). Ai-Ais am Ende des Canyons erreicht man über die D 601, dann links auf die D 324, dann rechts auf die C 10 (ca. 85 km vom Roadhouse).

5. Tag: Aufenthalt am Fish River Canyon

Service & Tipps: Ein *Permit*, das Ticket, das zum Besuch des Canyons berechtigt, erhält man an der Station Hobas, die man 10 km vor dem Main View Point erreicht; Eintritt: Erwachsene 80 N$, Kinder unter 16 frei, Pkw 10 N$. Rundflüge über den Canyon (Dauer ca. 45 Min.) lassen sich über die Rezeption des Roadhouse buchen. Das Cañon Roadhouse ist eine geschmackvoll eingerichtete, kleine Lodge (mit Tankstelle), $$$. Das Ai-Ais Hot Springs Spa ist März–Okt. geöffnet, www.nwr.com.na.

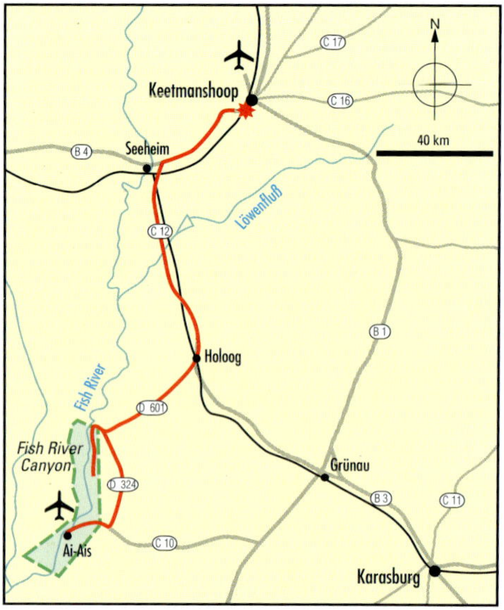

Ganz im Zeichen des großartigen landschaftlichen Highlights in Namibias Süden, des Fish River Canyon, werden diese beiden Tage stehen. Die relativ kurze Anreise gibt allenfalls Gelegenheit sich auf die Kargheit dieser südlichen Region einzustimmen: schroffe Bergszenerien und staubtrockene Halbwüstenlandschaft. Manchmal kann man die absonderlichen Gestaltungseinfälle der Erosionskräfte bestaunen – wie die »**Kaiserkrone**«, einen Berg jenseits der B 4, der statt von einer Spitze von einer Art Felshut gekrönt wird. Oder man mag darüber nachdenken, wie wohl ein Ort in diesem Umfeld zum Namen »**Seeheim**« gekommen sein mag. Jedenfalls ist dies der Punkt auf der Landkarte – denn um viel mehr handelt es sich wirklich nicht – an dem die Teerstraße gegen die nach Süden führende Pad eingetauscht wird. Bald schon kann man die links in der Ferne aufragende Tafelbergkette der **Karas-Berge**, changierend in diversen Braun- und Rottönen, bewundern. Wie man sich allmählich der Menschenleere dieses Raumes bewusst werden wird: Keine Seele wartet an einer der kleinen Bahnstationen, die man immer wieder am längs der Straße verlaufenden Schienenstrang liegen sieht. Nichts bewegt sich im Bereich der Farmen, die im Abstand von zig Kilometern ins Geröll geduckt liegen – mit Ausnahme des Windrades vielleicht, das aus den tief in die Erde getriebenen Brunnen Wasser pumpt. Für jemanden, der aus einem Land kommt, in dem im Schnitt 223 Menschen pro Quadratkilometer leben, ist die Erfahrung dieser Region, in der sich 0,25 Mensch auf derselben Fläche verliert, fremdartig und atemberaubend zugleich.

Blumenwunder im Wüstensand

Wovon diese Wenigen hier leben, liegt auf der Hand. Das heißt, man sieht es mit etwas Glück irgendwo hinter einem der allgegenwärtigen Zäune, die die scheinbare Unendlichkeit immer wieder begrenzen: Karakulschafe. Die »Rosen der Wüste«, als die sie ihr aus dem Afghanischen stammender Name ausweist, gedeihen zwar recht gut in dem klimatisch schwierigen Umfeld, brachten jedoch aufgrund des Preisverfalls der Felle ihren Besitzern in den letzten Jahren immer weniger Gewinn. Dies wie die große Trockenheit in den 1990er Jahren veranlasste eine ganze Reihe von Farmern im Süden zur Aufgabe ihrer nach europäischen Maßstäben gigantischen Anwesen. Um die 10 000 Hektar Land braucht man hier, um eine Schafherde (und damit auch sich selbst und die Familie) am Leben zu erhalten.

Neben dem spärlichen, aber anscheinend äußerst gehaltvollen Gestrüpp, von dem die Schafe sich ernähren, bietet die Vegetation

In den Kolken der »trockenen Flüsse«, wie hier am Fish River Canyon, lässt es sich gut fischen

durchaus sehenswerte Besonderheiten. Immer wieder behaupten sich vereinzelte, teilweise höchst eindrucksvolle Köcherbäume auf dem kargen, schorfigen Boden vulkanischen Ursprungs. Und – je nach Reisezeit – wird man sogar sein »Blütenwunder« erleben: große Büschel gelber und weißer Korbblütler oder in zartem Blauweiß schimmernde gefiederte Kapkörbchen.

Nur das Ziel der Tagesroute kündigt sich lange durch gar nichts an, allenfalls dadurch, dass man am Tor in **Hobas** ein *Permit*, eine Eintrittserlaubnis, einholen muss. Erst bei der Weiterfahrt lassen Abbruchkanten in der Geröllwüste erahnen, dass sich die Erde hier gewaltig auftut: zum zweitgrößten Canyon überhaupt, dem **Fish River Canyon**. Den ersten Blick hinein in die Tiefe, entlang der schroffen, steilen Felswände und der mäandernden Windungen des vor Jahrmillionen mächtigen Flusses wird man wahrscheinlich vom **Main View Point** aus werfen. Die Umsetzung des Wunsches, »kurz« in den Canyon hinein zu steigen, um das Erlebnis des Blicks auf die 500 Meter aufragenden Steilwände von der Talsohle aus zu genießen, scheitert an dem seit einiger Zeit herrschenden Verbot solcher Spontanaktionen. Ein Todesfall als Folge eines derartigen Unternehmens bewog die Verantwortlichen, Wanderungen durch den Canyon nur noch mit amtlicher Genehmigung, ausgestellt nach Vorlage eines ärztlichen Attestes, zu gestatten.

Vielleicht gönnt man sich statt des Abstiegs auch den Aufstieg mit Aussicht auf die gesamten 160 Kilometer des spektakulären Erdeinschnitts: Bei günstigem Wetter starten in der Frühe und am Abend von Hobas aus kleine Rundflugmaschinen, die diesen Überblick aus der Vogelperspektive ermöglichen.

Sofern man nicht während der Sommermonate (Nov.–Feb.) reist, sollte man auf jeden Fall die **Oase Ai-Ais** am Canyonausgang besuchen. Der Name stammt aus der Sprache der Nama und bedeutet »glühend heiß«. Gemeint ist damit die Wassertemperatur hier zu Tage tretender, mineralstoffreicher Quellen, die, moderat abgekühlt, ein großes Freibad und ein Hallenbad speisen. Wenn auch die Lufttemperatur im Sommer diese Bezeichnung verdient, wird es zuviel des Guten und die Anlage ist geschlossen. Doch selbst abgesehen vom lockenden Badevergnügen lohnt sich allein wegen der zu erwartenden landschaftlichen Reize die Fahrt nach Ai-Ais: eine fantastische Welt vielfarbigen Steins.

6. Tag: Fish River Canyon – Lüderitz (ca. 380 km)

Route/Programm:

Über D 324, D 601 und C 12 führt die Strecke zurück zur Asphaltstraße B 4 und auf dieser dann immer geradeaus, zuletzt quer durch die Namib-Wüste bis Lüderitzbucht. Unterwegs sind Abstecher nach Bethanien bzw. Aus möglich.

Service & Tipps: Schmelenhaus und Haus des Nama-Kapitäns Joseph Fredericks, Bethanien, an der C 14. Übernachtung: Lüderitz Nest Hotel, P.O. Box 690, ✆ 063/20 40 00, Fax 063/20 40 01, www.nesthotel.com. Informationen: Lüderitz Safaris & Tours, Bismarck St., ✆ 063/20 27 19, Buchungen für Touren nach Kolmanskop und für Bootsausflüge. Museum: Diaz St., Mo–Fr 14–16, Sa/So 16–17 Uhr.; Goerke-Haus, Kirchstraße, Mo–Fr 14–15, Sa 10.30–11.30 Uhr, 1910 erbautes Anwesen, dessen Innenausstattung noch original erhalten ist. Diaz Point, Landzunge südlich der Stadt, auf der Bartolomëu Diaz im Namen des portugiesischen Königs 1487 ein Kreuz errichtete.

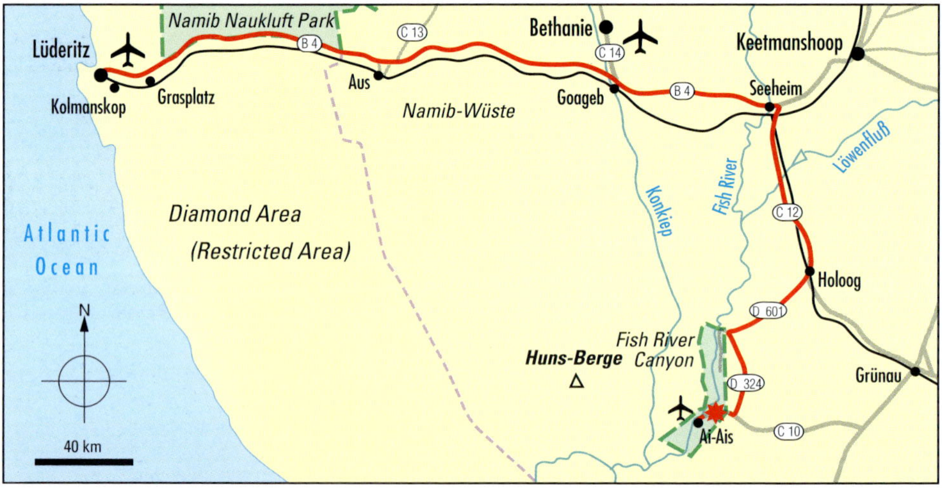

Die Tagesetappe führt auf bereits bekanntem Weg zurück zur B 4, der man im Weiteren bis zum Atlantik folgt. Wer an der Landesgeschichte interessiert ist, wird den Abstecher nach **Bethanien** (26 Kilometer) machen. Immerhin findet man hier das vermutlich älteste Steinhaus Namibias, dessen Mauern der deutsche Missionar Heinrich Schmelen 1814 errichten ließ. Den Ort hatte er gewählt, weil die Nama, die er zu christianisieren hoffte, auf Grund der hier sprudelnden Quelle im Umfeld siedelten. Das Häuschen steht heute im Schatten einiger Palmen, die, normalerweise absolut unüblich in dieser Region, von im Südwesten Afrikas siedelnden Deutschen mit Vorliebe gepflanzt wurden. Nur wenige hundert Meter entfernt befindet sich ein weiteres Haus – weniger alt, dafür historisch noch bedeutsamer. Es gehörte einst dem Nama-Kapitän Joseph Fredericks, der durch die Abtretung eines Küstenstreifens an den

Bremer Kaufmann Adolf Lüderitz die Gründung der Stadt Lüderitzbucht wie die deutsche Landnahme ganz allgemein einleitete, ein Vorgang, den er 1884 durch die Unterzeichnung des so genannten Schutzvertrages mit dem Deutschen Reich besiegelte.

Die nächste größere Ansiedlung, **Aus**, fährt man meist wegen ganz konkreter Bedürfnisse an: Es gibt eine Tankstelle. Das winzige Örtchen (nur etwa 30 Einwohner) bezieht seine Bedeutung aus der Lage am Kreuzungspunkt der wichtigsten Straßen der Region und aus dem Vorhandensein einer Bahnstation. Doch auch hier gibt es geschichtsträchtige Spuren: Mauerreste eines Kriegsgefangenenlagers aus dem Ersten Weltkrieg, denen aus nicht ersichtlichen Gründen der Rang eines *National Monuments* zuerkannt wurde. Interessanter an Aus vielleicht die verblüffende Tatsache, dass der Ort mit 1446 Metern Höhe den Brennerpass noch um 75 Meter überragt. Alpine Assoziationen stellen sich nämlich in der Region partout nicht ein, obwohl sich hinter der Ansiedlung schroffes Felsgestein türmt. Ansonsten erreicht man hier die Ausläufer der **Namib-Wüste**. Das »absolute Nichts«, so die Übersetzung des Namens, zeigt sich zunächst in Form weiter Ebenen, im spärlichen Grasbewuchs gelb schimmernd und von einzelnen Akazien bewachsen. Erst ganz allmählich gewinnt der Sand die Herrschaft, bis letztlich wirklich nichts bleibt außer der strahlenden Schönheit weißen Sandes, zu anmutigen Dünen aufgehäuft. Betreten darf man sie indes nicht: Rechts der Straße beginnt der Namib-Naukluft-Park, ein nur beschränkt zugängliches Naturreservat, und links das Diamanten-Sperrgebiet, dessen Betreten so strikt verboten ist, dass es nicht einmal der Einzäunung bedarf.

Begonnen hat der Diamantenabbau in der Namib nahe der verlassenen Bahnstation

Lüderitzbucht, die Keimzelle der einstigen Kolonie Deutsch-Südwest, lebt heute vorwiegend vom Fischfang und vom Tourismus

»**Grasplatz**«, die man noch links der Straße liegen sieht. Der Thüringer August Stauch, dessen Aufgabe darin bestand, den Schienenstrang der Bahnlinie Lüderitz/Aus vom Treibsand frei halten zu lassen, stieß 1908 auf den ersten Diamantenfund. Nach Bekanntwerden gründete das Deutsche Reich flugs die »Deutsche Diamant Gesellschaft« (DDG) und übertrug ihr alle Schürfrechte. Mit der Niederlage der deutschen Truppen im Ersten Weltkrieg gingen sie an die südafrikanische CDM (Consolidated Diamond Mines) über. Die Besichtigung der verlassenen Diamantengräberstadt **Kolmanskop**, auch heute noch im Besitz der CDM, muss man jedoch auf den nächsten Tag verschieben. Wegen der untertags heftig auffrischenden Winde ist die Geisterstadt nur in den Vormittagsstunden geöffnet.

Aber es wartet mit dem in schwarzer Steinwüste errichteten Küstenstädtchen **Lüderitzbucht**, kurz Lüderitz genannt (seit 2013 offiziell !Nami=Nüs), ein lebendiges Äquivalent – mit vielen geschichtlichen Bezügen. Das **Goerke-Haus**, 1910 vom Teilhaber der Diamantgesellschaft und Lagerverwalter der Schutztruppe, Goerke, erbaut und höchst komfortabel ausgestattet, kann besichtigt werden. Die neugotische **Felsenkirche** bietet mit den von Kaiser Wilhelm II. gestifteten Altarfenstern Anreiz zum Besuch und scheint wie der zentrale Stadtbereich ganz allgemein (mit Lesehalle, Turnhalle, Woermann-Haus und den allgegenwärtigen stilistischen Anklängen an Jugendstil und Gründerzeit) dazu geschaffen, den Besucher in ein Deutschland zu versetzen, das es in dieser Form auf dem europäischen Kontinent nicht mehr gibt.

Auch der Küstenbereich im Süden der Stadt kann für einen Ausflug nur empfohlen werden: In der **Second Lagoon** lassen sich seltene Vogelarten und große Flamingoschwärme beobachten, und am **Diaz Point** bietet sich schließlich eine hervorragende Aussichtsplattform für einen Sonnenuntergang über dem Atlantik. Hier wurde 1987 in Anlehnung an jenes Kreuz, das der portugiesische Seefahrer Bartolomeu Diaz 1487 aus Anlass des ersten Besuches eines Europäers an diesem Gestade errichtete, eine Replik aufgestellt.

7. Tag: Lüderitz – Hammerstein (ca. 420 km)

Route/Programm:

Zurück auf der B 4 (dabei möglicherweise Besichtigung von Kolmanskop) bis kurz hinter Aus, dann (von hier aus gibt es nur Schotterpisten) links auf die C 13 bis Helmeringhausen und weiter auf der C 14 Richtung Maltahöhe. Wer das Schloss Duwisib besichtigen möchte, fährt am Abzweig der D 831 nach links, nach weiteren 27 km wieder links auf die D 826 und erreicht das Schloss nach ca. 30 km. Ansonsten fährt man weiter auf der C 14 bis kurz vor Maltahöhe und biegt links in die Nr. 36 ein, nach ca. 70 km geht es rechts ab nach Hammerstein.

Service & Tipps: Kolmanskop, Mo–Sa 9.30–11 Uhr, Diamantengräberstadt in der Wüste, Vorabbuchungen bei Lüderitz Safaris und Tours, © 063/20 27 19, unbedingt erforderlich! Schloss Duwisib, D 826, tägl. 8–17 Uhr. Farm Duwisib Rest Camp, © 063/22 39 94, www.farmduwisib.com, Selbstversorgung oder Halbpension. Übernachtung: Rest Camp Hammerstein, P.O. Box 250, Maltahöhe, © 063/69 31 11, www.hammerstein.com.na, z. T. neu gestaltete und komfortabel ausgestattete Bungalows, gute Küche, $$.

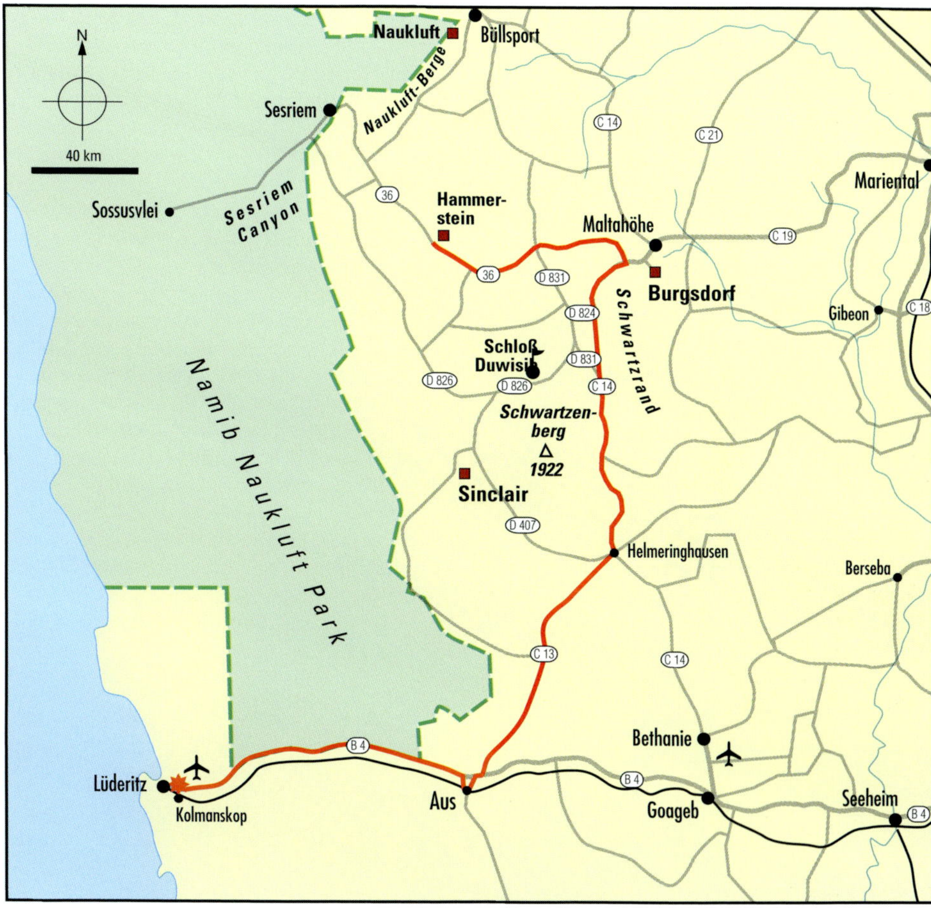

Man sollte die Strecke dieses Tages nicht unterschätzen und daher abwägen, ob man die Besichtigung von Kolmanskop durchführen will. Was man verpassen würde, lässt sich kurz umschreiben: die dem Wüstensand abgerungenen und restaurierten Reste eines Gemeinwesens, das 1910 entstand und in seinen besten Zeiten Heimat von 300 Bewohnern war, mit Turnhalle, Kegelbahn, Kasino, Schule und gemütlich deutsch möblierten Wohnstuben – und das alles inmitten afrikanischer Wüsteneinsamkeit. Was man gewinnt, ist ein wenig mehr Ruhe bei der Betrachtung der Naturschönheiten im Bereich des Namib-Randgebietes, durch das die Route hinter Aus führt.

Faszinierend ist hier vor allem, wie die Natur mit nur wenigen Elementen und Farben immer wieder neue und überraschende Bilder von großer Schönheit zu gestalten vermag. Schroffe Felsformationen, die Tafelbergkette der Großen Randstufe, stehen im Kontrast zu weit sich dehnenden, weich geformten Mulden, die im sanften Gelb trockenen Grases schimmern. In den Zweigen der wenigen Bäume oder auf den Spitzen der Telegrafenmasten hängen immer wieder riesige goldgelbe Strohballen: die Nester der Webervögel. Die unscheinbaren kleinen Vögel »weben« diese Gemeinschaftswohnblocks, bestehend aus einer Vielzahl einzelner Kammern mit separaten Fluglöchern aus Geäst und Stroh. Wenn die Tragfähigkeit des Baumes oder Mastes nicht überstrapaziert wird, können diese Nester vielen Vogelgenerationen dienen – angeblich bis zu 100 Jahre lang. Besonders gerühmt wird von Experten das angenehme Raumklima dieser Mammutbauten.

Eine weitere typische Naturerscheinung der Gegend findet man auf dem Sand am Straßenrand: Nara-Kürbisse. Inmitten unscheinbaren Dornengestrüpps, durch langes Wurzelwerk mit dem Grundwasser verbunden, reifen im Spätsommer die kürbisartigen gelblichen Früchte. Die hier beheimateten Nama schätzten sie von altersher so sehr, dass sich eine ihrer Gruppierungen sogar nach der Frucht »Topnaar-Nama« nannte. Die Erfahrung, dass der Genuss der Früchte selbst einen fast Verhungerten schnell wieder zu Kräften kommen lässt, belegt ihren hohen Nährwert. Wissenschaftliche Analysen bestätigten dies: Die Kürbisse enthalten 57 Prozent Öl, 31 Prozent Proteine und sind reich an Eisen, Kalium, Magnesium und Phosphor.

Beileibe nicht natürlich und schon gar nicht dem Umfeld angepasst, erscheint **Schloss Duwisib**, zu dem ein Abstecher führt. 1908 ließ der Offizier der Schutztruppe Hansheinrich von Wolf das neoromanische Gemäuer von Handwerkern aus Italien, Irland und Skandinavien nach Plänen von Willi Sander erbauen. 20 Ochsengespanne karrten die hierzu benötigten Materialien sowie das exquisite Mobiliar von Lüderitz, wohin alles von Deutschland aus verschifft worden war, 400 Kilometer weit durch die Wüste. Von Wolf fand indes kaum Zeit, sein Traumschloss zu genießen. Er fiel im Ersten Weltkrieg. Als Kuriosum wird das liebevoll gepflegte Anwesen von den Reisenden heute geschätzt.

Die Geisterstadt Kolmanskop erinnert an das »Diamantenfieber« zu Beginn des 20. Jahrhunderts

8. Tag: Hammerstein – Rostock Ritz Lodge (ca. 170 km)

Route/Programm:

Von Hammerstein aus die Nr. 36 weiter in Richtung Solitaire fahren und nach ca. 80 km links in die D 826 einbiegen, die am *Gate* in Sesriem vorbeiführt *(Permit* erforderlich). Nach ca. 65 km erreicht man den Parkplatz für nicht vierradgetriebene Fahrzeuge (ca. 6 km Fußmarsch ins Sossusvlei). Für die Weiterfahrt geht es zurück zur Pad Nr. 36, dann links ab Richtung Solitaire, von wo noch ca. 50 km bis zur Rostock Ritz Lodge zurückgelegt werden müssen.

Service & Tipps: Sossusvlei, überwältigende Wüstenszenerie im Herzen der Namib, geöffnet zwischen Sonnenauf- und -untergang, Eintritt: Erwachsene 80 N$, Kinder unter 16 Jahren 2 N$, Pkw 10 N$. Sesriem Canyon, vom Tsauchab gegrabener Canyon von 2–5 m Breite und bis zu 30 m Tiefe. Übernachtung: Rostock Ritz Lodge, ✆ 064/69 40 00, www.rostock-ritz-desert-lodge.com, auf der Farm »Rostock«, Unterkunft in steinernen Iglos, À-la-carte-Restaurant, $$$.

Ein Tag, der nach Sossusvlei führt, beginnt meist früh. Im Herzen der Wüste möchte man sich schließlich nicht bei größter Mittagshitze (Tageshöchsttemperaturen von 40 Grad sind keine Seltenheit) bewegen. Die Kehrseite der Medaille: Durch die starke Wärmeabstrahlung in der Nacht kann es in den Morgenstunden noch empfindlich kühl sein – manchmal werden sogar Minustemperaturen gemessen. Dagegen kann man sich leicht schützen. Schwieriger ist die Situation bei Ostwind: Dann ist es auch

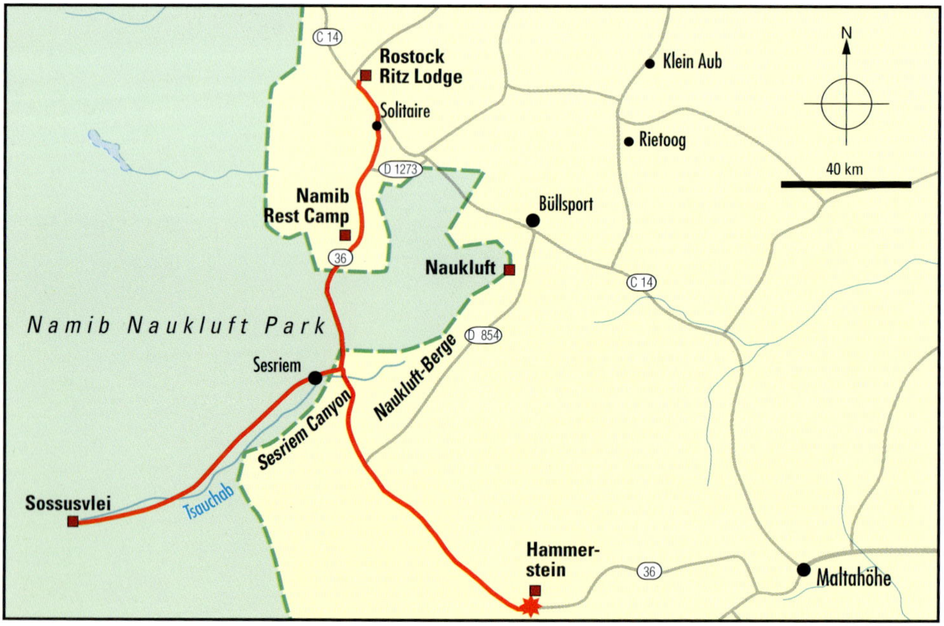

morgens schon warm, aber gleichzeitig besteht auch die Gefahr von Sandstürmen, die vor allem den Nachteil haben, dass sie die Landschaft in Dunst hüllen und die ansonsten klaren Konturen der Dünen »verschleiern«.

Wie auch immer – der Trip nach **Sossusvlei** gehört ohne Frage zu den großen Highlights einer Namibia-Reise. Er führt in eine der ältesten Wüsten der Erde, zu den angeblich höchsten Dünen, und die sind zu allem Überfluss noch auf spektakuläre Weise rot eingefärbt. Die Wüstenbildung setzte wahrscheinlich ein, als der Benguela-Strom seinen Weg entlang der südwestafrikanischen Küste festlegte und der Küstenstreifen fortan der Zerreißprobe aus kontinentaler Wärme und Kälte polaren Ursprungs ausgesetzt wurde. Dennoch sind die heutigen Dünen nicht Millionen von Jahre alt. Kompaktierte Sandfelder deuten auf ältere, in feuchteren Perioden der Erdgeschichte erstarrte Dünen hin, auf denen erst während der letzten 30 000 Jahre jüngere Sande zu Dünenriesen von 300 Metern Höhe und mehr aufgetürmt wurden. Dass sie durch zerriebene Partikel von Granatgestein noch mit einer ganz fantastischen Färbung versehen wurden, macht sie erst recht zum Wüstenkleinod.

Die Straße führt über weite Strecken entlang der Flussoase des Tsauchab. Auch wenn er nicht fließt, was er im Übrigen höchst selten (nicht einmal in jeder Regenzeit) macht, ist sein trockenes Bett (Südwesterdeutsch = *rivier)* an der Vegetation, die sich aus dem Grundwasser speist, erkennbar. Selbst jahrhundertealten Kameldornbäumen wird hier eine Existenzgrundlage geboten. Die »Mündung« des Tsauchab ist Ziel dieser Tour, wobei die Bezeichnung zugegebenermaßen irreführend ist. Schon vor Jahrtausenden kapitulierte dieser Fluss vor den Wüstensanden und verströmte seine sporadisch auftretenden Fluten in einer großen Senke (Südwesterdeutsch = *vlei)* inmitten der Dünenriesen. Von wenigen Ausnahmen abgesehen erlebt der Reisende diese als salzig-weiß verkrustete Mulde, nur im Abstand von Jahren als See, auf dem Enten und Gänse schwimmen und um den herum die Wüste zu grünen begonnen hat.

»Sandige« Natur-Kunstwerke ▷

Wer ohne allradgetriebenes Fahrzeug angereist ist, muss die letzten sechs Kilometer bis zum *Vlei* zu Fuß zurücklegen, was zwar einigermaßen schweißtreibend sein kann, aber den Zauber der Wüste auch ganz intensiv erfahren lässt. Möglich, dass man bei einer solchen Wanderung nicht nur Käfer und Reptilien im Sand beobachten kann. Vielleicht sieht man auch in der Ferne einen Strauß durch die Dünenwellen eilen oder erspäht eine Gruppe von Oryx-Antilopen, die nicht nur höchst dekorativ gezeichnet sind, sondern auch durch ein ausgeklügeltes System ihres Organismus für das Leben in der Wüste gerüstet wurden.

Wen es nach solcher Wanderung noch treibt, die für Sossusvlei gängigen Superlative zu erproben, wird nicht zögern, den »Big Daddy«, die angeblich höchste Düne unseres Planeten, zu besteigen. Genau wissen, ob es wirklich die höchste Düne ist, wird man auch nach dem Aufstieg nicht. Aber zweifelsfrei wird man dann davon überzeugt sein.

Der Rückweg zum Tor nach Sesriem gestaltet sich meist insofern schwierig und etwas langatmig, als man sich nur schwer von den Schönheiten dieses Erdenfleckens lösen kann: Jede in genialer Schlichtheit ins Blau des Himmels gezogene Linie des roten Sandes verlangt geradezu danach, fotografiert zu werden. Sollte die Zeit am Ende nicht mehr für den Besuch des Canyons bei **Sesriem** reichen, lässt sich das verschmerzen. Spezielle Attraktivität besaß er vor allem für die frühen europäischen Pioniere. Sie pflegten sich aus den Kolken im Canyon mit Wasser zu versorgen, indem sie an Riemen geknüpfte Eimer hinunterließen. Sechs Riemen brauchte man dazu, was den Namen *Sesriem* erklärt.

Die weitere Strecke führt quer durch einen Zipfel des **Namib-Naukluft-Parks**, des viertgrößten Naturparks weltweit. Auf der linken Seite sieht man noch für geraume Zeit die Ausläufer des herrlichen roten Dünenmeers und auf der rechten rückt das Felsmassiv der Naukluft-Berge, die zur Großen Randstufe gehören, näher. Schließlich erreicht man **Solitaire**, einen Ort bestehend aus Tankstelle, *Store*, Kirche – und damit mit allem ausgestattet, was der Mensch am Rande der Wüste braucht. Einiges mehr als man braucht – und das inmitten endlos weiter Wüstenebene – bietet dann die Unterkunft: Rostock Ritz.

9. Tag: Rostock Ritz Lodge – Swakopmund (ca. 225 km)

Route/Programm:

Auf der C 14 (Schotterpiste) geht es quer durch die Namib zur Atlantikküste, in Walvis Bay kommt man auf die B 2, die nach Swakopmund führt.

Service &Tipps: Kuiseb Canyon, großartige Landschaftsszenerie am Kuiseb Pass; Walvis Bay, einziger Hochseehafen an der namibischen Küste, früher südafrikanische Enklave, seit 1994 zu Namibia gehörend; Pelican Point, Spitze der Lagune im Südwesten von Swakopmund, Heimat großer Flamingoschwärme. Unterkunft: Hotel Eberwein, Sam Nujoma Ave., © 064/41 44 50, Fax 064/41 44 51, www.hotel-eberwein.com, gediegene Bürgerlichkeit im Ambiente eines Hauses aus dem Jahr 1910.

Namib Highway straight on! heißt die Devise des Tages. Und das bedeutet: Weite, die die Dimensionen zu verschieben, die Begrenzungen aufzuheben scheint, eine Straße, die sich im Nirgendwo verliert, Steine, Sand, ein Hauch gelben Grases, ein riesiger, kaum strukturierter Raum, von Horizont zu Horizont menschenleer und lichtflimmernd.

»Worin liegt der Zauber der Wüste?« fragt Henno Martin in seinem in Namibia recht populären Buch »Wenn es Krieg gibt, gehen wir in die Wüste«. Der Geologe verbrachte zu Beginn des Zweiten Weltkriegs zweieinhalb Jahre zusammen mit seinem Freund Herrmann Korn in dieser Region der Namib und kann aus diesem Grund weit mehr als flüchtige Eindrücke reflektieren. Seine Vermutung zu dieser Frage lautete: »Vielleicht deshalb, weil hier jede Begrenzung durch die Ansprüche fremden Lebens fehlt? Weil die Seele einer Fata Morgana grenzenloser

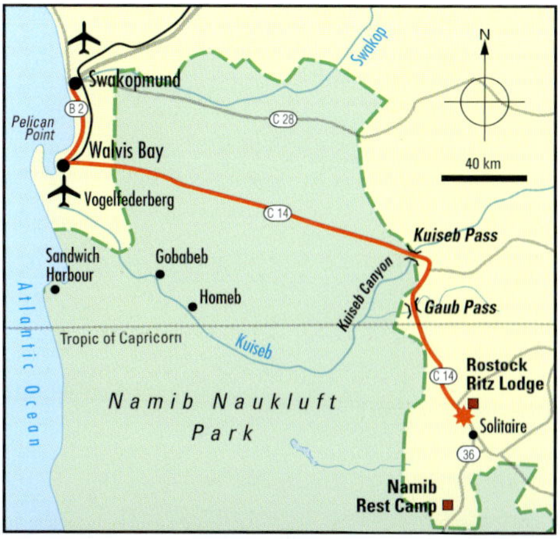

Ausreichende Wasservorkommen bescheren der Naukluft eine reiche Flora und Fauna

Freiheit erliegt?« Allerdings braucht es in Namibia mehr als das Vorherrschen von Sand, damit dieser Zustand endgültig erreicht wird. Solange auch nur ein spärlicher Büschel Gras die Ödnis der Kieswüste ziert, findet sich auch ein Zaun – und sei es nur als Zeichen trotzigen Aufbegehrens gegen eine übermächtige Natur.

Inmitten sandiger Unendlichkeit wartet auf dieser Route zudem ein Landschaftserlebnis von ganz außergewöhnlicher, faszinierender Schönheit: der **Kuiseb Canyon**. Der Kuiseb gehört zu den wichtigsten Flüssen des Landes und zu den mächtigsten, selbst wenn er es nur 15 Mal während der letzten 100 Jahre geschafft hat, den Ozean zu erreichen, und wenn man ihn als Reisender mit großer Wahrscheinlichkeit nicht zu Gesicht bekommt. Aber man sieht die Ergebnisse seines Wirkens: Felsformationen von ebenso wilder wie unglaublicher Schönheit. Als »Unterwelt von wilden grauen Felsgraten, schwarzen Schatten und wirren Schluchten« beschreibt Martin den Haupt-Canyon und als »grandiose, erbarmungslose Landschaft, undenkbar unter dem Himmel gemäßigterer Breiten«.

Mit **Walvis Bay** erreicht man am Atlantik den wichtigsten Hochseehafen des Landes, einen Ort mit langer Geschichte. Schon gegen Ende des 15. Jahrhunderts hissten die Portugiesen hier ihre Flagge, gefolgt von den Holländern, die im 19. Jahrhundert den Briten weichen mussten. 1910 erklärten diese Stadt und Umland zu einem Bestandteil der Kapkolonie, sehr zum Unbehagen des

Die Lagune von Sandwich Harbour, südlich von Walvis Bay

Deutschen Reiches, das die Enklave gern seiner Kolonie zugeschlagen hätte. Als 1917 die Südafrikaner Südwest als Mandatsgebiet übertragen bekamen, schien sich das Problem gelöst zu haben: Walvis Bay wurde selbstverständlich als Teil der Provinz behandelt. Erst als sich Namibia 1990 anschickte, in die Unabhängigkeit entlassen zu werden, bestand man in Südafrika auf der alten, günstiger erscheinenden Rechtskonstruktion, und Walvis Bay wurde erneut Enklave. Ein Zustand, der im Februar 1994 durch die Übergabe von Stadt und Hafen an den namibischen Staat beendet wurde. Die wirtschaftliche Bedeutung ist groß: Containerhafen und Trockendock sorgen für einen Warenumschlag, der 15 Mal höher ist als der von Lüderitz, und auch die Fischindustrie wird fast ausschließlich von hier aus kontrolliert. Dementsprechend ist Walvis Bay in erster Linie Wirtschaftsstandort und relativ wenig touristisch geprägt.

Den Tourismus überlässt man weitgehend der Schwesterstadt **Swakopmund**, die ihre Rolle als *das* namibische Seebad inzwischen mit Bravour spielt. Entschieden gekonnter auf jeden Fall als die eines Seehafens, die die deutschen Kolonialherren ihr mangels anderer geeigneter Plätze an der Küste zugedacht hatten – trotz starker Dünungsbrandung, der Behinderung durch häufige Seenebel und des Fehlens natürlicher Buchten. Letzteres versuchte man durch den Bau einer Mole (1903), eines hölzernen Landungsstegs (1905) und einer Eisenbrücke, der »Jetty«, wettzumachen. Die Mole versandete ein Jahr nach ihrer Entstehung, die Holzbrücke wurde vom Holzwurm befallen und die »Jetty«, erst bei Kriegsbeginn 1914 fertiggestellt, niemals ihrer Bestimmung übergeben. Dass die Mole heute den städtischen Badestrand »Palm Beach« einschließt und die »Jetty« über die Jahre zum bevorzugten Ziel von Anglern und Picture Point von Touristen avancierte (was sie nach ihrer derzeitigen Restaurierung wohl auch wieder werden wird), kann man durchaus auch als gelungene Karriere betrachten.

Trotz aller Schwierigkeiten hat Swakopmund als Seehafen eine Zeit lang beachtlich effektiv funktioniert: 31 000 Pferde, 34 000 Maultiere, ein Transportaufkommen von etwa 250 000 Quadratmetern allein während der Jahre 1904 bis 1907 wurden hier sicher an Land gebracht, ganz zu schweigen von all dem Hausrat, den Maschinen bis hin zu den Eisenbahnen, die Siedler wie Soldaten der Schutztruppe zu ihrer Etablierung und zur Erschließung des Landes gebraucht haben. Für die Stadt lohnte sich der Status als Hafenstadt allemal: Die zunehmende Prosperität dieser Gründerjahre schlug sich in reger Bautätigkeit nieder, sodass der Reisende heutzutage das Kuriosum eines afrikanischen Seebads vorfindet im Gewand einer wilhelminischen Hafen- und Handelsstadt.

10. Tag: Swakopmund

Programm: Stadtbummel durch Swakopmund.

Alternative: Welwitschia Nature Drive (ca. 130 km) oder Fahrt zum Cape Cross und zurück (ca. 260 km; siehe Karte Seite 176).

Service & Tipps: Informationen erhält man bei Namib i, Hendrik Witbooi & Sam Nujoma Ave., ✆ 064/40 48 27, namibi@iway.na; zusätzliche Reservierungen in den staatlichen Parks führt durch: Namibia Wildlife Resorts, Swakopmund, ✆ 064/40 21 72, Fax 064/40 27 96. In der Hobby Horse Gallery, Brauhaus Arcade, Kaiser Wilhelm Straße, findet man namibisches Kunsthandwerk, das sich außerdem an folgenden Plätzen finden lässt: Art Africa Gallery, Otavi Bahnhof Art and Crafts Centre and African Art Jewellers, Hendrik Witbooi St. 1. Heimische Kuchenspezialitäten gibt es im Café Anton im Hotel Schweizer Haus, Ecke Bismarck- und Poststraße. Restaurants: The Tug (auf Fischgerichte spezialisiert), Strand St., nahe der »Jetty«, ✆ 064/40 23 56. Swakopmund Brauhaus, Sam Nujoma Ave., ✆ 064/40 22 14, das deutsche Lebensart und entsprechende Küche in Ehren hält. Neben den uralten, sehr seltenen *Welwitschia mirabilis* (Welwitschia Nature Drive) im Wüstenumfeld sollte man ansehen: das Aquarium, Strand St., tägl. außer Mo 10–16 Uhr, Fütterung 15 Uhr; Swakopmund Museum, Strand St., tägl. 10–17 Uhr, mit Exponaten über Fauna, Flora, ethnische Gruppen, Kolonialzeit und die Arbeit der Rössing Uran Mine; Woermann-Haus, der Aussichtsturm kann bestiegen werden.; die Robbenkolonie am Cape Cross ist tägl. 10–16 Uhr geöffnet, Eintritt: Erwachsene 10 N$, Kinder 1 N$, Pkw 10 N$.

Rot-weiß ringelt sich der Leuchtturm in den Himmel über »Swakop«

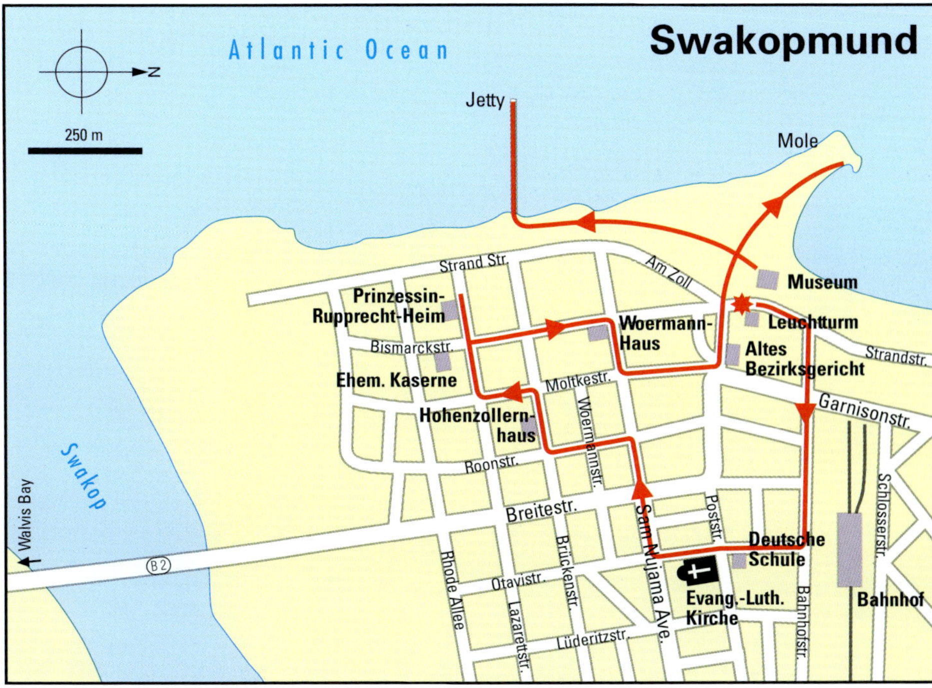

Wäre man 1892 dorthin verschlagen worden, wo sich heute **Swakopmund** durchaus behaglich etabliert hat, hätte man (laut Kurt Schwabe: *Im deutschen Diamantenlande)* »drei elende Wellblechbuden und ein Leinwandzelt vorgefunden« und womöglich noch wie die ersten Siedler, die hier auf ihre Weiterreise ins Land warten mussten, in Höhlen am Strand nächtigen müssen. Gut hundert Jahre später haben sich die Verhältnisse denn doch entschieden geändert: Das gastronomische Angebot ist ausgezeichnet, und die Architektur hat in stabiler steinerner Pracht Beständigkeit bewiesen. Im Stadtbild herrscht wilhelminisch geprägter Baustil vor – wie deutsche Namensgebung bei den Straßen. Die schönsten Gebäude wie den alten **Bahnhof**, die **Evangelisch-Lutherische Kirche**, **Hohenzollernhaus**, **Woermann-Haus** und **Kaserne** wird man im überschaubaren Innenstadtbereich kaum verfehlen. Auf jeden Fall ist es lohnend, auch das Umfeld zu erkunden. Allein die Erfahrung – mit allen Sinnen erlebt und nicht nur als abstrakte Einsicht aufgenommen –, dass die Stadt völlig von Wüste eingeschlossen ist, dass jenseits der letzten Häuser übergangslos sandiges Nichts beginnt, sollte ein Besucher von Swakopmund gemacht haben. Am besten geschieht das auf dem **Welwitschia Nature Drive**, der durch ein Gebiet mit dem treffenden wie bezeichnenden Namen »**Mondlandschaft**« führt. Ziel und Höhepunkt ist dabei eine Ansammlung der namib-endemischen *Welwitschia mirabilis*, ebenso unansehnlicher wie botanisch faszinierender Pflanzen. Sie gehören zu den fiederblättrigen Nacktsamern und können sich eines 350 Millionen Jahre zurückreichenden Familienstamms rühmen. Die einzelnen Pflanzen, die man am Rande der Pad hier findet, haben es angeblich auf bis zu 1500 Jahre gebracht.

Auf dem Rückweg sollte man die **Flussoase Goanikontes** anfahren. Die Üppigkeit der Vegetation stellt unter Beweis, was der Swakop aus dem wüsten Land hervorzaubern könnte, wenn er denn nicht unter chronischem Wassermangel zu leiden hätte. So erkennt man oft nicht einmal seine breite Mündung, die schließlich der Stadt den Namen gab, wenn man von Walvis Bay kommend das Flussbett überquert.

Wen allerdings die Besonderheiten der atlantischen Küste mehr reizen als die der Wüste, wird sich auf den Weg zum **Cape Cross** machen. Selbst bei Sonnenschein stellt sich in dieser Landschaft bald der Eindruck von Trostlosigkeit und Lebensfeindlichkeit ein, so dass sich leicht vorstellen lässt, welche Empfindungen den Reisenden im nicht gerade selten anzutreffenden tristen Grau der Seenebel heimsuchen. Schuld daran wie an so vielen klimatischen Besonderheiten Namibias ist der kalte Benguela-Strom, der auch für das Vorhandensein jener Tiere, die das Kreuzkap zur Attraktion machen, verantwortlich ist: der **Robben**. Die Größe der Kolonie hier wird mit 100 000 bis 200 000 Tieren beziffert, was vom Betrachter als heftig waberndes, vielstimmig grunzendes und eindeutig wenig appetitlich riechendes Gedränge wahrgenommen wird. Zusätzlich Action kommt während der Brunftzeit (September/Oktober) in den Robbenalltag. Dann gesellen sich die Bullen ausnahmsweise zur Herde: Die Weibchen wollen erkämpft und geschwängert, der Harem bewacht werden. Nach etwa zwei Monaten harter Arbeit im Dienst der Arterhaltung verlassen sie schließlich erschöpft und um die Hälfte ihres Gewichtes erleichtert wieder die Kolonie und überlassen den Nachwuchs der mütterlichen Pflege.

Seinen Namen verdankt das Cape Cross indes der Errichtung eines 360 Kilogramm schweren *Padrao* durch den Portugiesen Diego Cão im Jahr 1486. Im Namen seines Königs erforschte er die Küste und hinterließ, wo er wie hier als erster Europäer seinen Fuß an Land setzte, solche »Marken« zur Bezeichnung portugiesischen Besitzanspruchs. Sehen kann man dieses mächtige zwei Meter hohe Kreuz heute im Museum für Geschichte in Berlin. Am Kreuzkap steht stattdessen eine Replik aus dem Jahr 1980.

Welwitschia mirabilis, eine ebenso unansehnliche wie faszinierende Pflanze

11. Tag: Swakopmund – Twyfelfontein (ca. 450 km)

Route/Programm:

Von Swakopmund geht es auf der C 34 an Hentiesbaai vorbei bis zum Abzweig der C 35 Richtung Uis Myn, bei der Kreuzung mit der C 39 biegt man links in diese ein, passiert Khorixas und folgt der (häufig schwierigen) Schotterpiste bis zur Einmündung der D 3254, links einbiegen und den Schildern zur Twyfelfontein Country Lodge folgen.

Service & Tipps: Felszeichnungen (»White Lady«) im Brandbergmassiv, erreichbar über die D 2359 (ca. 18 km von der C 35 entfernt) und Fußmarsch (ca. 2 Std. hin und zurück), als schönes Beispiel der teilweise uralten Malereien des Landes. Die Aufnahme der Zeichnungen in die Liste des UNESCO-Weltkulturerbes wird überprüft; Twyfelfontein, am Ende der D 3214 gelegen, weist die bekanntesten Felsgravuren Namibias auf, nur auf geführten Rundwanderungen bis 17 Uhr zu betrachten; UNESCO-Weltkulturerbe. Übernachtung: Twyfelfontein Country Lodge, ✆ 061/37 47 50, Fax 061/25 65 98, www.twyfelfonteinlodge.com.

Bei der Gestaltung dieses Tages muss man Länge und Schwierigkeitsgrad der zu bewältigenden Strecke im Auge behalten: Man sollte auf jeden Fall mit 6–7 Std. reiner Fahrzeit rechnen. Da heißt es schon überlegen, ob man sich die Fahrt zu den Felszeichnungen im Brandbergmassiv (s. o.) zumuten möchte.

Die Strecke führt von Swakopmund aus zunächst durch die National West Coast Tourist Recreation Area, ein unter in Afrika beheimateten Weißen beliebtes Feriengebiet. Die bevorzugten Freizeitbeschäftigungen hier: Genuss des feuchtkalten Klimas und Angeln vom Strand aus. Mit jedem Kilometer, mit dem man sich im weiteren Verlauf der Route von der Küste entfernt, wird es wärmer, meist auch sonniger und auf jeden Fall bergiger. Immer deutlicher heben sich die Bergspitzen des Brandbergmassivs am Horizont ab, eines Bergkomplexes vulkanischen Ursprungs, zu dem neben dem höchsten namibischen Gipfel, dem Königstein mit 2573 Metern, noch sechs weitere Zweitausender zählen. Mehr als durch die herausragende Erscheinung erlangte das Massiv Bedeutung durch die rund 45 000 Felszeichnungen, die hier dokumentiert wurden – allen voran die »White Lady«. Auch wenn es heute als erwiesen gilt,

Wer die Künstler waren, ist unbekannt: ▷ Felszeichnung im Brandbergmassiv

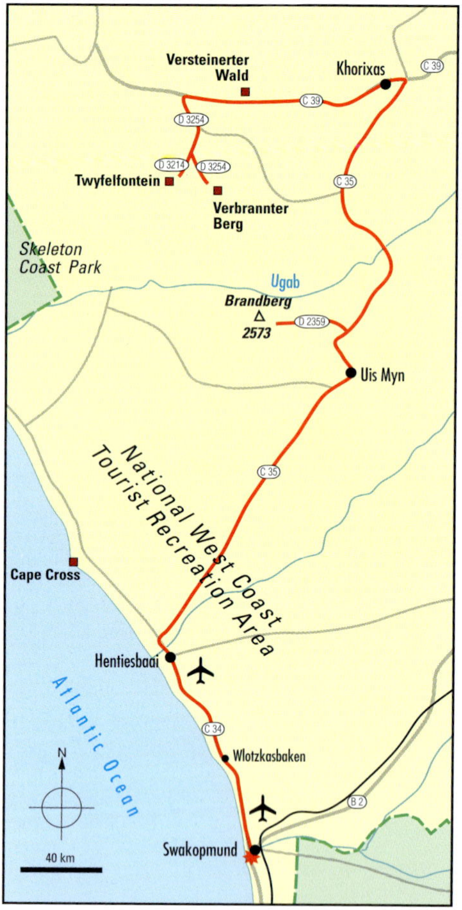

Eine von 45 000 am Brandberg dokumentierten Felszeichnungen

dass die etwa 40 Zentimeter große Figur einen jagenden Menschen männlichen Geschlechts in ritueller Bemalung darstellt, ist ihr doch der einem wissenschaftlichen Irrtum entsprungene Name geblieben.

Mit **Uis Myn** wird ein Bergbaustädtchen passiert, das seine Entstehung dem Vorkommen von Zinn und Wolfram verdankte. Nachlassende Rentabilität führte 1990 zur Schließung der Mine. Für die Menschen in Stadt und Umland hatte das erhebliche wirtschaftliche Probleme zur Folge, ein Schicksal, das sie mit vielen Bewohnern namibischer Industriestandorte teilen. Bei den Bewohnern der Region handelt es sich im Übrigen meist um **Damara**, eine der ältesten ethnischen Gruppen des Landes. Man nimmt an, dass sie von den aus dem Süden einwandernden Nama im Verlauf der vergangenen Jahrhunderte unterjocht wurden und auf diese Weise die eigenständige Kultur und Sprache verloren.

Durchs Damaraland geht es denn auch weiter: zunächst vorbei an **Khorixas** (= Khorichas), einer Stadt, die ihren Namen einem Busch verdankt, dessen Wurzeln traditionell der Zahnhygiene dienen, später durch eine Landschaft von rarer, wenn auch karger Schönheit. Bergwände brillieren in den unterschiedlichsten Braun- und Rottönen, wobei sie ihr reich gestaltetes geologisches Innenleben unverhüllt an den Tag legen. Weit weniger üppig zeigt sich allerdings die Vegetation, die – eine Folge der verbreiteten Dürre in der Region – nur wenige grüne Akzente setzt und sich allenfalls in Form der besonders häufigen *Mopane Aloen* präsentiert.

Wassermangel führte auch zur Aufgabe vieler Farmbetriebe, wie der von **Twyfelfontein**, die zwar eine Quelle auf ihrem Areal besaß, allerdings von so zweifelhafter Beständigkeit, dass diese Eigenschaft bei der Namensgebung berücksichtigt wurde. Zu einer touristischen Attraktion avancierte das Gelände indes durch die rund 2500 in Sandstein eingeritzten Tierdarstellungen, die hier gefunden wurden. Vor etwa 6000 Jahren sollen die ältesten dieser Kunstwerke entstanden sein, und sie belegen, dass sich die

Tierwelt Afrikas in den vergangenen Jahrtausenden nicht entscheidend verändert hat. Auch macht der Rundgang durch diese steinzeitliche Open-Air-Galerie deutlich, dass Beobachtungsgabe und Darstellungsvermögen der ethnisch nicht genau zu bezeichnenden Künstler höchste Bewunderung verdienen.

12. Tag: Twyfelfontein – Etosha National Park (ca. 360 – 500 km)

Route/Programm:

Zunächst Besichtigung des »Verbrannten Berges« und der »Orgelpfeifen« an der D 3254, dann über die C 39 Richtung Khorixas, ca. 45 km vor Khorixas Besichtigung des »Versteinerten Waldes«, danach weiter auf der C 39 Richtung Outjo (ab Khorixas Teerstraße/Möglichkeit eines Abstechers zur Vingerklip), in Outjo links auf die C 38 zum Andersson Gate des Etosha-Nationalparks.

Siehe auch die Karte zum 11. Tag auf Seite 176.

Service & Tipps: Der »Verbrannte Berg« wie die »Orgelpfeifen« liegen nah an der Twyfelfontein Lodge im Bereich der D 3254, während der »Versteinerte Wald« unmittelbar an der C 39 bzw. die »Vingerklip« ca. 20 km entfernt an der D 2743 liegt. Zum Lunch empfiehlt sich das Etosha Garden Hotel, 6 Otavi St., Outjo, ✆ 06 54/31 31 30. Bei der Einfahrt in den Etosha-Park durch das Andersson-Tor muss eine Gebühr von 80 N$ (Kinder unter 16 Jahren frei) und 10 N$ pro Pkw entrichtet werden, das Verlassen der Straßen oder der Fahrzeuge außerhalb der Rastlager ist im Nationalpark strikt verboten.

Im Park gibt es fünf Rastlager: Okaukuejo im Westen, Halali in der Mitte und Namutoni im Osten. Alle bieten neben Übernachtungsmöglichkeiten auch ein Restaurant, Laden, Swimmingpool und Tankstelle. Das Onkoshi und das neue Dolomite Camp bieten Chalets auf erhöhten Holzdecks mit wunderbarem Ausblick.

Beleuchtete Wasserlöcher für Tierbeobachtungen nach Einbruch der Dunkelheit gibt es nur in Okaukuejo und Halali. Interessant ist auch das kleine Museum in Okaukuejo, das über die Arbeit der Tierschützer und Wissenschaftler im Park informiert.

Der Vormittag steht noch ganz im Zeichen der geologischen Besonderheiten des Damaralandes, das mit dem »**Verbrannten Berg**« und den »**Orgelpfeifen**« zwei originelle und auffallende Gestaltungsformen der Natur ganz in der Nähe der Lodge bereithält. Die geologischen Prozesse, die zu den speziellen farblichen oder formalen Kuriositäten geführt haben, liegen Jahrmillionen zurück. Sogar rund 300 Millionen Jahre reichen die Ursprünge des »**Versteinerten Waldes**« (ca. 45 Kilometer vor Khorixas links der Straße) zurück, zwischen dessen zu Stein gewandelten Stämmen eine Reihe von *Welwitschia*, selbst seltene lebende Fossilien, wachsen. »Nur« schlappe 30 bis 15 Millionen sind hingegen seit der Entstehung der **Vingerklip** (Fingerklippe) vergangen. Damals führte der Ugab, in dessen Urstromtal der Felsfinger aufragt, Sand und Gesteinkonglomerate mit sich, die die Ebene füllten. Anhebungen der Erdoberfläche und folgende Erosionsprozesse gestalteten schließlich die weithin sichtbare, weil 35 Meter aufragende Felssäule.

Im weiteren Verlauf der Strecke wandelt sich die in aller schroffen Kargheit höchst pittoreske Landschaft zunehmend in relativ monotone, je nach Jahreszeit grüne oder gelblich braune Buschsavanne. Immerhin nimmt mit der Vegetation auch die Wahrscheinlichkeit zu, dass dieses Umfeld afrikanischen Wildtieren Nahrung und Zuflucht

bieten könnte. Was nicht verwunderlich ist, nähert man sich doch einem der großen Wildparks des Kontinents, dem **Etosha-Nationalpark**. Namensgebend für den Park, der mit 22 270 Quadratkilometern größer als Hessen ist, wurde die **Etosha-Pfanne** *(pan)* in seinem Zentrum. Staub flimmernd, knochentrocken, glühend heiß und sich scheinbar unendlich ausdehnend erinnert sie meisteils durch nichts an ihre Vergangenheit als Binnensee. Nur nach seltenen heftigen

Die Geier sind zur Stelle

Regenfällen verwandelt sie sich für kurze Zeit in eine flache Wasserlandschaft, die sich aber sehr schnell wieder in Luft auflöst, in die beständige Fata Morgana ferner Gewässer über der 6000 Quadratkilometer großen Fläche.

Entstanden 1907 als Wildschutzgebiet, weil man sich berechtigte Sorgen um den Fortbestand der großen Wildtierarten machte, die der Jagdleidenschaft europäischer Großwildjäger und Abenteurer vollständig zum Opfer zu fallen drohten, ist der Park heute Heimat (teilweise bedenklich) großer Populationen von Löwen und Elefanten, Leoparden und Gnus, Giraffen und Zebras sowie fast aller Antilopenarten. Besonders die derzeitigen Bestände an Löwen (ca. 500) und Elefanten (ca. 3000) erscheinen Fachleuten zu hoch, so dass eine der Hauptaufgaben der Ranger im Park darin besteht, durch präventive empfängnisverhütende Maßnahmen oder durch Umsiedlung von Tieren auf Wildfarmen und (im äußersten Fall) kontrollierten Abschuss das ökologische Gleichgewicht im Park zu erhalten.

Von Outjo kommend, erreicht der Reisende den Park am Andersson Gate, wo er sich mit dem nötigen Permit ausstatten muss und einen verbindlichen Verhaltenskodex zur Unterschrift vorgelegt bekommt. Zur eigenen Sicherheit und zum Schutz der Tiere wäre es nicht übel die Vorschriften nicht nur zu lesen, sondern nach Möglichkeit auch zu beachten. Auch ohne alle Reglementierung wird sich das Fahrverhalten bald nach Überschreiten der Parkgrenzen, spätestens beim ersten frischen Elefantendung auf der Straße ändern. Man kann nie sicher sein, wer oder was hinter der nächsten Kurve wartet. Und außerdem: Wildtiere sind Meister der Anpassung an ihre Umgebung. Wer ungeübt im Aufspüren ist, muss schon sehr genau hinsehen, wenn er sie entdecken will. Zu schade also, wenn man die Löwen im Gras unter einem Busch gar nicht wahrnehmen würde. Nur in einem Fall ist (angemessene) Eile geboten: kurz vor Sonnenuntergang. Bei einbrechender Dunkelheit werden die Tore der Rastlager geschlossen.

13. Tag: Etosha National Park – Etosha Aoba Lodge (ca. 150 km)

Route/Programm:

Der Teil des Parks, der der Öffentlichkeit zugänglich ist, erstreckt sich hauptsächlich entlang des südlichen Rands der Etosha Pan. Fährt man auf direktem Weg von West nach Ost und weiter zur Aoba Lodge, beträgt die Tagesstrecke 150 km, genügend Zeit also für Abstecher, bevor man durch das Von Lindequist Gate den Park verlässt und von der C 38 links zur Etosha Aoba Lodge einbiegt.

Service & Tipps: Übernachtung: Etosha Aoba Lodge, P.O. Box 1814, Tsumeb, © 067/22 91 00, www.etosha-aoba-lodge.com, eine kleine, ausgesprochen geschmackvoll eingerichtete und liebevoll geführte Lodge am Rand von Etosha, im Onguma Game Reserve, $$$.

Als der erste Game Ranger des Parks, De la Bat, 1953 in Okaukuejo seine Stellung bezog, musste er sich mit einem Kamelstall als Unterkunft begnügen. Das mag zwar zünftig klingen, entspricht aber weder heutigen Gepflogenheit noch dem Standard. Bungalows unterschiedlicher Größe und Ausstattung, teilweise mit direktem Blick auf das abends beleuchtete Wasserloch, Campingplätze (mit zum Teil fest installierten Zelten) und darüber hinaus all das, was man zu einer gut ausgebauten Infrastruktur zählt, findet sich inzwischen in allen drei Lagern. Folge davon ist: Man ist nicht nur dort, sondern ist auch in der Wildnis selten allein, so dass sie manchmal gar nicht mehr

so wild erscheinen mag. Diese Empfindung sollte nicht zu Übermut verleiten, denn Etoshas Tiere sind – auch wenn ihnen schon so manches Wesen in rollender Blechkiste über den Weg gekommen ist – zweifelsfrei und ohne Einschränkung ihren ursprünglichen Instinkten verhaftet.

Und sie leben nach ihren eigenen Regeln und Gesetzmäßigkeiten, denen man mit Glück und Ausdauer ein wenig auf die Spur kommen kann. Beispielsweise, indem man sich an einem Wasserloch postiert und auch längere Zeiten geduldigen Wartens, Schauens, Staunens in Kauf nimmt. Dann könnten zum Beispiel Zebraherden zum Greifen nah am Wagenfenster vorbeiziehen, ihren Durst stillen und, aufgereiht wie Perlen auf einer Schnur, wieder im Busch entschwinden. Es könnten Giraffen ihr angstvolles Ballett der Annäherung an das begehrte Nass aufführen, immer bereit zur Flucht und voller Furcht, weil sie ihre erhöhte Beobachtungswarte gegen eine extrem unsichere Trinkposition eintauschen müssen. Es könnten sich (gar keine Seltenheit) acht oder zehn unterschiedliche Tierarten um ein Wasserloch tummeln – in paradiesischer Gemeinschaft und unter strikter Wahrung einer klaren Rangordnung. Es könnte eine Herde von Elefanten zum ausgiebigen Bad versammelt sein, um sich schließlich unter lauten Trompetenstößen (im Wortsinn) aus dem Staub zu machen. Und vielleicht wartet im Schatten eines Busches auch ein Löwe auf seine Chance Beute zu machen oder einfach in artgemäßer Trägheit auf das Sinken der Sonne. Im Ostteil des Parks mit seinen größeren Tümpeln und entsprechender

Gepard im Etosha-Nationalpark

Fast zu schön, um wahr zu sein: Giraffen im nächtlichen Etosha-Park ▷

Am Rand der Etosha-Pfanne: Impala

Vogelpopulation lässt sich zudem (am besten mit dem Bestimmungsbuch in der Hand) »Jagd« auf eine Vielzahl unterschiedlichster Vogelarten machen. Nur wer über die Kleinsten der Kleinen, die Termiten, mehr erfahren möchte, der sollte frühzeitig am Nachmittag zur Aoba Lodge aufbrechen. Georg, einer der Besitzer, führt dort die Game Drives zum Sundowner-Picture-Point durch, und er ist ausgewiesener Experte in Termiten-Fragen.

14. Tag: Etosha Aoba Lodge – Okapuka Ranch (ca. 500 km)

Route/Programm (siehe Karte auf Seite 147):

Zunächst über die C 38 bis zur B 1, der man von da an über Tsumeb (ca. 25 km vor Tsumeb Möglichkeit eines Abstechers zum Otjikoto-See), Otavi, Otjiwarongo und Okahandja bis zur Abzweigung zur Okapuka Ranch folgt.

Service & Tipps: Ansehen sollte man in Tsumeb das Museum, Main Street, Mo–Fr 9–12, 15–18, Sa 9–13 Uhr (Spende erwünscht) und das Tsumeb Cultural Village, ein Freilichtmuseum, das über traditionelle Lebensformen informiert, Erwachsene 10 N$, Kinder 5 N$. Die Krokodilfarm in Otjiwarongo (Weg von der Hauptstraße aus ausgeschildert) zeigt afrikanische Reptilien, die man auf dieser Tour ansonsten nicht trifft, tägl. 9–17 Uhr, Eintritt 20 N$.

Interessant ist der Handwerkermarkt in Okahandja (direkt an der Straße); von historischem Interesse sind die Gräber der Herero-Führer an der Kirche in Okahandja. Übernachtung auf der Okapuka Ranch, ca. 30 km nördlich von Windhoek, links von der B 1 ab, Windhoek, ✆ 061/23 46 07, www.okapuka-ranch.com, eine aufwendig gestaltete Anlage mit beheiztem Swimmingpool, Tennisplätzen mit Flutlicht und Möglichkeit der Wildbeobachtung (inklusive Löwenfütterung), $$$.

Zwar streift die Route Namibias größte Industrieregion, doch lässt sich das während der Fahrt zu den Bergbaustädten **Tsumeb** und **Otavi** kaum ausmachen. Vielmehr erlebt man ringsum flaches Buschland mit Hinweisen auf landwirtschaftliche Nutzung. 450 bis 600 Millimeter jährlicher Niederschläge sorgen denn auch für akzeptable Anbaumöglichkeiten und brauchbaren Weidegrund. In vorkolonialer Zeit, als die Gegend zusätzlich noch ausreichend Jagdgründe bot, war sie verständlicherweise bevorzugtes Siedlungsgebiet, so dass sich Spuren von Damara, San, Ovambo und Herero nachweisen lassen. Zumindest eine dieser Volksgruppen, die Damara, wussten sogar schon mit den unterirdischen Schätzen umzugehen: Sie beherrschten die Kupfergewinnung und trieben mit ihren Erzeugnissen regen Handel.

Das wollte auch die deutsche Kolonialmacht. Kaum hatte man die reichen Erzvorkommen in der Nähe von Tsumeb entdeckt, ging es auch schon an den Ausbau von Minen und Transportwegen. Bereits 1907/08 brachten die Bodenschätze dem Deutschen Reich rund 1,3 Millionen Reichsmark Gewinn, und unter südafrikanischer Herrschaft expandierten Abbau, Verhüttung und Export derart, dass beispielsweise 20 Prozent des Weltbedarfs an Germanium hier gefördert wurden. Die sinkende Rentabilität der Förderung hat in den letzten Jahren allerdings zu zahlreichen Zechenschließungen geführt und reichlich sozialen Sprengstoff geschaffen.

Geschütze sehr konkreter Art lagerten zwischenzeitlich in den Tiefen des **Otjikoto-Sees** im Norden von Tsumeb. 1915 versenkte die Schutztruppe ihre Waffenbestände in diesem See, der, von der Natur als Höhle geplant, durch den Einsturz der Decke entstand. Es gibt außer ihm nur einen weiteren natürlichen See in Namibia: den

Handwerkermarkt in Okahandja

15 Kilometer entfernt liegenden Guinas-See. Die Geschütze gehören inzwischen zu den Exponaten des **Museums von Tsumeb**, das neben den Hinterlassenschaften aus kolonialer Zeit allerdings auch Gegenstände des

Die Bergbaustadt Tsumeb macht ihrem Ruf als »Gartenstadt« alle Ehre

traditionellen Lebens von San und Himba zeigt.

Bei der Weiterfahrt kann man im Bereich von **Otjiwarongo** in der Ferne die steilen Abbruchkanten des **Waterberg** erkennen. Das Bergplateau ragt rund 200 Meter aus der Ebene heraus und ist heute Heimstatt seltener bedrohter Tiere wie des weißen Nashorns. Darüber hinaus fand im Jahr 1904 zu Füßen des Berges die Entscheidungsschlacht zwischen den Herero und der deutschen Kolonialmacht statt. Bei der anschließenden Vertreibung in die Wüste durch die siegreichen Deutschen ließen schätzungsweise 60 000 Herero ihr Leben. Die Landschaft entlang der gesamten Strecke bis Windhoek präsentiert sich als Busch- oder Baumsavanne, gutes Weideland mithin. Dies war ein Grund dafür, dass es hier bereits in vorkolonialer Zeit zu erbitterten Kämpfen zwischen Herero und Nama um die Nutzung kam. Dessen ungeachtet ruhen heute einige der bedeutenden Führerpersönlichkeiten beider Gruppen Seite an Seite auf dem Friedhof von **Okahandja**. Der Ort erfreut sich bei Reisenden allerdings vor allem wegen des Holzschnitzermarktes großer Beliebtheit.

15. Tag: Okapuka Ranch – Windhoek (ca. 70 km)

Route/Programm:

Von der Okapuka Ranch auf die B 1, die nach Windhoek führt, von dort auf die B 6 Richtung Gobabis abbiegen, wo man nach ca. 40 km den Internationalen Flughafen erreicht.

Die Gestaltung des Tages hängt einerseits vom Abflugtermin, andererseits von den persönlichen Vorlieben ab. Fliegt man erst am Abend, so hat man die Wahl zwischen dem reichhaltigen Angebot der Okapuka Ranch an sportlichen Aktivitäten oder Tierbeobachtungen und einem weiteren Besuch Windhoeks.

Wenige Menschen, viel Landschaft: So er»fährt« man Namibia

2. Go South! Von Südafrikas »Goldstadt« zur »Mutterstadt«

Eine Mietwagenrundreise zu den klassischen Zielen Südafrikas

Auch wenn etwa zehn Breitengrade Ausgangs- und Endpunkt der Reise und somit die »Goldstadt« Johannesburg von der »Mutterstadt« Kapstadt trennen, geradewegs nach Südwesten führt die Route nicht. Am ersten Tag geht's sogar nordwärts in die Landeshauptstadt Pretoria, die mit Rücksicht auf aus der Zeit der Apartheid herrührende Animositäten in Tshwane umbenannt wurde. Nur das historische Zentrum trägt weiter den alten Namen Pretoria. Da das ehemalige Zentrum der Burenrepublik Transvaal auch heute noch die Stadt mit der stärksten burischen Prägung in Südafrika ist, schlugen die Wellen des Protestes hoch, und wahrscheinlich wird es noch lange dauern, bis sich der neue Name wirklich durchgesetzt hat. Die kleinste, aber bei weitem bevölkerungsreichste südafrikanische Provinz, Gauteng, wird am nächsten Tag Richtung Nordosten verlassen, wo die Panorama Route durch die Transvaal-Drakensberge, Teil des Randschwellengebirges, mit dramatischen Landschaftsszenerien vor allem im Bereich des Blyde River Canyon wartet.

»Heia Safari« heißt der Schlachtruf der folgenden Tage, in denen der Krüger-Nationalpark, einer der größten und bekanntesten Wildtierparks der Erde, im Wagen durchstreift wird. In der subtropischen Baum- und Grassavannenlandschaft ist die Chance, neben den Big Five (Löwe, Elefant, Leopard, Büffel, Nashorn) auch jede Menge anderer Tiere vor die Augen und vors Kameraobjektiv zu bekommen, ausgesprochen groß. Mit der sich anschließenden Fahrt quer durch das unabhängige Königreich Swaziland wartet ein weiteres Highlight: die Erfahrung eines von schwarzen Traditionen geprägten Staates.

Im südlich gelegenen Mkuzi Game Reserve mit seiner Vielfalt an unterschiedlichen Landschaftsformen steht alsdann die afrikanische Tierwelt wieder im Mittelpunkt des Interesses. Eine Fokussierung, die auch am folgenden Tag nicht aufgegeben werden muss: Im Hluhluwe-

Umfolozi-Park mit einer Population von fast 5000 Nashörnern erscheint eine Begegnung mit den inzwischen äußerst seltenen Schwergewichten beinahe unvermeidbar. Wen Wassertiere und -landschaften mehr reizen, kann alternativ den iSimangaliso Wetland Park, ein 332 000 Hektar großes Feuchtgebiet rund um den Lake St. Lucia, besuchen. Auf geführten Bootstouren lassen sich Büffel, Flusspferde und Krokodile beobachten.

Mit dem touristisch genutzten, aber authentischen Zulu-Kral Shakaland erreicht die Route das Gebiet eines der kriegerischsten und stolzesten Völker des Landes, der bantustämmigen Zulu. Ihren kulturellen wie handwerklichen Ausdrucksformen wird man während des Aufenthalts begegnen.

Von den Stränden der Fun- und Fersienstadt Durban bringt das Flugzeug die Reisenden in weniger als eineinhalb Stunden zum Zentrum der südafrikanischen Automobilproduktion, nach Port Elizabeth. Die Route führt nun entlang der Küste des Indischen Ozeans nach Westen, zunächst durch die subtropischen Urwälder der Tsitsikammaberge, die Teil des einzigartigen, weil die küstennahen Meeresregionen mit einschließenden Garden Route National Park sind. Mit Knysna, gelegen an einer Lagune, erreicht man den wohl schönsten Ort der legendären Garden Route.

Aus der Üppigkeit dieser küstennahen, subtropischen Welt geht es am nächsten Tag (wahlweise auf abenteuerlicher, aber bestechend schöner Strecke) in die trockene Kargheit der Kleinen Karoo, wo mit Oudtshoorn das Zentrum der Straußenzucht erreicht wird. Über Calitzdorp, Montagu und Worcester und damit durch die fruchtbare Üppigkeit des Breede River Valley stößt man alsdann in die Kapregion vor.

Nachdem man das Kap-Weinland mit seinen Hauptorten Stellenbosch, Franschhoek und Paarl, seinen Weingütern und ihren wunderschönen alten Herrenhäusern im kapholländischen Stil sowie das Angebot der hier produzierten Weine kennen gelernt und genossen hat, führt die Route zurück zu den Anfängen: in die »Mutterstadt« Kapstadt. Hier wartet das Wahrzeichen, der Tafelberg, auf seine Eroberung, lädt die Kaphalbinsel mit atemberaubenden Ausblicken und ihrer außergewöhnlichen Flora zum Besuch ein, und die Innenstadt mit ihren faszinierenden Häuserfassaden und der quirligen Umtriebigkeit in den Straßenschluchten verführt zu genussvoller Bewunderung. Sehr präsent erlebt man hier die Geschichte Südafrikas – vom ältesten Steingebäude, dem Castle of Good Hope, bis zum erschreckenden Sinnbild der Epoche der Apartheid, der Gefängnisinsel Robben Island.

Gesamtlänge der Reiseroute: ca. 2460 km (ohne Flugkilometer, Ausflüge, Abstecher, Nationalpark- und Städtetouren)

Reisedauer vor Ort: 15 Tage

Reisezeit: Südafrika kann ganzjährig bereist werden, und jede Jahreszeit hat ihre speziellen Reize. Für die eigene Planung sollte man jedoch einiges Grundsätzliche beachten: Am Kap muss man hauptsächlich zwischen April und September mit Regenfällen rechnen, in den übrigen Regionen zwischen November und März. Länger anhaltender Niederschlag ist aber die Ausnahme. Von Februar bis April fällt an der Küste wenig Regen, und die Temperaturen sind angenehm. In den Monaten des Südwinters Mai bis September verlieren die Bäume ihr Laub, was Tierbeobachtungen erleichtert. In höheren Regionen und am Kap kann es dann (besonders nachts) empfindlich kalt werden. Blühend zeigt sich das Land von Oktober bis November. Nicht empfehlen lässt sich die Zeit von Dezember bis Ende Januar, weil dies die Hauptferienzeit ist und der Besucherandrang überall im Land, besonders aber an den Stränden groß ist.

Route: Johannesburg – Pretoria (bzw. Tshwane); Pretoria (bzw. Tshwane) – Hazyview; Hazyview – Krüger National Park; Krüger National Park; Krüger National Park – Malelane; Malelane – Mbabane (Swaziland); Mbabane – Mkuze; Mkuze – Shakaland; Shakaland – Durban; Durban – Flug nach Port Elizabeth – Knysna; Knysna – Oudtshoorn; Oudtshoorn – Stellenbosch; Stellenbosch – Kapstadt; Kapstadt; Kapstadt – Kap der Guten Hoffnung; Kapstadt.

Eintrittspreise: Die Eintrittspreise für private Reservate und viele regionale Museen sind in den letzten Jahren beständig gestiegen und nach wie vor in Bewegung. Da es somit kaum möglich ist, exakte aktuelle Angaben zu machen, wird auf die Nennung von Eintrittspreisen verzichtet.

1. Tag: Johannesburg – Tshwane (ca. 55 km)

Route/Programm (rote Route):

Nach der Ankunft auf dem Internationalen Flughafen von Johannesburg und der Übernahme des Mietwagens auf der R 21 nach Tshwane (Pretoria), in dessen Stadtteil Hatfield (Standort des Hotels Tsogo Sun Garden Court Hatfield) die Straße mündet.

Service & Tipps: Das Tshwane Tourism Information Centre befindet sich in Pretoria am Church Square, ✆ 012/358 14 30; Voortrekker Monument & Museum, tägl. 8–17 Uhr; Paul Krüger Haus, 60 Church St., tägl. 8.30–17 Uhr; Melrose House, 275 Jacob Mare St./gegenüber Burgers Park), Di–So 10–17 Uhr. Übernachtung: Tsogo Sun Garden Court Hatfield, Pretoria, Pretorius & End Sts., ✆ 012/432 96 00, www.tsogosunhotels.com, $$$; neben den Restaurants im Hotel findet sich im gleichen Stadtteil das Il Bacio, Festival St., mit typisch italienischer Küche, $$.

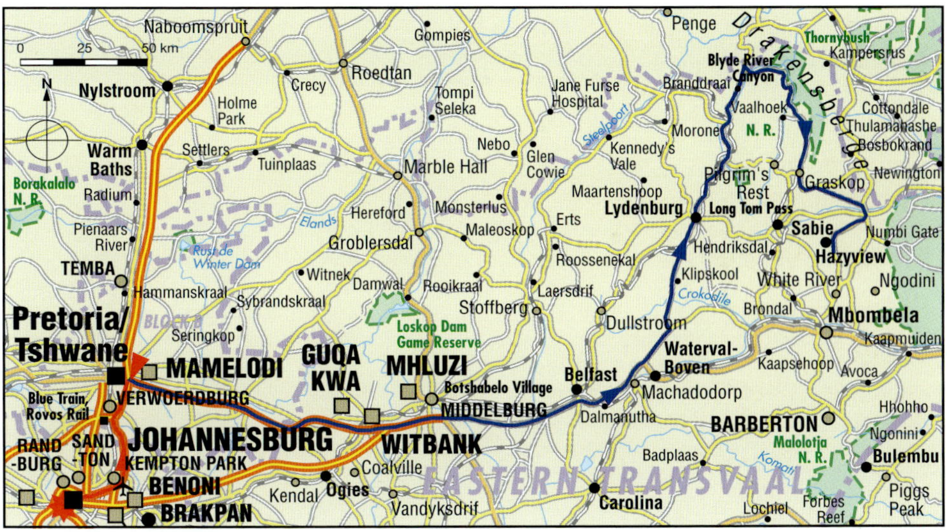

Fast jeder Südafrika-Tourist betritt **Johannesburger** Terrain, doch die wenigsten nehmen angesichts der hohen Kriminalitätsrate und der eindringlichen Warnungen vor Unternehmungen auf eigene Faust das Risiko auf sich, Afrikas drittgrößte Stadt näher zu erkunden. Auf acht Millionen wird die Einwohnerzahl der Megalopolis geschätzt – und dabei hat alles so wenig spektakulär begonnen. Noch 1886 gab es auf dem Gelände des heutigen Jo'burgs (wie die Stadt gemeinhin genannt wird) nichts anderes als vier Farmbetriebe. Der ländlichen Idylle war ein abruptes Ende beschieden, als der australische Wanderarbeiter George Harrison (nicht zu verwechseln mit dem *Beatle* gleichen Namens) im März einen Goldklumpen fand und seinen Claim daraufhin für lächerli-

Blick auf die Lichter von Tshwane: Die Union Buildings auf dem Meintjieskop

che zehn britische Pfund veräußerte. Ihm fehlte offensichtlich der richtige »Riecher«. Den bewiesen alsbald die Großen und Kapitalkräftigen im Minengeschäft (wie Cecil Rhodes), die das Land aufkauften und sich daran machten, die reichste je entdeckte Goldader abzubauen. Nicht eigenhändig, selbstredend, sondern mit Hilfe von Minenarbeitern, Schwarzen wie Weißen, die so ihr Stück vom goldenen Glück zu erhaschen hofften.

Ein buntes Gemisch von Rassen und Völkern braute sich bald in der Stadt zusammen, die schon 1889 zur größten in ganz Südafrika »explodiert« war. Ganz zum Verdruss von Paul Ohm Krüger, der zu jener Zeit als Präsident der Burenrepublik Transvaal vorstand und (nicht ohne Grund) um den Bestand der Unabhängigkeit seines Volkes bangte.

Er beobachtete das Geschehen rund um die Goldminen von Witwatersrand argwöhnisch von seinem nur rund 60 Kilometer entfernten Amtsssitz in **Tshwane** aus. Dorthin, hinaus aus dem Moloch Jo'burgs mit seinen glänzenden Hochhausfassaden und den Elendsquartieren seiner Townships, seinen sterilen Shoppingmalls, Industrieanlagen und Abraumhalden, aber auch fort von seiner explosiven, erschreckenden wie faszinierenden Lebendigkeit führt unsere Route – hin zu der gemäßigteren Gangart der burisch geprägten Verwaltungshauptstadt des Landes. Rund 1,9 Millionen Einwohner zählt das Zentrum, in dem die Fäden von Verwaltung, Erziehung, militärischer Organisation wie internationaler diplomatischer Präsenz zusammenlaufen.

Entstanden ist die Stadt in der Mitte des 19. Jahrhunderts, als die aus dem »Großen Treck« hervorgegangene Burengemeinschaft sich zu etablieren suchte und den Ort zu ihrer städtischen Zentrale erkor. Auch die Namensgebung enthielt ein Programm: Andries Pretorius, Held in der Schlacht am Blood River gegen die Zulu, wurde ein Denkmal gesetzt.

Der Weg dorthin führt vom Flughafen in Jo'burg durch die Gemeinde **Kempton Park**, die ihren Namen dem Heimweh eines aus dem Allgäu eingewanderten Deutschen verdankt: An voralpine Schönheit sollte erinnert werden. Was etwas zwanghaft erscheint, zeigt sich die Landschaft doch, soweit die relativ dichte Besiedlung ihr denn Raum lässt sich darzustellen, als hügelige, wenig spektakuläre Buschsavanne. Die Route führt übers Highveld, Teil des südafrikanischen Binnenhochlandes, das aus fast 1800 Meter Höhe in Johannesburg auf immerhin noch rund 1500 Meter in Tshwane abfällt.

Noch vor den Toren der Hauptstadt findet man das **Voortrekker Monument & Museum**, dessen Besuch dazu beitragen könnte, das Selbstverständnis der Buren zu erhellen. Erinnert wird an den legendären Sieg über die Zulu am Blood River im Jahre 1838. Wesentlicher Teil der 1938 erbauten Gedenkstätte ist eine Granitmauer, auf der im Relief 64 zum Verteidigungsring geschlossene Ochsenwagen dargestellt wurden.

Ansehen sollte man im Zentrum von Pretoria den **Church Square**, Herz und früher Kristallisationspunkt des Gemeinwesens, was sich noch heute an der Konzentration wichtiger Bauwerke ablesen lässt: Der **Old Raadsaal**, Sitz der Regierung in den Anfangsjahren der Burenrepublik, der 1898 fertig gestellte **Justizpalast** und das **Old Capitol Theatre** finden sich hier, allesamt überwacht von der Statue des »Old Lion«, wie Paul »Ohm« Krüger nicht ohne Hochachtung genannt wird. Mit großem Stolz betrachten Südafrikaner auch ihr jetziges Regierungsgebäude, die **Union Buildings**, 1913 auf dem Meintjieskop, einem Hügel außerhalb des Zentrums, in neoklassizistischem Stil errichtet. Zumindest wegen der guten Aussicht über die Stadt lohnt sich der Abstecher.

Wen es gleich am ersten Tag in Südafrika zu musealen Erlebnissen treibt, dem sei der Besuch des **Paul-Krüger-Hauses** empfohlen. Von 1883 an war es Heimstatt des burischen Präsidenten und spiegelt dessen Lebensstil und Persönlichkeit. Unter anderem wird auch das Messer gezeigt, mit dem Krüger nach einem Unfall mit Schusswaffen seinen Daumen selbst amputierte.

2. Tag: Tshwane – Hazyview (ca. 500 km)

Route/Programm (Karte S. 189, blaue Route):

Von Tshwane aus auf der N 4 Richtung Middelburg (Möglichkeit zum Besuch des Botshabelo-Freilichtmuseums, ca. 40 km hin und zurück plus 1 Std. Besichtigung), weiter auf der N 4 bis kurz hinter Waterval-Boven, danach auf die R 36 Richtung Lydenburg, weiter bis kurz hinter Branddraai, wo man rechts auf die R 532 einbiegt, von der aus die verschiedenen Aussichtspunkte auf den Blyde River Canyon in kurzen Abstechern erreichbar sind; von Graskop geht es dann über den Kowyn's Pass auf der R 535 und R 40 nach Hazyview.

Service & Tipps: Botshabelo South Ndebele Village und Mission, Middelburg, Freilichtmuseum der Ndebele-Kultur; Museum of Man, an der R 532 in Mogaba, tägl. 8.30–16 Uhr; Blyde River Canyon mit den spektakulärsten Aussichtspunkten Three Rondavels, Wonder View, God's Window; Bourke's Luck Potholes am Zusammenfluss von Blyde und Treur River; Harry's – The Pancake Bar, Louis Trichard & Kerk Sts., Graskop, lädt zu einer Tee- oder Kaffeepause mit Pfannkuchen ein; Übernachtung: Sabi River Sun, Hazyview, ✆ 013/737 73 11, Fax 013/737 73 14, www.tsogosunhotels.com, schönes, ruhiges Haus, $$$.

Das Programm des heutigen Tages sollte zu frühzeitigem Aufbruch veranlassen – nicht wegen der zu fahrenden Kilometer (die Straßen sind weitgehend gut ausgebaut), sondern wegen der Vielzahl der grandiosen landschaftlichen Highlights der Panorama Route, an denen man schließlich nicht nur vorüberrauschen möchte. Wahrscheinlich wird man der Aussicht auf solch außergewöhnliche Bergszenerien auch den Besuch des **Botshabelo South Ndebele Village** nahe Middelburg (mit den in farbenprächtigen geometrischen Mustern gestalteten Ndebele-Hütten und einem ansehnlichen Angebot typischer kunsthandwerklicher Arbeiten) opfern müssen, der immerhin fast zwei Stunden in Anspruch nehmen würde.

Die Route führt zunächst noch rund 200 Kilometer über das Highveld-Plateau nach Osten durch hügeliges Savannenland, um dann entlang des Gebirgszugs der **Drakensberge** (nicht zu verwechseln mit dem gleichnamigen Gebirgszug an der Grenze zwischen Lesotho und KwaZulu/Natal) nach Norden vorzustoßen. Er ist Teil des **Great Escarpment**, des Randschwellengebirges, das sich vor etwa 70 Millionen Jahren (etwa zur gleichen Zeit wie die Alpen) auffaltete. Die Gebirgszüge fallen nach Osten ab in das Lowveld, in die subtropisch heißen, wildreichen Küstenregionen. Der Höhenunterschied vom High- zum Lowveld kann mehr als 2000 Meter betragen, so dass speziell die Osthänge des Escarpment eine oft überwältigende Dramatik an den Tag legen.

Kurz nach dem Einbiegen in die R 532 erreicht man das Dorf Mogaba, wo sich das **Museum of Man** befindet. Archäologische Funde, darunter verschiedene Felsmalereien aus der Gegend, können hier besichtigt werden.

Meist wird jedoch das **Blyde River Nature Reserve**, in das man nur wenig später vorstößt, mit seinen zu erwartenden Naturschönheiten mehr verlocken. Allen voran der **Canyon des Blyde River**, dessen 700 Meter lotrecht abfallende Wände aus rotem Sandstein eine Schlucht von 25 Kilometern

Ndebele-Frauen vor einer mit typischen Mustern bemalten Hütte im Botshabelo South Ndebele Village

Die Drakensberge sind Teil des etwa 70 Millionen Jahre alten Great Escarpment

Länge einrahmen, in der sich das Wasser des Flusses zu einem See staut. Entstanden ist der Canyon durch das klimatische Gefälle zwischen High- und Lowveld. Warme und feuchte Luftmassen, vom Indischen Ozean kommend, steigen an den Felswänden des Escarpment auf, kühlen ab und entlassen ihre Feuchtigkeit in Form von Regen. Der wiederum sucht sich den Weg zurück ins tiefer gelegene Küstenvorland und entwickelt dabei aufgrund des großen Gefälles »steinerweichende« Kräfte. Niederschlagsmengen von durchschnittlich 2000 Millimeter jährlich hinterließen indes nicht nur nachhaltige Spuren im Gestein, sie trugen auch zur Üppigkeit der Vegetation mit ihren dichten Wäldern bei.

Außer Acht lassen sollte man auf keinen Fall die Aussichtspunkte **Three Rondavels** (gemeint sind Hügelkuppen, die von den Erosionskräften in Form von Rundhütten gestaltet wurden) im Nordteil des Canyon und im Süden **God's Window**, wo sich ein wahrhaft göttlicher Weitblick öffnet. Hinter den Rondavels ragt zudem die höchste Erhebung der Drakensberge auf, der 1944 Meter hohe **Mariep's Kop**. Dort, wo die Flüsse Blyde und Treur aufeinander treffen, hat die Kraft des Wassers nicht nur zur Bildung einer Schlucht geführt, sondern auch eine Reihe zylindrischer Strudelkessel, als **Bourke's Luck Potholes** bekannt, in das weichere Untergrundgestein gefräst. Die Namen der Flüsse, Treur (= Trauer) und Blyde (= Freude), stammen aus der Zeit des »Großen Trecks«. Der Trauer über die verschollen geglaubten Mitglieder eines Vortrupps, die man am ersten Flusslauf vergeblich erwartet hatte, folgte kurze Zeit darauf am zweiten Flusslauf die Freude über ihre glückliche Rückkehr.

Über den steil bergab führenden **Kowyn's Pass** führt die Route schließlich ins Lowveld nach **Hazyview**, ein hübsches Örtchen, das seinem Namen (= dunstiger Blick) nicht immer Ehre macht.

3. Tag: Hazyview – Krüger-Nationalpark

Route/Programm:

Von Hazyview über die R 569 zum Numbi Gate (Alternative: über die R 536 zum nördlicheren Paul Kruger Gate; siehe Karte 1. Tag), nach Erledigung der Eintrittsformalitäten Pirschfahrt durch den Park in Richtung des Camps, weitere Pirschfahrten am Nachmittag und während des nächsten Tages; vor Schließung der Tore (Nov.–Feb. 18.30 Uhr, März/April und Aug./Sept. bis 18, Mai–Juli bis 17 Uhr) muss am vierten Tag das Malelane Gate im Süden des Parks passiert sein, um das vor den Toren liegende Städtchen Malelane zu erreichen.

4. Tag: Aufenthalt im Krüger-Nationalpark – Malelane

Service & Tipps: Kruger National Park, Buchungen und Informationen: Head Office National Parks Board, P.O. Box 787, Pretoria 0001, ✆ 012/428 91 11, Fax 012/343 09 05, www.sanparks.org, Eintritt Erwachsene pro Tag R 204, Kinder R 102; Öffnungszeiten der Tore: Okt.–März ab 5.30 Uhr, April–Sept. ab 6 Uhr, die Schließungszeiten sind oben angegeben; Verhaltensvorschriften: Verboten ist das Verlassen der Fahrzeuge, die Fahrt in offenen Wagen und mit Motorrädern, das Mitführen von Schusswaffen sowie das Füttern und Stören der Tiere und das Verlassen der Straßen; die Höchstgeschwindigkeit beträgt 50 km/h auf Teerstraßen und 40 km/h auf Schotterpisten (zur eigenen Sicherheit unbedingt einhalten); die Schließung der Camps erfolgt bei Sonnenuntergang (aktuelle Zeiten erfragen!), Verspätungen werden mit empfindlichen Geldstrafen geahndet; Karten vom Park und Informationsbroschüren (v. a. das Büchlein *Find it* zur Tierbestimmung) kann man in den größeren Camps kaufen; Buchungen von geführten Tagesexkursionen und nächtlichen Game Drives (Erwachsene 110/245 R, Kinder 55/110 R) sollten im Voraus erfolgen. Übernachtung: am 3. Tag in einem Rest Camp im Park, gute Unterkünfte, Geschäfte, Tankstellen und Restaurants sind vorhanden; am 4. Tag in der Pestana Kruger Lodge, ✆ 013/790 25 03, www.pestana.com/hotels, in der Nähe des Malelane Gate gelegene, in schöne Gartenanlagen eingebettete, familienfreundliche Anlage, $$$.

Was für den Reisenden heute beim Besuch des Krüger-Parks ein Handicap darstellt, die herrschende Malaria-Gefahr in den feuchten Sommermonaten, hat ursächlichen Anteil an der Existenz des Reservats. Moskitos, Tsetsefliegen und die Bilharziose verursachenden Schneckenlarven in den Flüssen ließen alle Versuche einer Besiedlung der Region scheitern. Nur die San-Buschleute zogen in den trockenen Wintermonaten jagend und sammelnd durch das Lowveld, aber – wie es ihrer Lebensart entspricht – ohne die Natur zu verändern oder zu gestalten, allenfalls Felszeichnungen hinterlassend. Erst das Jagdfieber der europäischen Abenteurer, die in der zweiten Hälfte des 19. Jahrhunderts die Trockenzeiten nutzten, um des gewinnträchtigen Elfenbeins habhaft zu werden, begann den Wildbestand nachhaltig zu gefährden. Dem trat der Volksrat von Transvaal entschlossen entgegen, indem er ein Jagdverbot zwischen Sabie- und Crocodile-Fluss durchsetzte und 1889 mit Unterstützung des damaligen Präsidenten Krüger

Etwa 12 000 Elefanten leben im Kruger National Park

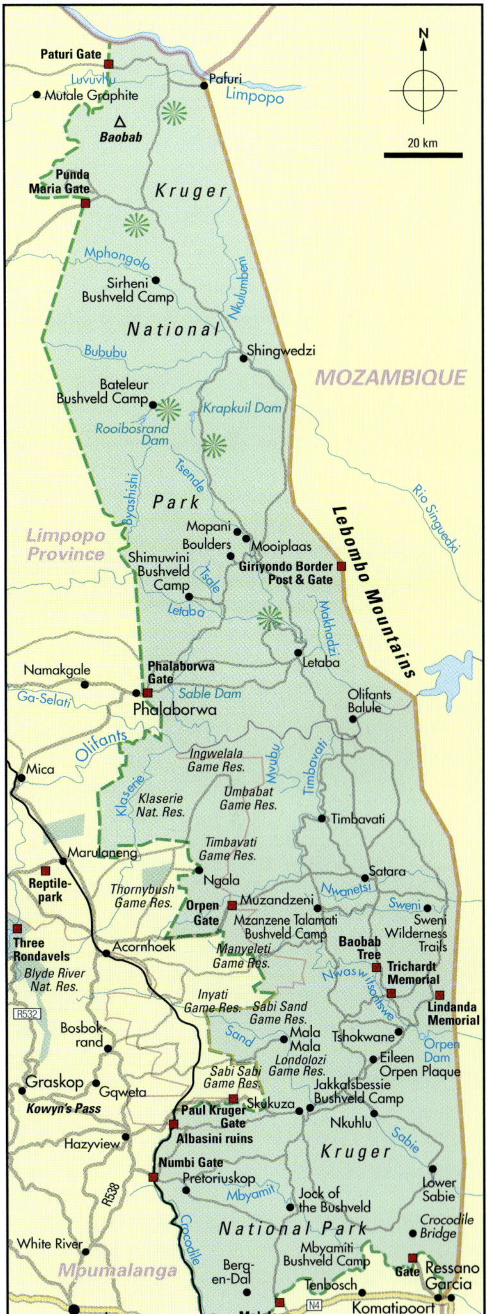

das Sabie-Reservat zum Naturschutzgebiet erklärte. 1903 wurde das Areal dann erheblich erweitert und 1926 in **Kruger National Park** umbenannt.

Der erste Kurator (Chief Warden) James Stevenson-Hamilton vertrat bis 1946 vehement die Interessen des Naturschutzes und gilt heute als »Vater des Krügerparks«. »Skukuza«, Saubermacher, nannten seine wenigen Mitarbeiter vom Stamm der Shangaan ihn wegen seines rigorosen Kampfes gegen die Wilderei. Das Ergebnis dieses Lebenskampfes kann sich jedenfalls sehen lassen: Mit fast 20 000 Quadratkilometern (etwa die Größe von Rheinland-Pfalz) ist der Krügerpark bereits heute eines der größten Tierreservate der Welt. Geplant ist in den nächsten Jahren eine schrittweise Erweiterung auf ca. 100 000 Quadratkilometer – durch die Öffnung der Grenzen auf Seiten Mosambiks zum Limpopo National Park und auf Seiten Simbabwes zum Gonarezhou National Park. Great Limpopo Transfrontier Park heißt Afrikas größtes Naturreservat.

Gemeinsam ist den heute aus aller Welt Anreisenden der Wunsch, möglichst viele der hier beheimateten Tiere in ihrem natürlichen Umfeld zu beobachten. Die Chancen dazu stehen nicht schlecht: 147 Säugetierarten, 507 Arten von Vögeln, 114 unterschiedliche Reptilien, 34 Amphibienarten und 49 Spezies von Fischen wurden registriert, und gerade die Populationsgrößen der *Big Five*, Löwen (ca. 1500), Elefanten (ca. 12 000),

Der weiten Grasebenen wegen bevorzugen Zebras den Südosten des Krüger-Nationalpark

Leoparden (ca. 1000), Büffel (ca. 2500) und die vom Aussterben bedrohten Breit- wie Spitzmaulnashörner in erklecklicher Zahl (ca. 5000), scheinen das erwünschte Wildlife-Erlebnis nachgerade zu garantieren. Hinzu kommt das exzellent ausgebaute Netz von Straßen (fast 2000 Kilometer, davon rund 700 Kilometer Teerstraßen), das das Tierparadies weiträumig erschließt.

Doch die Wildnis – auch die nachhaltig erschlossene – bleibt letztlich unkalkulierbar, und das macht schließlich ihren Reiz aus. Zum großen Afrika-Erlebnis braucht es vor allem Glück und Geduld. Auf Ersteres kann man hoffen (mit Nachfragen bei den Rangern nach den derzeitigen Gepflogenheiten der Tiere und der vorzugsweisen Benutzung der Schotterpisten lässt sich nachhelfen), Letzteres lässt sich erlernen. Die Anzahl der zurückgelegten Kilometer erhöht keineswegs die Aussichten auf spektakuläre Begegnungen. Nur bei geringer Geschwindigkeit kann man die Tiere im Busch auch ausmachen, und oft erweist es sich sogar als besonders günstig, ruhig in der Nähe eines Wasserlochs im Auto der Dinge (und Tiere) zu harren. Besonders geeignete Zeiten zur Tierbeobachtung sind der frühe Morgen bis etwa 10 Uhr und der Nachmittag, denn in den heißen Mittagsstunden ziehen sich die meisten Tiere in den Schatten und Kühlung versprechenden Busch zurück.

Als hilfreiche Voraussetzung für Tierbeobachtungen dient zudem die Kenntnis der unterschiedlichen Vegetationsformen in Abhängigkeit zu den geologischen Voraussetzungen, der Höhenlage wie der Niederschlagsmengen. Die südwestliche Region zwischen Olifants und Crocodile River verzeichnet mit 700 Millimetern jährlich die höchste Regenmenge. Zahlreiche Bäume wachsen hier, darunter viele Schirmakazien, und ein Gras, das von Nashörnern und Büffeln, nicht aber von Antilopen bevorzugt wird. Auch Großkatzen, die naturgemäß die Nähe der Antilopenherden suchen, lassen sich hier seltener finden. Diese, Katzen wie Antilopen, aber auch Zebras, Gnus, Giraffen und Nashörner – ziehen die weiten Grasebenen des Südostens, locker bestanden mit Dornakazien und Marulabäumen, vor. Nördlich des Olifants River, wo die Niederschläge auf 500 Millimeter jährlich sinken, gedeihen besonders Mopanebäume, deren Blattwerk mit Vorliebe von Elefanten verspeist wird. Große Herden der grauen Riesen wandern auf Futtersuche durch diese Region, wo daneben auch die großen Antilopenarten (wie Elenantilopen) anzutreffen sind. Wer Flusspferde, Krokodile und natürlich auch den Vogelreichtum des Parks bewundern möchte, wird die Ufer eines der zahlreichen Flüsse aufsuchen. Will man hingegen das ein oder andere nachtaktive Tier zu Gesicht bekommen, hat man die Möglichkeit, sich einer geführten Pirsch in der Dunkelheit anzuschließen. Angesichts solcher Vielfalt von Ökosystemen und von Möglichkeiten, sie sich zu erschließen, dürften spektakuläre Begegnungen mit Afrikas *wildlife* fast unvermeidlich auf dem Programm stehen. Machen Sie sich also auf: Heia Safari!

5. Tag: Malelane – Mbabane (ca. 200 km)

Route/Programm (Karte S. 198, rote Route):

Von Malelane auf der R 570 bis zum Grenzübergang Jeppe's Reef/Matsamo, dann auf der MR 1 über Pigg's Peak bis zur MR 3, die rechts zur Glasfabrik in Ngwenya, links zur Landeshauptstadt von Swaziland, Mbabane, führt.

Service & Tipps: Die Ngwenya-Glasfabrik, Ngwenya, öffnet ihre Ausstellungsräume 8–16 Uhr; in den Endlotane Studios, in direkter Nachbarschaft zur Glasfabrik, werden Mohairteppiche produziert und verkauft; Infomationen über Swaziland allgemein und Mbabane speziell erhält man im Swaziland Tourism in Mbabane am Swazi Plaza, am Western Distributor (liegt am Weg zum Hotel), ✆ 02 68/24 04 96 93; die Währung des Swazilandes, *the lilangeni* (Plural: *emalangeni*), ist an den südafrikanischen Rand gebunden, der meist auch akzeptiert wird; Umtausch bei Barclay's Bank, Swazi Plaza und Allister Miller St., oder The Standard Chartered Bank, 21 Allister Miller St.; vor der Ausreise aus Swaziland sollte man *emalangeni* unbedingt zurücktauschen, da sonst der Rücktausch schwierig wird; Übernachtung: Lugogo Sun, Old Mbabane/Manzini Main Rd., Ezulwini Valley, ✆ 02 68/241 65 00 00, www.suninternational.com, $$$. Gehobene Klasse mit Bar (Lunch) und gutem Restaurant (Frühstück und Dinner). Als Restaurant ebenfalls empfehlenswert: Calabash Continental, ✆ 02 68/24 16 11 87, mit deutscher und Schweizer Küche; The 1st Horse Restaurant, ✆ 02 68/24 16 11 37, wo man ausgezeichnete Curries und wunderbare Desserts serviert (beide Restaurants liegen in unmittelbarer Nähe des Hotels).

Sehenswert ist der Swazi Market am Südende der Allister Miller St., wo hauptsächlich einheimisches Kunsthandwerk angeboten wird (Spezialität: bedruckte Stoffe und Teppiche); das National Museum (an der Querverbindung zwischen MR 103 und MR 3) bietet einen eindrucksvollen Überblick über die Kultur der Swazi, Mo–Fr 9–15.45, Sa/So 10–15.45 Uhr, Eintritt Erwachsene 10 R, Kinder 3 R; Einblick in traditionelle Lebensweise vermittelt auch das Swazi Cultural Village, Ezulwini Valley, ✆ 02 68/24 16 11 78, tägl. 8–17 Uhr, Tanzvorführungen 11.15 und 15.15 Uhr; Richtung Malkerns (ca. 10 km vom Hotel) befinden sich weitere Kunsthandwerkerzentren: Gone Rural, spezialisiert auf Körbe und Matten, und Swazi Candles and Tishweshwe Crafts, spezialisiert auf Kerzen.

Mehr als bloße Grenzbarrieren trennen das Swaziland von der Südafrikanischen Republik. Erklärt werden die offensichtlichen Unterschiede meist mit dem Fehlen jeglicher Apartheidserfahrung und dem daraus resultierenden zwangslosen Umgang der Menschen miteinander. So sehr das auch zutreffen mag, so ist es doch nur eine Ursache in einem historisch begründeten Ursachengeflecht. Die zu den Bantu-Stämmen gehörenden Swazi wanderten im 18. Jahrhundert in Südafrika ein, wo sie das von ihnen beanspruchte Gebiet mit Hilfe britischer und burischer Unterstützung gegen die Zulu behaupten konnten. Die 1881 garantierte Unabhängigkeit existierte allerdings nur formal und konnte erst 1968 unter dem Swazi-König Sobhuza II. faktisch durchgesetzt werden. Dazu waren Zugeständnisse an britisches Demokratieverständnis nötig, die allerdings bereits 1973 wieder rückgängig gemacht wurden. Als Begründung führte der König (bis 1982 regierte Sobhuza II.) die Unvereinbarkeit dieses westlich orientierten politischen Systems mit der Kultur der Swazi ins Feld. So wurde das Land, was es bis heute (unter seinem König Mswati III.) geblieben ist: eine autokratische Monarchie mit machtpolitisch unbedeutendem demokratischen Dekor. Traditions- wie Selbstbewusstsein drücken sich indes nicht nur im politischen System, sondern auch in der Haltung der Swazi ganz allgemein aus.

Landschaftlich unterscheidet sich das 17 364 Quadratkilometer kleine Ländchen (vergleichbar mit Sachsen) indes kaum vom südafrikanischen Umland. Von West nach Ost gliedert es sich in das Highveld mit bis zu 1800 Meter aufsteigenden Gipfeln, das auf 500 bis 1000 Meter abfallende Middleveld, den Hauptsiedlungsraum, das 150 bis 500 hohe Lowveld mit Savannenlandschaften, unterbrochen von künstlich bewässerten Zuckerrohrplantagen, und die Lebombo-Berge, die, nach Osten steil abfallend, die Grenze zu Mosambique bilden. Allenfalls die Vielzahl kleiner Farmen (75 % der Bevölkerung leben von der Landwirtschaft) prägt das Landschaftsbild auf eine Weise, die für Südafrika ansonsten untypisch ist.

Die Tagesroute führt durch die hügelige, teilweise bewaldete Bergwelt des Highveld und hält schöne Ausblicke bereit. Vorbei am ehemaligen Goldgräberstädtchen (heute Zentrum der Holzverarbeitung) **Pigg's Peak** und entlang der Grenze des **Malolotja Nature Reserve**, zu dessen Schätzen neben Savannentieren und reicher Flora auch die ältesten Sedimentgesteine der Erde, auf ein Alter von 3,5 Milliarden Jahre(!) datierte fossile Algen und die mit fast 45 000 Jahren wahrscheinlich älteste Mine gehören, geht es zum »Mswati III-Highway« (MR 3). Hier mag man entscheiden, ob man den kurzen Abstecher rechts nach **Ngwenya** unternimmt, um der dortigen Teppichweberei und der Glasfabrik, wo ausschließlich gesammeltes Altglas als Rohstoff verwendet wird, einen Besuch abzustatten. Die Alternative wäre sich direkt links in Richtung **Mbabane**, der Landeshauptstadt, zu halten. Der Name der Stadt (gesprochen: Mba-baa-nay) leitet sich

Abendstimmung im noch heute von Südafrika unabhängigen Königreich von Swaziland

ab vom Chief Mbabane, dessen Aufgabe es Ende des 19. Jahrhunderts war, über die Viehbestände des Königs zu wachen. Er tat dies mit solchem Pflichtbewusstsein, dass sein Name noch heute in der Si-Swati-Sprache dem Begriff »scharf« entspricht. Rund 50 000 Einwohner zählt Mbabane. Die meisten Plätze von touristischem Interesse (z.B. der Swazi Market) befinden sich im Bereich der Allister Miller Street bzw. der Plaza Mall (OK Road) und des Western Distributor, der ins **Edzulwini Valley** führt. Das Tal, auch Royal Valley genannt, ist Heimat der königlichen Familie. Der königliche Kraal und die meisten Regierungsgebäude befinden sich in **Lobamba**, sind aber leider für die Öffentlichkeit nicht zugänglich. Um über Leben und Kultur der Swazi mehr zu erfahren, muss man sich im Museum oder Swazi Cultural Village umsehen oder ganz einfach einen Spaziergang über den Markt in Mbabane machen. Eins ist jedenfalls sicher: So schwarz war Afrika an keinem Ort der bisherigen Route.

6. Tag: Mbabane – Mkuze (ca. 190 km)

Route/Programm (Karte S. 198, blaue Route):

Vom Hotel aus folgt man der MR 103, bis sie in Matsapha wieder auf die MR 3 stößt, rechts ab durch Manzini, in Hhelehhele der MR 8 folgen, die über Big Bend und Nsoko zur Grenzstation Lavumisa/Golela führt, von wo nach wenigen Kilometern die N 2 Richtung Durban erreicht wird, auf der man nach ca. 35 km Mkuze erreicht.

Service & Tipps: Mkuzi Game Reserve, geführte Wanderungen und Nachtfahrten sind möglich, www.kznwildlife.com; Übernachtung: Ghost Mountain Inn, © 035/573 10 25, Fax 035/573 13 59, www.ghostmountaininn.com.za, ein sehr ansprechendes Hotel, $$$.

Der größte Teil der Route führt durch die Mitte und den Südosten des Swazilandes und vermittelt so einen Eindruck von den unterschiedlichen Landschafts- und Besiedlungsformen des kleinen Staates. Mit **Manzini** erreicht man die größte städtische Ansiedlung und den wirtschaftlichen Mittelpunkt. Der Swazi-Name bedeutet übersetzt »am Wasser gelegen« und bezieht sich auf den nahen Mzimneni River. Zwischenzeitlich nannte die Ansiedlung sich nach einem gewissen Albert Bremer, der hier ein Gasthaus betrieb, »Bremersdorp« und erlangte unter dieser Bezeichnung sogar den Status einer Landeshauptstadt. Diese wurde jedoch gegen Ende des Burenkrieges fast vollständig zerstört, und das klimatisch angenehmere Mbabane stieg in den Rang auf. Heute bietet die seit 1960 wieder Manzini benannte Stadt wenig Sehenswertes – bis auf den donnerstags und freitags stattfindenden Markt, auf dem die Landbevölkerung ihre Handwerksprodukte anbietet.

Weiter geht es entlang des **Mkhaya Game Reserve**, eines privaten Reservats, das nur nach vorheriger Anmeldung und ausschließlich mit den Parkfahrzeugen befahren werden kann. Der Besuch würde sich sicher lohnen, wenn man einen Tag dafür verwenden könnte, denn neben Antilopen gibt es hier die inzwischen raren Spitzmaulnashörner.

Beim Städtchen **Big Bend** macht nicht nur die Straße eine Wendung nach Süden, sondern auch der Lusutfu River. So verlockend Flussbetten hier oft auch sein mögen (und sei es nur, um dort ein Foto zu schießen), sie bergen nicht geringe Gefahr: Im seichten Wasser lauern Krokodile, und auch die

Schlangen der Gegend, Puffotter, Schwarze Mamba und Speikobra, haben es in sich – schnell wirkendes Gift nämlich. Gar nicht zu reden von der Bilharziose-Gefahr, die von den Wurmlarven im Schlamm ausgeht.

Die Landschaft dieser südöstlichen Region bezieht ihren speziellen Charme aus dem Zusammenspiel von weiten Zuckerrohrfeldern in der Ebene des Lowvelds und den Hügeln der Lebombo-Berge im Hintergrund. Der im Swaziland angebaute Zucker gilt als der beste des südlichen Afrika, was nicht zuletzt dem beständigen Wasserzufluss aus den nahen Bergen zu verdanken ist. Produziert wird hauptsächlich für den Export, sodass Zucker (zusammen mit Holzprodukten) eine der wichtigsten wirtschaftlichen Säulen des Landes ist.

Nach Passieren der Grenze bei Lavumisa/Golela dominieren auf südafrikanischer Seite Sisalplantagen, eingebettet in weite Savannenlandschaft mit Schirmakazien. Durch diese Szenerie führt die gut ausgebaute N 2 bald in den Ort **Mkuze**, der sich im Bereich des Ghost Mountain in seinem Süden eines von den Ndwandwe bevorzugten Begräbnisplatzes zu rühmen weiß. Dass man von unheimlichen Licht-Erscheinungen, begleitet von gespenstischen Klängen in dieser Region munkelt, muss indes nicht beunruhigen – wenn man guten Gewissens ist.

Zum Besuch des 18 Kilometer außerhalb liegenden, 36 000 Hektar großen **Mkuzi Game Reserve** bedarf es solcher Voraussetzung nicht. Dazu genügt der Erwerb einer Wegekarte, die im Rangerbüro erhältlich ist. Das Pistennetz beträgt insgesamt rund 80 Kilometer und erschließt sehr unterschiedliche Landschaftsformen: teilweise üppige Urwaldstreifen im Bereich des Flüsschens Mkuzi, offene Schirmakaziensavanne und trockene Pfannen im Süden. Der Tierreichtum ist beträchtlich, und wenn auch leider Löwen und Elefanten fehlen, so kann man doch auf Begegnungen mit Spitz- wie Breitmaulnashörnern hoffen. Auch das Vogelbestimmungsbuch sollte man beim *Game Drive* nicht vergessen, denn rund 400 Arten, darunter sehr rare, wollen unterschieden und benannt sein. Erleichtert wird die Tierbeobachtung durch die Existenz von sechs *Hides*, versteckten Ansitzen, von denen aus sich vielleicht mit dem nötigen Glück die spektakulärsten Wildbeobachtungen des Landes machen lassen. Empfehlenswert sind vor allem die Ansitze »Bube« und »Masinga«. Empfehlenswerter möglicherweise noch die Teilnahme an einer Fußpirsch in Begleitung eines Rangers, der die Besucher nicht nur zu den besten Stellen des Parks führt, sondern auch mit interessanten und wissenswerten Details versorgt.

Das Mkuzi Game Reserve bietet eine vielfältige Tierwelt

7. Tag: Mkuze – Shakaland (ca. 180 km)

Route/Programm:

Drei Alternativen stehen für die Routen-/Programmgestaltung zur Wahl:

1. **Fahrt von Mkuze auf der N 2 bis zur Ausfahrt Hluhluwe, von da zum Hluhluwe Game Reserve (Memorial Gate), nach Pirschfahrten wird der Park durch das südöstliche Mambeni Gate verlassen, von wo man über die R 618 die N 2 erreicht, auf der man bis Gingindlovu fährt, weiter auf der R 66 bis Eshowe, wo man in die R 68 nach Shakaland abbiegt.**
2. **Auf der N 2 bis Mtubatuba, dann auf der R 618 bis zum Lake St. Lucia, von wo aus Bootstouren durch die ausgedehnten Feuchtgebiete durchgeführt werden; danach über die R 618 zurück zur N 2 und von Gingindlovu aus weiter wie oben.**
3. **Wer auf Pirschfahrt und Bootstrip verzichten möchte, fährt auf direktem Weg über die N 2 bis Gingindlovu und von dort nach Shakaland, wo die täglichen Darbietungen der »Nandi Experience« um 11 oder 12 Uhr beginnen.**

Service & Tipps: Preisgünstig erwirbt man kunsthandwerkliche Produkte bei Ilala Weavers in Hluhluwe; Hluhluwe-Umfolozi Game Reserve, im Sommer 5–19, im Winter 6–18 Uhr, 120 R, Eintritt, Buchung von geführten Touren über: Ezemvelo KZN Wildlife Reservation Office, P.O.Box 13069, Cascades, 3202, ✆ 033/845 10 00, Information ✆ 033/845 10 02, www.kznwildlife.com; Bootstrip mit der »Santa Lucia« durch das Feuchtgebiet Lake St. Lucia, Mtubatuba Rd., Abfahrt tägl. 8, 10.30, 14.30 Uhr; Crocodile Centre, 2 km nördlich von St. Lucia Resort, bietet Informationen über das Ökosystem der Wetlands und Krokodile, von denen einige hier gehalten werden, tägl. 7–17.30 Uhr; sehr schönes Kunsthandwerk bietet Vukani Association Shop, 13 McKenzie St., St. Lucia Resort; Shakaland, Eshowe 3815, ✆ 035/460 09 12, http://shakaland.ahagroup.co.za, als Kulisse für einen Film entstanden, zeigt die Anlage doch recht authentisch die Lebensweise der Zulu, tägl. Vorführungen, z. B. Nandi Experience, 11 oder 12 Uhr; Tanzdarbietungen am Abend; Übernachtung in Hütten, die auf Zulu-Art gebaut sind, aber über eigene Dusche und WC verfügen und auch ansonsten jeden Komfort bieten, $$$.

Der **Hluhluwe-Umfolozi Park** (Hluhluwe spricht man: *Schlu-schluwe*) gilt manchem Insider als absolutes Südafrika-Highlight. Der Tierreichtum und die Artenvielfalt sind frappierend, hat man doch die Chance neben Löwen, Elefanten, Büffeln, Zebras, Giraffen, Flusspferden und vielen Antilopenarten auch Geparde, die äußerst seltenen Hyänenhunde und viele (!) Nashörner zu sehen. Eine Population von 1600 Breit- und 350 Spitzmaulnashörnern kann wahrlich kaum ein anderer Park aufweisen. Hinzu kommt, dass die Landschaft außerordentlich abwechslungsreich und reizvoll ist. Offene Täler auf Lowveld-Niveau (60 Meter) wechseln mit bis auf 600 Meter sich rundenden Hügeln, Gras- und Savannenland mit dichtem Busch und Waldstücken. Mehrere Flussläufe durchziehen das Gelände und stellen die Lebensgrundlage für eine recht spezielle Fauna und Flora. Auf rund 100 Kilometern Straße kann man dieses Areal, bestehend aus ursprünglich zwei Wildreservaten (Hluhluwe und Umfolozi), mit dem

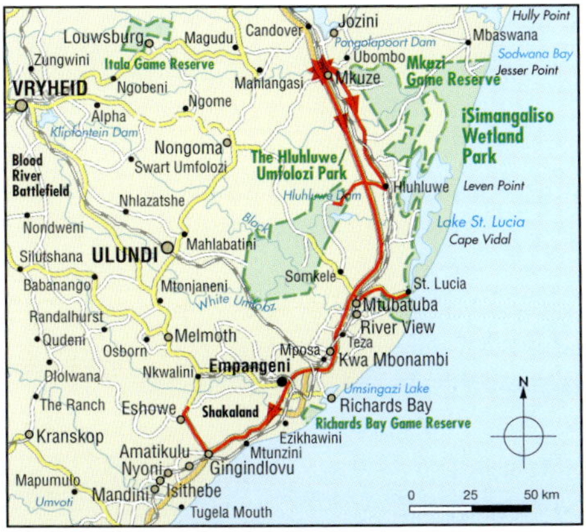

Auto »erfahren« und sogar, was in den Parks die Ausnahme ist, auf einem ausgeschilderten Weg (Mbhombe Trail im Hiltop Camp) ohne Begleitung erwandern. Geführte Wanderungen werden ebenfalls angeboten, müssen aber im Vorfeld gebucht und bezahlt werden.

Trotz der Attraktivität des Wildparks fällt die Wahl an diesem Tag schwer, denn auch die Alternativen sind verlockend. Der **iSimangaliso Wetland Park** ist mit 80 Kilometer Länge nicht nur ein riesiges Feuchtgebiet, er vereint auch eine ganz ungewöhnliche Vielzahl von unterschiedlichen Ökosystemen. Neben dem St.-Lucia-See mit seinen Ufergebieten findet man weite Sumpflandschaften und die vom Meer geprägte Küstenzone, und alle locken nicht nur mit ihren landschaftlichen Reizen, sondern auch mit ihrer besonderen Tierwelt. Büffel, Flusspferde und Nashörner durchstreifen die feuchten Uferzonen, Krokodile dösen scheinbar teilnahmslos an den Ufern, Sumpf- und Wasserschildkröten lassen sich beobachten, und während des Südwinters verirrt sich auch schon mal ein Buckelwal an die Küste. Bis auf den Wal kann man sie (mit dem üblichen Glück) alle bei einem geführten Bootstrip sehen. Nur eines sollte man unterlassen: Schwimmen kann in den Wetlands lebensgefährlich werden!

Wie immer die Entscheidung für die Tagesgestaltung ausfallen mag, die Strecke führt am Ende in das Herz des **Zululandes** mit seinen in sattem Grün sich wellenden Hügeln und seinen traditionellen Dörfern der KwaZulu. *Zulu* (= Himmel) nannte sich einstmals ein Häuptling dieses kriegerischen Bantuvolkes, und als *abakwazulu* (= die Leute des Zulu) wurden seine Untertanen bezeichnet. Der Name überdauerte die Jahrhunderte – wie die Traditionen und das vom Stolz geprägte Selbstverständnis der Zulu selbst überdauerten.

Einen Eindruck davon wird man in **Shakaland** gewinnen, dem zwar touristisch geprägten, aber trotzdem absolut authentischen Zulu-Kraal. Er trägt den Namen eines der berühmtesten und berüchtigsten Könige (besser: *inkosi)* der Zulu. Shaka, Spross einer von den Stammesältesten unerwünschten Beziehung zwischen dem 1785 an die Macht gelangten *inkosi* Senzangakhoma und Nandi (= die Süße), konnte sich nach dem Tod des verhassten Vaters gewaltsam durchsetzen und sich 1816 zum neuen König machen. 80 000 Krieger soll er befehligt und in ungezählte Schlachten geführt haben, was die Unterwerfung vieler benachbarter Stämme zur Folge hatte. Sein despotisches Regiment endete in blutrünstigem Wahnsinn. 1828 ermordete ihn sein Halbbruder Dingane.

Zulu-Frau im Zulu-Kraal Shakaland

8. Tag: Shakaland – Durban (ca. 180 km)

Route/Programm:

Von Shakaland zurück über die R 68 nach Eshowe, dann über die R 66 bis Gingindlovu, wo man die N 2 erreicht, die geradewegs nach Durban führt.

Service & Tipps: Informationen und kostenlose Broschüren *(What's on in Durban/Durban for all Seasons)* sind in der Tourist Information, Ecke Pine & Gardiner Sts., ✆ 031/304-4934 erhältlich; Übernachtung: Balmoral Hotel, 125 Marine Parade, Beach Rd., Durban, buchbar über www.raya-hotels.com, sehr günstig an der Golden Mile Promenade von Durban gelegenes Hotel, relativ preiswert, $$–$$$; Mini Town, North Beach, Snell Parade, Mo–So 9.30–16.30 Uhr, R 15/10, zeigt Durban im Maßstab 1 : 25; uShaka Marine World, 4056 Marine Parade, tägl. 9–19 Uhr, zeigt die Tiere des Meeres, die zum Teil per Hand gefüttert werden; zur Stadtbesichtigung gehören unbedingt: die City Hall, Rathaus seit 1910, zwischen West und Smith Sts. gelegen, das im selben Gebäudekomplex untergebrachte Natural Science Museum, Mo–Sa 8.30–16, So 11–16 Uhr, wo man Wissenwertes über die Tierwelt der Region erfährt, vor allem aber der Indian oder Victoria Street Market, zwischen Queen, Grey und Victoria Sts., Mo–Sa 8–18, So 10–16 Uhr, wo die indischen Händler ihre Waren anbieten; eine Oase der Ruhe ist der Durban Botanical Garden, im Sommer 7.30–17.45, im Winter bis 17.15 Uhr, Eingang: Centenary Rd.; statt im Meer im Internet surft man im Java @ Java Cyber Café, 13 Marriot Rd., tägl. 9–24 Uhr; Restaurantempfehlungen: Café Fish, 31 Yacht Mole, Victoria Embankment, ✆ 031/305 50 62, fangfrischer Fisch in Traumlage direkt am Wasser. Saagries Restaurant, 167 OR Tambo Parade, House of Curries (2. Stock), ✆ 031/332-7922, bietet vorzügliche indische Küche; ebenfalls indisch gekocht wird im Jewel of India, im Southern Sun Elangeni, 63 Snell Parade, ✆ 031/362 13 00; im selben Haus befindet sich auch das Daruma, ein japanisches Restaurant; geführte Stadtbesichtigungen auch in deutscher Sprache bietet Shaka Tours & Safaris, ✆ 031/368-6588, wozu angesichts der nachdrücklichen Warnungen hinsichtlich der hohen Kriminalitätsrate in der Stadt nur geraten werden kann; keinesfalls sollte man sich nach Geschäftsschluss um 17.30 Uhr zu Fuß durch die Stadt bewegen, auch ist es ratsam, Wertsachen vor der Stadterkundung im Hotel zu deponieren.

Die Route verläuft von **Gingindlovu** aus beständig entlang der Küste des Indischen Ozeans, was manchen Reisenden zu einem Abstecher an den Strand und einem Bad im Meer verlocken mag. Der Versuchung sollte man jedoch tunlichst widerstehen, denn (im Gegensatz zu den Stränden in Durban) gibt es nicht überall Hainetze, und die Strömung ist teilweise unberechenbar und tückisch.

Das Versäumte lässt sich nach der Ankunft in **Durban** dann bedenkenlos nachholen – ganz abgesehen davon, dass man auf diese Weise den Freizeitwert von Südafrikas drittgrößter Stadt (3,5 Millionen Einwohner) am eigenen Leibe erfährt. Denn obwohl Durban Industriemetropole ist und zudem über Afrikas größten und einen der wirtschaftlich bedeutsamsten Häfen verfügt, ist es gleichzeitig auch Vergnügungs- und Ferienzentrum. Sechs Kilometer erstreckt sich die »**Golden Mile**« mit ihren weißen Sandstränden, Vergnügungsparks und gastronomischen Betrieben im Angesicht der Stadt, sechs Kilometer voll quirligen Lebens – und das über das ganze Jahr. Bei 230 Sonnentagen im Jahr kein Wunder!

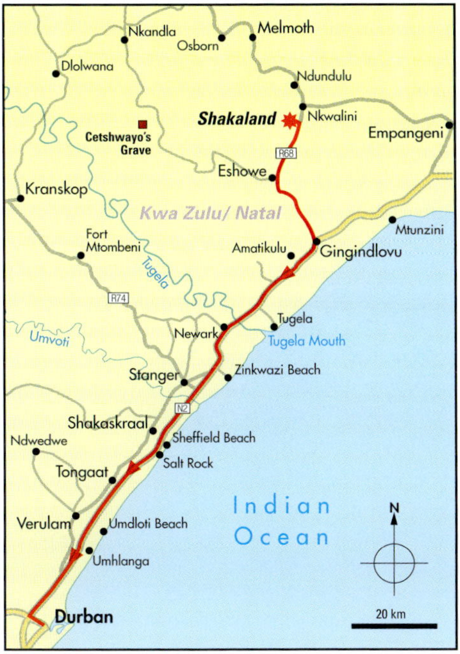

Ihren besonderen Charme bezieht die Stadt aus dem bunten Bevölkerungsgemisch seiner Einwohner, von denen ein Drittel indischer Abstammung sind. 1860 wurden die ersten Inder von den Briten, die die Gegend fast durchgängig kontrollierten, als Kontraktarbeiter in den Zuckerrohrplantagen ins Land geholt. Ihre Lebensbedingungen waren teilweise erbärmlich, ganz im Gegensatz zu der der moslemischen Immigranten, die im Heimatland bereits zur Oberschicht gehört hatten, auf eigene Kosten einreisten und ihren geschäftlichen Erfolg auch in der neuen Heimat fortsetzen konnten. Weltweite Berühmtheit und Achtung erlangte der indische Rechtsanwalt Mahatma Gandhi, der von 1904 bis 1914 in der Nähe von Durban lebte und durch die Erfahrung rassischer Diskriminierung politisiert wurde. Das indische Viertel mit seinen Geschäften und Moscheen befindet sich westlich der Grey Street, und vor allem der nach einem Brand 1973 wieder aufgebaute **Victoria Street Market** ist einen Besuch wert. Natürlich haben auch die Briten im Stadtbild ihre Spuren hinterlassen. Um die zu finden, sollte man am besten die geschäftige West Street hinunterschlendern. Hier stößt man auf die 1910 im Renaissancestil erbaute **City Hall**, die sich am Vorbild des Belfaster Rathauses orientiert. An der Ecke Gardiner Street befindet sich das **Hauptpostamt**, bereits 1885 entstanden und eines der bedeutendsten Bauwerke dieser Epoche in Südafrika. An einen Besuch Winston Churchills erinnert eine kleine Gedenkplatte: Der junge Kriegsberichterstatter hatte 1899 aus burischer Gefangenschaft fliehen können und nutzte

Moschee in Durban

Der Victoria Street Market in Durban spiegelt die ethnische Vielfalt der Stadt. Beim indischen Gewürzhändler bekommt man nicht nur den individuell abgestimmten Curry-Mix, sondern auch ausgefeilte Rezepte

die Stufen des Gebäudes als Tribüne für eine flammende Rede.

Wer jedoch dem städtischen Rummel lieber entfliehen möchte, mag sich in den **Botanical Garden** mit seiner herrlichen subtropischen Vegetation, dem Orchideenhaus und Kräutergarten zurückziehen. Der Rundgang dauert hier etwa zwei Stunden.

9. Tag: Durban – Flug nach Port Elizabeth – Knysna (ca. 275 km)

Route/Programm:

Nach der Abgabe des Mietwagens am King Shaka International Airport (35 km nördlich, über N2 und M65) fliegen Sie nach Port Elizabeth (Flugzeit ca. 1 1/2 Std.), wo Sie den neuen Mietwagen übernehmen (Entfernung des Flughafens zur Stadt: 5 km); auf der N 2 geht es über Humansdorp, Tsitsikamma und Plettenberg Bay nach Knysna. (Empfehlung: Zumindest streckenweise auf die parallel zur N 2 verlaufende Küstenstraße R 102 ausweichen!)

Service & Tipps: Tsitsikamma (Garden Route National Park), faszinierend durch die Kombination von Meer, Küstenbereich und der Bergwelt im Innland mit ihren Urwaldsektionen; Big Tree, 400 m von der N 2 kurz hinter der Paul Sauer Bridge, bemerkenswertes Exemplar der Outeniqua-Gelbholzbäume, Nature's Valley, am westlichen Ende des Tsitsikamma-Parks gelegener wunderschöner, kleiner

Ort mit herrlichem Strand; Unterkunft in Knysna: Knysna Log Inn, ✆ 044/382 58 35, Fax 044/382 58 30, www.log-inn.co.za, aus mächtigen Yellowwood-Bäumen errichtetes Hotel neueren Datums, in schöner Lage und recht komfortabel, $$$; Informationen erhält man über das Tourist Information Centre (Knysna Publicity Association), 40 Main Rd., ✆ 044/382 55 10, Fax 044/382 16 46, knysna.tourism @pixie.co.za. Empfehlenswerte Einkaufszentren: Woodmill Lane Shopping Centre, Ecke Main & St. George's Sts., mit vielen Geschäften, Restaurants und Galerien, und die Ou Fabriek, Main St., Jonkers Building, mit kunsthandwerklichem Angebot. Sehenswert das Millwood House, Queen St., Mo–Fr 9.30–16.30, Sa 9.30–12.30 Uhr, das u. a. persönliche Gegenstände des angeblich illegitimen Sohns Georg III., George Rex, zeigt. Die in der Lagune gezüchteten Austern können verkostet und gekauft werden in der Oyster Tasting Tavern, Thesen's Island, ✆ 044/382 69 41, Mo–Do 8–17, Fr 8–15.30, Sa/So 9–15 Uhr. Restaurantempfehlungen: Tapas Restaurant, nahe der Jetty auf Thesen, wo im Erdgeschoss preiswerte Snacks, im 1. Stock aufwendigere Mahlzeiten serviert werden, manchmal zu Livemusik; JJ's Restaurant, Knysna Waterfront, ✆ 044/382 33 59, Steakhouse und regionale Küche; Bootstouren auf der Lagune (teilweise auch abends als Champagnerfahrten) bietet an: The John Benn, Abfahrt: Knysna Waterfront Quays, ✆ 044/382 16 93, Fax 044/382 23 73, bookings@featherbed.com.za; Wal- bzw. Delfinbeobachtungen: Ocean Odyssey, ✆ 082/852-9402, www.oceanodyssey.co.za, tägl. 10–14 Uhr (bei brauchbaren Witterungsbedingungen); als schönste Strände gelten: Brenton Beach und Noetzie Beach.

Denkbar wäre es immerhin, dass den Reisenden nach dem Aufenthalt im quirligen Durban ein Besuch von **Port Elizabeth**, Südafrikas fünftgrößter Stadt und Zentrum der Automobilindustrie, wenig reizt. Interessant könnte indes vor allem das Stadtzentrum mit seinen historischen Bauwerken aus der viktorianischen und edwardianischen Epoche sein, ein Erbe, das allerdings nicht sonderlich gepflegt erscheint.

Die Route führt ansonsten *straight west* auf der Autobahn N 2 Richtung Knysna. Wer sich für die Meeresschönheiten am Rande etwas Zeit lassen möchte, wählt indes ab **Humansdorp**, dem offiziellen Beginn der **Garden Route**, die parallel verlaufende R 102. Blühende Gärten sollte man jedoch auf der anstehenden Strecke nicht erwarten. Relativ hohe jährliche Niederschlagsmengen sorgen für grünende Wälder mit teilweise undurchdringlichen Urwaldsektionen und damit für einen auffallenden Kontrast zum kargen Hinterland. Allenfalls die großen Obstplantagen, die sich hier ansiedelten, vermitteln teilweise den durch den Namen suggerierten Garteneindruck.

Spätestens kurz vor der **Paul Sauer Bridge**, die in 139 Meter Höhe und auf einer Länge von 130 Metern die Schlucht des Storms River überspannt, treffen beide Straßen wieder zusammen und führen quer durch die **Tsitsikamma Section** (Garden Route National Park). Als erster Naturschutzpark Afrikas bezog er die Küste und einen 5,5 Kilometer breiten Meeresbereich in die Schutzzone mit ein, was dazu führte, dass die Bestände einiger Fischarten hier zehnmal größer sind als außerhalb. Auch Delfine und (im Südsommer) Wale lassen sich hier beobachten. An den Stränden kann man mit etwas Glück Kap-Fingerotter oder die wenig scheuen Klippschliefer zu Gesicht bekommen. Weißbrustkormorane und die schwarzgefiederten Austernfischer mit ihren leuchtend roten Augen, Schnäbeln und Beinen sind hier heimisch – Teil einer auf 220 Arten bezifferten Vogelpopulation im gesamten Park.

Das Landschaftsbild des Parks mit seinen rund 200 Meter hohen Kliffs und den moderat ansteigenden Hügeln der Tsitsikammaberge (um 250 Meter) ist Ergebnis einer Landanhebung in erdgeschichtlicher Zeit. Dadurch wurden die damals bereits existierenden Flüsse gezwungen, ihr Bett tief in den Sandstein zu fräsen, was zu den teilweise beeindruckenden Schluchten führte. Die Vegetation, begünstigt durch reichlichen Niederschlag, prunkt mit immergrünen Wäldern und Zonen voll blühender *Fynbos* (Macchiagewächse) in Küstennähe. Zumindest einen der typischen Baumriesen, den **Big Tree**, einen 36 Meter hohen *Outeniqua yellowwood* von annähernd 800 Jahren, sollte man sich ansehen. Wer zeitig genug ist und mehr von der Naturschönheit sehen möchte, wählt kurz hinter der Brücke über den Elands River wieder die R 102, die sich in steilen Kurven über Bloukrans Pass und Nature's Valley windet und dabei spektakuläre Ausblicke und sehr dichtes Urwaldfeeling bietet.

Plettenberg Bay, einen der beliebtesten südafrikanischen Badeorte, wird der Reisende indes für dieses Mal ignorieren. Denn wenn es denn an diesem Tag noch Badefreuden geben sollte, dann besser am Zielort, dem an einer Lagune gelegenen **Knysna** (= Naisna), das als schönster Ort der Garden Route gilt. Vom östlichen Kliff aus, das die Lagune abschließt, hat man einen wirklich hübschen Blick auf die Stadt, und Strände gibt es auch hier.

Salt River Lagune: Wald und Meer bilden im Tsitsikamma Park eine berauschende Symbiose

10. Tag: Knysna – Oudtshoorn (ca. 120 km)

Route/Programm:

Die relativ kurze Tagesetappe bietet Gelegenheit, entweder die Lagune per Boot zu erkunden oder das private Naturschutzgebiet Featherbed am Vormittag zu besuchen. Danach fährt man auf der N 2 Richtung George, von der kurz vor George die N 12 Richtung Oudtshoorn abzweigt.

Service & Tipps: Der vierstündige Ausflug ins Featherbed Nature Reserve beginnt mit einer 25-minütigen Bootsüberfahrt, an die sich ein Ausflug zu den schönsten Punkten per Unimog anschließt. Die letzten 2,2 km werden zu Fuß zurückgelegt. Veranstalter: The Featherbed Company, Remembrance Drive (Waterfront), ✆ 044/382 16 93, www.knysnafeatherbed.com; Motorboote, Kanus u. a. kann man bei Tait Marine, 85 Long St., mieten; Oudtshoorn Tourist Bureau, 4 Baron van Rheede St., ✆ 044/279 25 32, erteilt zusätzliche Informationen zu Aktivitäten in der Region; C. P. Nel Museum, Ecke Voortrekker Rd. & Baron van Reede St., Oudtshoorn, Mo–Fr 8–17, Sa/So 9–13 Uhr, vermittelt Einblicke in die Geschichte der Straußenzucht und würdigt die Bedeutung der jüdischen Gemeinde für den Ort. Krokodile, Geparde, Löwen und Leoparden kann man auf der Cango Wildlife Ranch & Cheetahland aus der Nähe bewundern, ca. 3 km außerhalb von Oudtshoorn gelegen, tägl. 8.30–16.30 Uhr, Führungen alle 30 Min.; Strauße und alles, was mit ihnen zu tun hat, kann man auf mehreren Farmen kennenlernen, u. a.: Safari Ostrich Farm, 6 km außerhalb der Stadt an der Mossel Bay Rd., ✆ 044/272 73 11; Highgate Ostrich Farm, 10 km außerhalb der Stadt etwas abseits der Mossel Bay Rd., ✆ 044/272 71 15; Cango Ostrich Farm, 14 km außerhalb von Oudtshoorn auf dem Weg zu den Cango Caves, ✆ 044/272 46 23; unbedingtes Muss: die Cango Caves, R 75/35, Kalksteinhöhlensystem, ca. 30 km außerhalb der Stadt, 9–16 Uhr, Führungen alle 60 Min. (unbedingt reservieren). Restaurants: Zindagos, auf der Cango Wildlife Ranch, ✆ 044/279 26 56, familienfreundliches, gutes Restaurant, das auch auf Anfrage für den Transport vom und zum Hotel sorgt; De Fijne Keuken, ✆ 044/272 64 03, 114 Baron van Rheede St., *nomen est omen*: spezialisiert auf Strauß- und Karoo-Lamm-Gerichte. Übernachtung in Oudtshoorn: Hlangana Lodge, 51 North St., ✆ 044/272 22 99, Fax 279 12 71, www.hlangana.co.za, viktorianisches Ambiente mit Garten und Pool, $$$.

Wer sich am Vormittag noch ein wenig in der angenehmen Atmosphäre der **Lagune von Knysna** treiben lassen möchte oder die schönen Aussichtspunkte auf dem Head erst jetzt aufsuchen möchte, der muss sich keinen Zwang antun. Die Tagesstrecke stellt keine besondere Herausforderung dar – es sei denn, man wählte die Route abseits der N 2/ N 12, bekannt als »**Old Passes Road**«. Etwa acht Kilometer hinter Knysna zweigt sie ab und führt (über Rheenendaal) in engen Windungen und meist ungeteert durch die Schönheit des ländlichen Hinterlandes, herrliche Ausblicke und schattige Waldpassagen inbegriffen. Die Pässe führen hier allesamt in die Tiefe, hinunter in die Flusstäler, die (eines der wenigen Zugeständnisse an die Moderne) von schlichten Eisenbrücken überspannt werden. Die Strecke dürfte für experimentierfreudige Autofahrer mit Sinn für landschaftliche Reize wie geschaffen sein.

Wem nach »mehr davon« der Sinn steht, der wird auch hinter **George** wieder eine Abzweigung wählen – über den **Montagu Pass**. Dieser älteste befahrbare Pass Südafrikas wird als nationales Monument eingestuft und muss daher in dem Zustand belassen werden, den die Erbauer 1847 herstellten. Doch gleichgültig, ob man sich auf diesem Abenteuerpfad fortbewegt oder auf der gut ausgebauten Nationalstraße, kurvenreich geht es über die Outeniqua-Berge, und es öffnet sich

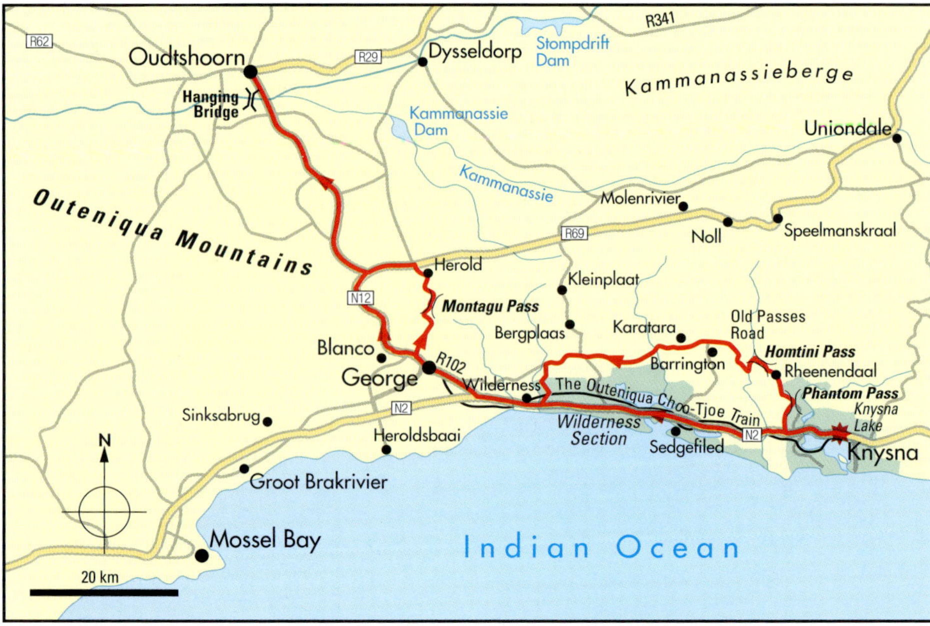

auf der Nordseite der Blick in die **Kleine Karoo**. Üppigkeit und mildfeuchtes Klima der Küstenregion werden zurückgelassen und gegen die karge Weite des Steppenlandes mit seiner trockenen Hitze eingetauscht. Vor langer Zeit war dies die Heimat der nomadisierenden San und Khoikhoi, die – als Wildbeuter die einen, als Viehzüchter die

Abendstimmung in der trocken-heißen Kleinen Karoo

anderen – in friedlicher Koexistenz lebten und trotz scheinbarer Unwirtlichkeit ihr Auskommen fanden. Heute ist die Karoo meist Farmland, wie geschaffen zur Schaf- und Straußenzucht, bei entsprechender Bewässerung sogar für den Weinanbau geeignet.

Oudtshoorn, das Ziel der heutigen Etappe, gilt als unbestrittenes Zentrum der Straußenzucht. Den großen Laufvögeln bzw. ihrem Federkleid, das Ende des 19./Anfang des 20. Jahrhunderts zum unverzichtbaren modischen Accessoire europäischer Damen avancierte, verdankte die Stadt goldene Zeiten. »Federbarone« nannte man die großen Züchter der Zeit vor dem Ersten Welkrieg, und ihre Hinterlassenschaft in Form herrschaftlicher Paläste in und um Oudtshoorn lässt noch heute ein wenig des alten Glanzes erstrahlen. Auch die Zukunft erscheint durchaus rosig: Veränderte Essgewohnheiten haben dem schmackhaften, cholesterinarmen Straußenfleisch einen unverhofften Boom beschert, und Produkte aus Straußenleder sind nicht nur schön, sondern auch topmodisch (aber teuer). Davon, dass **Straußenfarmen** zudem eine nicht unbeträchtliche Rolle als Touristenattraktionen (Straußenrennen inbegriffen) spielen, kann man sich im Umfeld der Stadt zur Genüge überzeugen.

Straußenfarmen sind sowohl Touristenattraktionen als auch Quelle des Wohlstandes

Auf keinen Fall versäumen sollte man den Besuch der **Cango Caves**, die wirklich zu den wahrhaft großen Naturwundern der Erde zählen. Sie sind Teil eines unterirdischen Hallensystems mit atemberaubenden und die Phantasie beflügelnden Tropfsteinbildungen. 1780 von einem Schaffarmer entdeckt, dauert die Erforschung der Grottenwelt unterhalb der Swartberge heute noch an. Als letzte Entdeckung gilt eine Halle, die insgesamt die Größe dreier Sportplätze hat.

11. Tag: Oudtshoorn – Stellenbosch (ca. 450 km)

Route/Programm:

Von Oudtshoorn über die R 62 nach Calitzdorp und Montagu, von dort auf der R 60 über Robertson und Worcester, weiter auf der N 1 bis zur Ausfahrt Stellenbosch, über die R 304 erreicht man Stellenbosch.

Service & Tipps: Weinproben lassen sich in Calitzdorp arrangieren: Calitzdorp Wine Cellars, ✆ 044/213 33 01, oder Boplas Estates, ✆ 044/213 33 26; besichtigen sollte man Amalienstein, ein von der Berliner Missionsgesellschaft gegründetes Dorf 30 km westlich von Calitzdorp an der Straße; für eine kurze Rast eignet sich das Café Something Special, Montagu, Bath St., dem ein Craft Shop angeschlossen ist. In Worcester gibt es ein Open-Air-Museum, das über historische ländliche Lebens- und Arbeitsweisen informiert: Kleinplasie, Mo–Sa 8–16.30, So 10–15 Uhr, ✆ 023/342 22 25. Übernachtung: Devon Valley Hotel, Devon Valley Rd., Stellenbosch 7599, ✆ 021/865 20 12, Fax 021/865 26 10, www.devonvalleyhotel.com, auf dem Gelände des Sylvanvale-Weingutes, $$$. Restaurantempfehlung in der Stadtmitte: Wijnhuis, Andringa St., Tischreservierung erforderlich, ✆ 021/887 58 44, www.wijnhuis.co.za, tägl. geöffnet, gute Küche und ausgezeichnete Weine der Region. Sehenswert in Stellenbosch: Village (Dorp) Museum, 18 Ryneveld St., ✆ 021/887 29 02, Mo–Sa 9.30–17, So 14–17 Uhr.

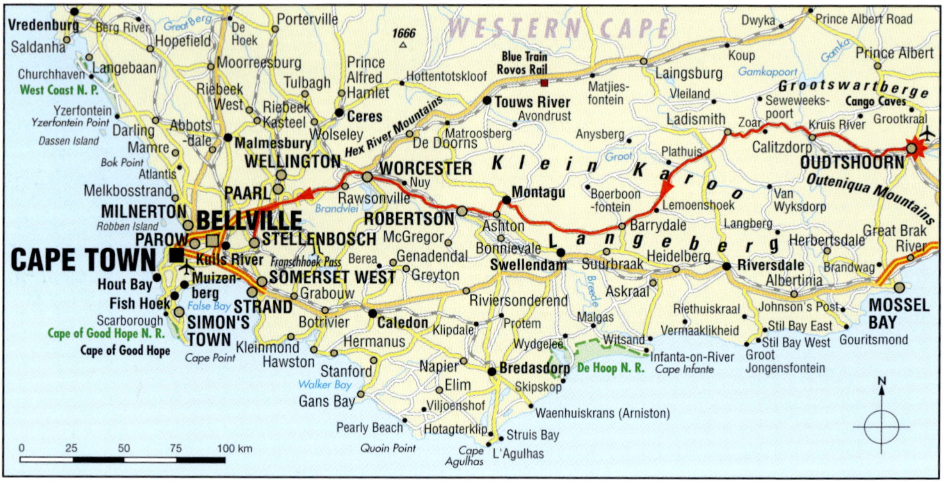

Bis Montagu verläuft die Strecke weiter durch das Gebiet der Kleinen Karoo. Hügelige Steppenlandschaft wird von Farmland unterbrochen, auf dem dank stetiger Bewässerung Weizen, Luzerne (Grundnahrungsmittel der Strauße), Tabak, Walnüsse und Trauben gedeihen. Die vielen Gebirgsflüsschen machen den Anbau möglich und tragen so erheblich zur herben Schönheit der ansonsten trockenen Region bei. Rund um **Calitzdorp** befinden sich eine Reihe exzellenter Weingüter, die auf die Produktion von Port- und Dessertweinen spezialisiert sind. Doch auch wenn Verkostungen verlockend erscheinen, wird man solch alkoholischen Verführungen angesichts der noch zu bewältigenden Tagesstrecke wohl oder übel widerstehen müssen. Einziger Trost: Ziel der Route ist mit Stellenbosch einer der bekanntesten Weinorte der Republik.

Während in den Ortschaften an der Route oft Häuser im Stil der bürgerlich urbanen Architektur Englands aus den Zeiten der Könige Georg, Edward und der Queen Victoria ihren nostalgischen Glanz entfalten, bezaubern im ländlichen Umfeld die in zunehmender Zahl anzutreffenden kapholländischen Bauwerke. Meist mit Reet gedeckt und weiß getüncht scheinen sie den Betrachter geradezu anzustrahlen. Immer sind sie symmetrisch auf ein Mittelportal ausgerichtet, das von einem reich geschmückten Giebel gekrönt wird. Obwohl sie ihre holländischen Wurzeln keineswegs verleugnen, scheinen sie wie geschaffen für den Süden des afrikanischen Kontinents. Was man bei einer Besichtigung leicht feststellen wird: Temperaturschwankungen werden durch die Bauweise ausgeglichen, und vorgelagerte, nicht überdachte Veranden, *stoep*, machen es möglich, einen Teil des Alltagslebens ins Freie zu verlegen.

Durch die Ausläufer der Swartberge mit dem Huisriverpass führt die landschaftlich reizvolle Strecke hinter Calitzdorp, um mit **Amalienstein** eine der relativ seltenen deutschen Hinterlassenschaften zu berühren: Das 1853 gegründete Dorf wie die Kirche gehen auf das Wirken der Berliner Missionsgesellschaft zurück. Anheimelnd auch die Ortschaft **Ladismith** mit ihrer Vielzahl britisch geprägter Häuser aus der Zeit der Ortsgründung (1852) und des Straußenfederbooms. 2203 Meter ragt der Towerkop über der Ansiedlung hervor, dessen gespaltene Bergspitze der Sage nach Ergebnis der Aggressionsentladung einer Hexe ist.

Montagu, inmitten pittoresker Berglandschaft, gilt als Tor zur Kleinen Karoo. Die Stadtarchitektur (23 Gebäude haben den Status eines National Monuments) wie die Tatsache, dass sich viele Künstler und Aussteiger hierher zurückzogen, tragen zum angenehm geruhsamen Flair bei. Bei einer Rast könnte man versuchen, ein wenig davon einzufangen.

Der **Kogmanskloof Pass** westlich der Stadt stellte bis zur Errichtung mehrerer Brücken durch den berühmten südafrikanischen Straßenbauer Thomas Baines im Jahr 1877 eine wahre Herausforderung dar: Acht Mal musste der Fluss durchquert werden. Davon ist heute allenfalls eine vage Vorstellung geblieben. Sehr konkret aber die Erfah-

Hugenotten aus Frankreich brachten das nötige Know-how und die richtigen Rebsorten ans Western Cape und legten somit den Grundstein zu ausgedehnten Weingütern mit exzellentem Ruf

Alkoholische Verführungen müssen bis zum Ziel der Route warten

rung, dass sich auf der Weiterfahrt Richtung Robertson die Landschaft schlagartig zu verändern scheint. Zunehmend grün und fruchtbar eröffnet sich das **Breede River Valley**, das aufgrund günstiger Niederschlagsmengen zum blühenden Kulturland in bergiger Kulisse wurde.

Mit **Worcester** erreicht man ein relativ uninteressantes Versorgungszentrum, in dessen Umfeld allenfalls das **Freilichtmuseum Kleinplasie** (im Bereich des Kleinplasie Weinguts) zu einem Stopp verlocken könnte. Ein Stück weit geht es von hier über die Autobahn Richtung Kapstadt. Doch zunächst steht ein Schlenker ins Kap-Weinland auf dem Programm. Übernachtet wird – wie es sich gehört – stilvoll auf einem der vielen Weingüter im Bereich von **Stellenbosch**. Die Stadt kann sich rühmen, Zweitälteste Südafrikas (1679 gegründet) zu sein und die älteste (und nach wie vor bedeutendste) Universität zu besitzen. Einer der ersten Gouverneure am Kap, Simon van der Stel, gab dem Ort seinen Namen, und die Architekten der Gründungszeit wie der nachfolgenden Jahrhunderte verliehen ihm ein unverwechselbares Gepräge. Wie ein einziges lebendiges Museum wirkt der Innenstadtbereich mit dem Schwerpunkt auf **Dorp und Kerk Street**. Wenn die Zeit dazu noch reicht, lässt sich der Besuch des **Village (Dorp) Museum** nachhaltig empfehlen. Liebevoll wurde hier ein Ensemble von Häusern aus der Zeit zwischen 1709 und 1870 mit Originalinventar (auch den kleinen Dingen des täglichen Bedarfs) aus der jeweiligen Epoche versehen.

12. Tag: Stellenbosch – Kapstadt (ca. 150 km)

Route/Programm:

Von Stellenbosch über die R 310 bis zur Einmündung in die R 303, dort rechts ab bis Franschhoek, nach Besichtigung des Städtchens zurück über die R 303 nach Paarl, von dort über die N 1 nach Kapstadt, wo sie nahe der Waterfront, dem Standort des Hotels, endet.

Service & Tipps: Wer an Kuriosem interessiert ist, sollte in Stellenbosch den Laden Oom Samie se Winkel, 84 Dorp St., besuchen; im Café Blue Orange, schräg gegenüber, kann man hübsch sitzen und Kaffee und kleine Snacks zu sich nehmen; Informationen über die Weinorte erteilen: Stellenbosch Tourism & Information Bureau, 36 Market St., ✆ 021/883 35 84, www.stellenbosch.travel, 8–17.30 Uhr; Franschhoek Wine Valley & Tourist Association, 2 Huguenot Rd., Franschhoek, ✆ 021/876 28 61, www.franschhoek.org.za; Paarl Tourism, 216 Main St., Paarl, ✆ 073/708 28 35, www.paarlonline.com; besonders empfehlenswerte Weingüter um Stellenbosch und entlang der Route: Zevenwacht, im Westen Stellenboschs abseits der R 102, ist ausgesprochen malerisch gelegen und hat ein gutes Restaurant (Picknickkörbe erhältlich),

✆ 021/903 51 23; Boschendal, an der R 310 kurz vor der Einmündung in die R 303, ✆ 021/870 42 72/3/4/5 oder www.boschendal.com, ist eines der schönsten und größten Weingüter, mit Möglichkeit zur Besichtigung des Manor-Hauses, tägl. 9.30–17 Uhr, herrlichem Rosengarten und wunderschöner Picknickzone unter riesigen Bäumen, Vorausbuchung erforderlich; Nederburg, das bekannteste Weingut in Paarl, ✆ 021/862 31 04, www.nederburg.com/za. Ansehen sollte man: das Hugenotten-Denkmal und Museum in Franschhoek, Mo–Sa 9–17, So 14–17 Uhr; Afrikaans Taalmonument, unübersehbar am Hang des Paarl Mountain, tägl. 8–17 Uhr; das Paarl Museum, 303 Main St., Mo–Fr 9–16, Sa 9–13 Uhr, in einem schönen kapholländischen Gebäude untergebracht. Übernachtung: Southern Sun Waterfront Cape Town, 1 Lower Buitengracht, Cape Town 8001, ✆ 021/409 40 00, Fax 021/409 44 44, www.tsogosunhotels.com, internationales Hotel in unmittelbarer Nähe zur Waterfront und zur City, $$$.

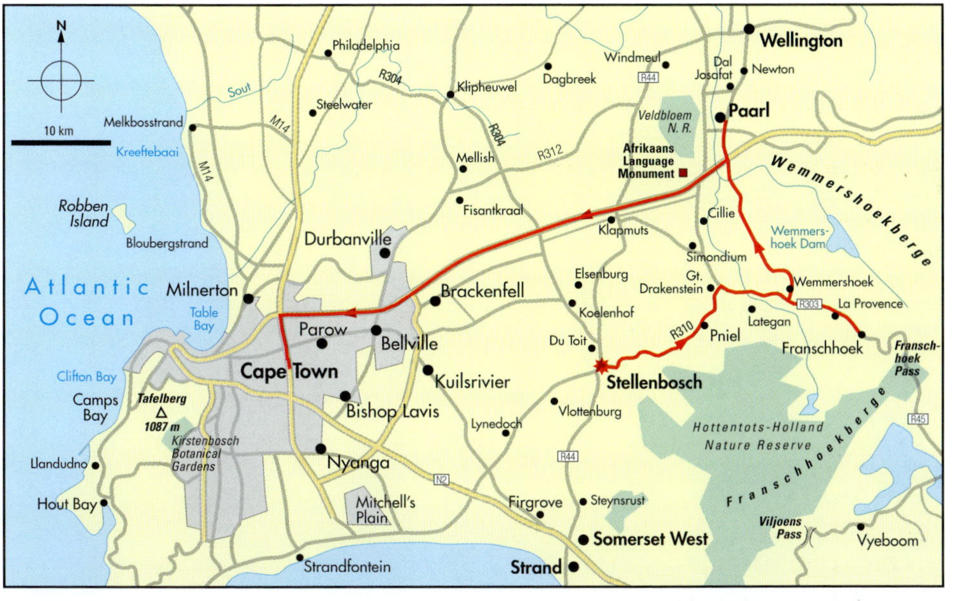

Als die Holländisch-Ostindische Handelsgesellschaft Jan van Riebeeck im Jahr 1652 ans Kap schickte, bestand das vorrangige Ziel dieser Mission darin, eine Versorgungsstation für Indienfahrer einzurichten. Mit dem Anbau und der späteren Verteilung vitaminreicher Nahrung sollte dem unter den Seeleuten der damaligen Zeit gefürchteten Skorbut vorgebeugt werden. Die 1685 einreisenden Hugenotten aus Frankreich wussten das »Nahrungsangebot« aufs Vorzüglichste zu bereichern: Sie brachten Reben aus ihrer alten Heimat mit und kelterten aus den Trauben Wein. Der war nicht nur besser haltbar als das übliche Trinkwasser auf Schiffen, er enthielt darüber hinaus lebenswichtige Vitamine und Mineralien – und schmeckte hervorragend. Das tut er auch heute noch, zu Zeiten, in denen er längst seinen Siegeszug in alle Welt angetreten hat. Zurück zu den Wurzeln, zu den schönsten Zentren des Weinanbaus am Kap und natürlich auch zu den schönsten Weingütern und ihren Produkten führt die Route des heutigen

Tages. Der Weg von Stellenbosch nach Kapstadt ist nicht weit. Bei klarem Wetter kann man sogar die Silhouette des Tafelberges ausmachen. Aber das Angebot an Sehens- wie Kostenswertem ist derart vielfältig, dass man – den eigenen Bedürfnissen und Vorlieben gemäß – eine Auswahl treffen muss.

Wer am späten Nachmittag des vergangenen Tages nichts mehr von **Stellenbosch** zu sehen bekam, sollte auf jeden Fall das Versäumte nachholen und sich angesichts der schönen alten Bauten in alte Zeiten zurückversetzen lassen. Trotz des geschlossenen historischen Kerns wirkt die Stadt sehr lebendig, wozu die mehr als 20 000 Studenten aus aller Welt beitragen. Dagegen wirkt **Franschhoek**, eingebettet in eines der schönsten Bergtäler am Kap, mit seinen kleinen Häusern inmitten schmucker Gärten ländlich ruhig, fast dörflich beschaulich. Der Vergangenheit ist das **Hugenotten-Denkmal und Museum in Franschhoek** verpflichtet. Die französischen Siedler, die wegen ihres Glaubens die Heimat verließen und sich in diesem idyllischen Tal ansiedelten, gedenken hier auf etwas monumentale Art der glücklichen Befreiung von religiöser Unterdrückung. Noch monumentaler präsentiert sich das **Denkmal der afrikaansen Sprache** (Afrikaans Taalmonument) in **Paarl**. Die heftig umstrittene Sprachschöpfung, malaiische, afrikanische und europäische Elemente verknüpfend, wird hier als Ausdruck kaptypischen Kosmopolitismus' gefeiert. Und das nachdrücklich: »Dit is ons erns«, heißt es auf einer Bodenplatte, die jeder Besucher überschreiten muss. Ansonsten wirkt Paarl, die größte der Städte und Sitz der weltgrößten Winzergenossenschaft, der KWV *(Koperatiewe Wijnbouwers Vereniging)*, höchst betriebsam und geschäftig. Seine 15 Kilometer lange Main Street bietet dessen ungeachtet einen einzigartigen architektonischen Querschnitt über einen Zeitraum von drei Jahrhunderten. Die granitenen Bergformationen, die sich westlich der Bebauungsgrenze runden, glänzen nach Regenfällen wie Perlen, was zur Namensgebung der Stadt führte. Sie gehören zum **Paarl Mountain Nature Reserve**, in dem Fynbos (auch Proteen) wachsen. Denn trotz

Paarl ist mit seinen Weingärten ein Kleinod im kapholländischen Stil

der intensiven Kultivierung der Landschaft bietet sich im Weinland am Kap nicht nur der Anblick von sorgsam ausgerichteten Rebpflanzungen, sondern auch von herrlicher Bergwelt und Tälern voller blühender und grünender Wildpflanzen.

Die Auswahl eines (oder mehrerer) Weingüter, die man zwecks Besichtigung und Verkostung aufsuchen möchte, fällt schwer. Es gibt einfach zu viele in der Region. Auf jeden Fall sollte man jedoch **Boschendal** anfahren. Das *Estate* geht auf die Zeiten Simon van der Stels zurück und bietet mit seinem *Manor House* aus dem Jahre 1855 ein hervorragendes Beispiel kapholländischer Architektur, wie es mit dem zeitgenössischen Interieur die Lebensweise reicher Weinbauern dokumentiert. Wunderschön der weiträumige Rosengarten im Sommer und der Blick auf die Hottentot's Holland Mountains zu jeder Jahreszeit.

Am Ende geht's zu Muttern: auf der N 1 Richtung Kapstadt, von Südafrikanern liebevoll »Mother City« genannt.

13. Tag: Kapstadt

Programm:

Besichtigung des Kapstadter Zentrums (City Bowl) am Vormittag, nachmittags Bootstrip zur Gefängnisinsel Robben Island oder (bei günstigem Wetter) Fahrt mit der Cable Car zum Tafelbergplateau (Beschreibung 15.Tag) oder Besichtigung des Castle of Good Hope und anschließende Fahrt nach Bloubergstrand.

Service & Tipps: Im Kapstadter Tourist Office, Ecke Castle & Burg Sts., ✆ 021/487 68 00, www.capetown.travel (Western Cape Tourism), kann man sich mit zusätzlichem Material und Auskünften versorgen; Internetzugang findet man im Virtual Turtle (über dem Purple Turtle), Ecke Long & Shortmarket Sts. Bootstouren nach Robben Island müssen unbedingt im Voraus gebucht werden: Das Buchungsbüro am Nelson Mandela Gateway/Waterfront, ✆ 021/413 42 20, www.robben-island.org.za, Ausfahrten 9, 11, 13 und 15 Uhr. Interessante Museen: South African Museum, am Ende von Company's Garden, ✆ 021/481 38 00, 10–17 Uhr, Eintritt 20 R, Exponate zur Natur- und Kulturgeschichte des Landes; Einblicke in zeitgenössisches südafrikanisches Kunstschaffen vermittelt die National Gallery, in direkter Nachbarschaft am Company's Garden, tägl. 10–17 Uhr, Eintritt frei; das Bo-Kaap Museum, 71 Wale St., im Bo-Kaap, dem moslemischen Viertel, ✆ 021/481 39 38, zeigt die Lebensumstände reicher Moslemfamilien des 19. Jh. am Kap; empfehlenswert ein Besuch des Two Oceans Aquarium, Waterfront, Dockroad, 9.30–18 Uhr. Ob eine Fahrt auf den Tafelberg mit der Cable Car möglich und lohnend ist (witterungsabhängig), erfährt man unter ✆ 021/424 81 81, www.tablemountain.net; Castle of Good Hope, tägl. 10–16 Uhr, ältester Steinbau mit interessanten Museen; unter den vielen ausgezeichneten Restaurants der Stadt muss hervorgehoben werden: Mama Africa, 178 Long St., ✆ 021/424 84 34, Mo–Sa ab 19 (Dinner), Di–Fr 12–16 Uhr (Lunch), afrikanische Gerichte, Vorbestellung erforderlich; Marco's African Place, 15 Rose Lana, Bo-Kaap, ✆ 021/423 54 12, Sa–Mo ab 15, Do/Fr ab 12 Uhr bis spät, bietet ebenfalls afrikanische Küche; absolutes Szenelokal ist derzeit das Savoy Cabbage, Heritage Sq., 101 Hout St., ✆ 021/424 26 26, So geschl., die Küche ist exzellent, das Ambiente sehr speziell, $$$; San Marco, 92 Main Rd., Seepoint, ✆ 021/439 27 58, mit exzellenter italienischer Küche, $$$; Codfather, Camps Bay, The Drive, ✆ 021/438 07 82, mit dem besten Fisch der Stadt, wobei der Gast sein Menü selbst zusammenstellt, $$$.

Die nächsten Tage stehen ganz im Zeichen von Südafrikas »**Mother City**«, so genannt, weil hier zwar nicht alles, aber doch die europäische Landnahme ihren Anfang nahm. Zudem war die Ausrichtung zu Beginn durchaus mütterlich: Seefahrer sollten mit den Produkten aus den eigens angelegten Gemüsegärten versorgt werden. Der Zuzug von Menschen in die fruchtbare Kapregion ließ nicht lange auf sich warten und führte zu einem bunten Gemisch von Rassen und Kulturen. Afrikaner der unterschiedlichen Ethnien, Weiße aus vielen verschiedenen Ländern Europas und Asiaten fanden in teilweise schmerzhaften Gärungsprozessen zusammen und brachten etwas Neues und Einzigartiges hervor: die Kapstädter, immer wieder gerühmt wegen ihrer liberalen, weltoffenen Wesensart. Gemeinsam ist ihnen bei allen bestehenden Unterschieden zudem das Bewusstsein, in einer von der Natur gesegneten Stadt zu leben. Mit dem spektakulären Tafelberg, zu dessen Füßen sich die Bebauung rundum erstreckt, mit fruchtbaren Tälern, in denen Weinanbau betrieben wird, mit grandiosen Küsten, umtost von gleich zwei Ozeanen, besitzen die mehr als drei Millionen *Capetonians* wahrlich einzigartige landschaftliche Highlights. Gar nicht zu reden von der Kaphalbinsel mit dem »Kap der Guten Hoffnung«, das der weit gereiste Sir Francis Drake als »das Eindrucksvollste« empfand, was ihm bei seiner Weltumseglung vor die Augen gekommen war.

Der Stadtrundgang beginnt am Bahnhof, den Shuttle-Busse mit der Waterfront verbinden, und führt zunächst über die Adderley und Darling Street zur **Grand Parade**, wo

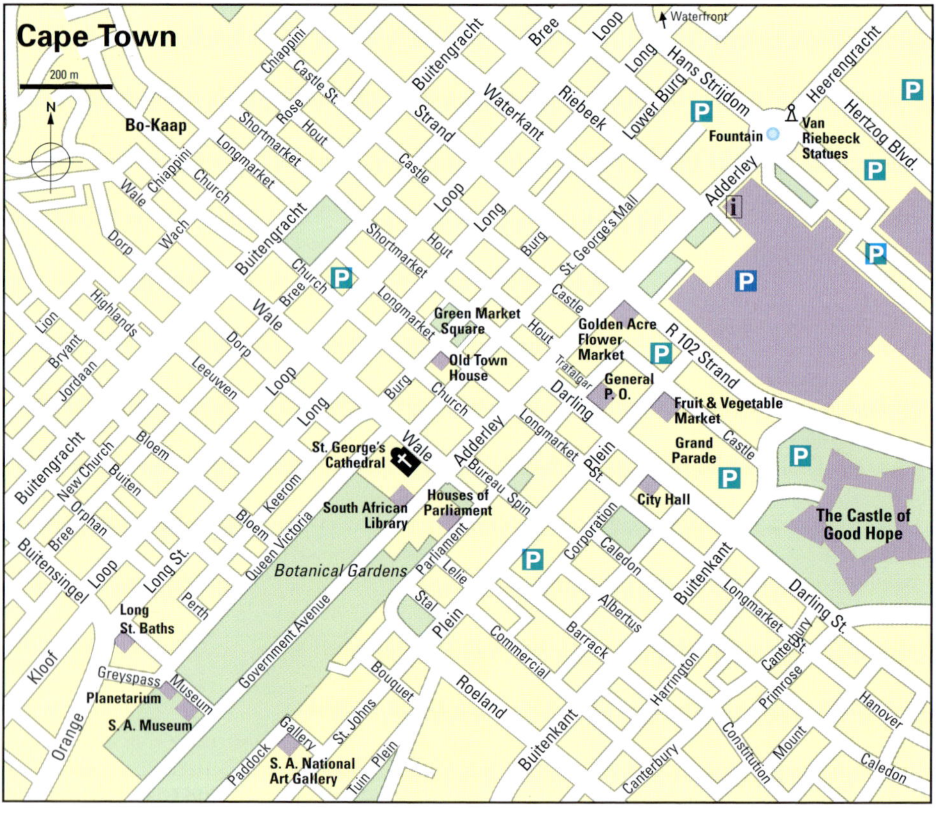

Einzigartige landschaftliche Highlights bietet die Umgebung von Kapstadt

sich die 1905 erbaute **City Hall** befindet, von deren Balkon aus Nelson Mandela 1990 nach seiner Haftentlassung zur jubelnden Menge auf dem Platz sprach. Nahm hier die Zeit des »neuen« Südafrika ihren Anfang, so lagen die Anfänge der damit zu Ende gegangenen Epoche im nahen **Castle of Good Hope**. Auch wenn man es jetzt nicht besichtigt, beeindrucken auch aus der Ferne die wuchtigen Mauern dieses im Stil europäischer Festungsanlagen 1679 errichteten Pentagons. Zurück geht's zur Adderley Street, die direkt zum **Parlament** und dem angrenzenden **Botanical Gardens**, den Resten des einst von Jan van Riebeeck angelegten Company's Garden, führt. Am Rande des schönen Parks befindet sich auch das prachtvolle **De Tuynhuys**, der Amtssitz des Präsidenten. Am Ende des Gartens, vor der Kulisse des steil aufragenden Tafelbergs warten **South African Museum** und **National Gallery** auf Kulturinteressierte.

Kehrt man dem Tafelberg den Rücken und wandert auf der Queen Victoria Street stadteinwärts, trifft man auf die Amtskirche des Bischof Tutu, die **St. George's Cathedral**. Weiter geht's zum geschäftigen **Green Market Square**, wo Händler ihr vielfältiges Angebot an Kunsthandwerk feilbieten. Der Architektur der umstehenden Häuser, unter denen das **Old Town House**, das ehemalige Rathaus, besonders auffällt, sollte man auch einen Blick gönnen. Über die **Church Street** mit ihren noblen Galerien und Läden führt der Weg zur **Long Street**, einer der buntesten und belebtesten Kapstädter Geschäftsstraßen. Am **Strand** reckt sich dann das geschäftsmäßige Kapstadt hochhaushoch in den Himmel und lässt doch inmitten kühl gläserner Pracht auch alte Bauwerke wie das 1701 erbaute **Koopmans-de-Wet-Haus** gelten. Jenseits der Buitengracht an den Hängen des Signal Hill kann man zum Abschluss noch das **Bo-Kaap-Viertel** bewundern, Heimstatt der islamischen Bevölkerung mit Moscheen und bunten kleinen Häuschen.

Nachmittags könnte man entweder das Castle of Good Hope genauer besichtigen oder nach **Bloubergstrand** (ca. 20 km) an

Grandiose Felsformation »Wolfberg Arch« in den Cedar-Bergen nördlich von Kapstadt

der Atlantikküste fahren. Nirgends findet man einen schöneren Blick auf Stadt und Tafelberg – schon gar nicht, wenn die untergehende Sonne das ihre beisteuert.

Auch der Blick von der elf Kilometer vor der Küste liegenden ehemaligen Gefängnisinsel **Robben Island** auf die Tafelbucht ist nicht zu verachten. Allerdings gibt es für den Besuch der Insel auch noch andere Gründe als die gute Aussicht: Der Gefängnistrakt ist heute Museum. Der Besucher wird von ehemaligen Gefangenen geführt und erhält so einen beeindruckenden und authentischen Eindruck von den Verhältnissen, die bis zur Schließung der Anlagen 1996 herrschten.

14. Tag: Kapstadt – Kap der Guten Hoffnung (ca. 160 km)

Route/Programm:

Über die M 6 entlang der Westküste (Greenpoint, Sea Point, Camps Bay, Hout Bay), weiter den Chapman's Peak Drive (M 6) nach Sun Valley, von dort über die M 65 nach Kommetjie zum Eingangstor des Cape of Good Hope Nature Reserve und weiter zum Cape Point etc.; von dort zurück über die M 4 (Simon's Town, Muizenberg, Constantia) und weiter über M 41 und M 63 nach Hout Bay, von wo aus die M 6 wieder die Küste entlang zur Waterfront führt.

Service & Tipps: Cape of Good Hope Nature Reserve, Kaphalbinsel, © 021/780 90 10/11 (Main Gate) und 021/780 92 04, www.capepoint.co.za (Information Office), im Winter 7–17, im Sommer 6–18 Uhr. Verboten ist: das Mitbringen von Haustieren, Verlassen der Straßen, Überschreiten der Höchstgeschwindigkeit von 60 km/h, Mitnahme von Schusswaffen, Pflücken von Blumen oder Beschädigung von Pflanzen, Entzünden von Feuer und Füttern der Paviane im Park. Gestattet ist Grillen an den ausgewiesenen Plätzen, Radfahren, jede Form wassersportlicher Betätigung und das Wandern; sehenswert die Pinguin-Kolonie in Simon's Town, Boulders Beach, tägl. 8–17 Uhr; in der Nähe des Parkplatzes am Cape Point gibt es ein brauchbares Restaurant und einen Imbiss-Stand; wer den Betrieb dort scheut, kehrt auf dem Rückweg ein bei Bertha's Grill & Coffeehouse, 1 Wharf Rd., Simon's Town, mit schönem Blick aufs Meer und kleinen Gerichten; Mariner's Wharf, © 021/790 11 00, www.marinerswharf.co.za, am Hafen von Hout Bay, mit exzellentem Fischangebot; die besten Fish & Chips zum Mitnehmen gibt es bei Fish on the Rocks, am Ende der Harbour Rd. in Hout Bay.

Die heutige Exkursion steht ganz im Zeichen von Kapstadts Meeresküsten: der eindeutig vom rauen Atlantik geprägten, im Westen mit atemberaubenden Ausblicken auf die felsige Küstenlinie und bezaubernden kleinen Ortschaften voller Agilität sowie der östlichen, stärker vom Indischen Ozean beeinflussten Seite mit bis zu 14 Grad höheren Wassertemperaturen und behäbige Nostalgie verströmenden Badeorten an weiten Sandstränden. Wo exakt der Atlantische und Indische Ozean sich begegnen, wo sich die Benguela-Strömung polaren Ursprungs und der kräftige Agulhas-Strom, aufgeladen mit der Wärme subtropischer Regionen, treffen, darüber mag die Wissenschaft streiten. Sicher ist, dass Meeresfauna und -flora westlich und östlich der Kaphalbinsel sehr unterschiedlich sind, obwohl an der schmalsten Stelle nur acht Kilometer Land dazwischen liegen. Und sicher ist auch, dass die Unterschiede in der Wassertemperatur für die stürmischen Winde, die häufig das Kap umtosen, die Verantwortung tragen. *Cabo Tormentosa*, Kap der Stürme, nannte deshalb auch der erste Europäer, der hier an Land ging, der im Auftrag des portugiesischen Königs den Seeweg um Afrika erforschende Admiral Bartolomeu Diaz, das spektakuläre Felsriff. Sein König entschied sich indes für den Namen **Kap der Guten Hoffnung**. Schließlich galt es, auch weiterhin Seeleute für die riskante Reise rund um Afrika zu gewinnen.

Das Kap der Guten Hoffnung

Voll guter Hoffnung darf auch der Reisende das **Cape of Good Hope Nature Reserve** ansteuern, zunächst alle Schönheiten am Rande der grandiosen Küstenstraße nur beiläufig wahrnehmend. An den schönsten Punkten kann man auch noch auf der Rückfahrt am Nachmittag länger verweilen. Geradewegs führt denn auch die Main Road im

Park auf den Parkplatz zu Füßen des **Cape Point** zu. Wem der Aufstieg auf das rund 200 Meter hohe Felsriff zu Fuß zu mühsam erscheint, kann sich von einem Bähnchen, nach dem legendären, 1680 am Kap verschollenen Spukschiff »Flying Dutchman«

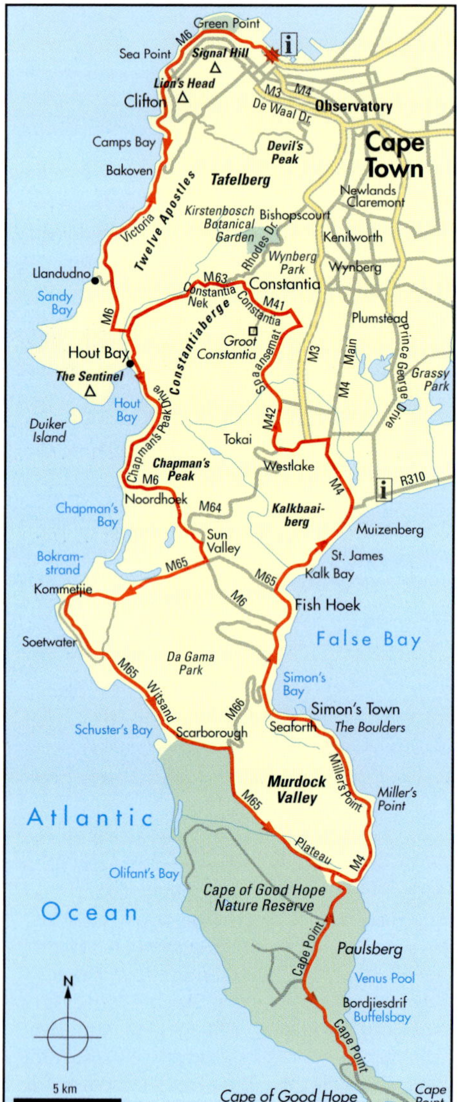

benannt, bis zum alten Leuchtturm hinauf befördern lassen. Wie auch immer – die spektakuläre Rundumsicht von der Felsspitze erweist sich – vorausgesetzt Wolken, Wind und Nebel üben freundliche Zurückhaltung – aller Mühen wert. Von dort schweift der Blick im Osten über das weite Rund der False Bay, an der nichts Falsches ist, außer der Tatsache, dass von Osten kommende Seeleute immer wieder fälschlicherweise den sicheren Hafen der Table Bay in ihr vermuteten. An klaren Tagen lässt sich der abwechslungsreiche Verlauf der Küstenlinie weiter nach Südosten verfolgen, bis er sich am fernen Horizont verliert, hinter dem sich in rund 300 Kilometer Entfernung der absolut südlichste Punkt des Kontinents, das Cape Agulhas, verborgen hält. Im Landesinnern kann man die Berge des Weinlandes ausmachen und im Westen den nahen Diaz Beach, der mit seinem weißen Strand zu einer Wanderung verlocken könnte. Unerreichbar hingegen und vielleicht gerade deshalb in der Phantasie sehr präsent das, was weit weg im Süden in eisiger Erstarrung verharrt: die Antarktis. Möchte man dieser noch um einige hundert Meter näher kommen, so muss man das **Cape of Good Hope** ansteuern (ausgeschildert), den »south-western-most Tip of Africa«. 1998 wurden weite Teile der Kaphalbinsel als **Table Mountain National Park** unter Naturschutz gestellt.

Über den landschaftlichen Schönheiten, zu denen auch die zum Baden geeigneten Strände (Buffelsbay und Bordjiesrif) zu zählen sind, sollte man die Fauna und Flora des Parks nicht vernachlässigen. Neben einigen Antilopenarten, Zebras und Schildkröten dürften vor allem die rund 100 Vogelarten Aufmerksamkeit verlangen, und hier vor allem die Küstenbewohner: Albatrosse, Kaptölpel, Kormorane und Austernfischer. Zwischen Juni und November kann man von den Stränden aus auf Walbeobachtungen hoffen. Allgegenwärtig indes, nicht übersehbar und eher lästig präsentieren sich die Paviane, die sich darauf spezialisiert haben, den Besuchern Essbares abzujagen. Dergleichen kann gefährlich werden, weshalb die allgegenwärtige Aufforderung: **Don't feed Baboons!** sehr ernst zu nehmen ist. Die Geldstrafen bei Übertretung des Verbots sind geharnischt.

Ans Wunderbare grenzt die Tatsache, dass die Halbinsel mit 2256, der Park mit 1036 Pflanzenarten weltweit die größte Vielfalt aufweisen und zu den sechs »Floral Kingdoms« der Welt zählen. In welcher Jahreszeit man auch die *Peninsula* besucht, immer blühen Pflanzen, immer andere und immer in höchst beeindruckender Pracht – wie etwa die *Königsprotea*, die in Südafrika im Rang einer Nationalblume steht.

So viel es im Park auch zu sehen und zu tun gibt, der Besuch der **Pinguin-Kolonie** nahe Simon's Town im Anschluss ist dennoch ein Muss. Antarktisches Wildlife in

Kurios: Pinguin in Südafrika

Afrika ist schon kurios genug, doch die befrackten Gesellen mit ihrem watschelnden Gang noch mehr.

15. Tag: Kapstadt

Programm:

Fahrt per Cable Car auf das Tafelbergplateau oder Besuch des Botanischen Gartens in Kirstenbosch oder Shopping an der Waterfront.

Service & Tipps: Auskünfte darüber, ob die Seilbahn zum Tafelberg fährt, erhält man unter © 021/424 81 81, http://cablemountain.net, bei günstigen Witterungsverhältnissen liegen die Fahrzeiten für die ersten bzw. letzten Fahrten zwischen 8 und 8.30 am Morgen bzw. 17 und 20.30 Uhr am Abend (gebunden an die Jahreszeiten), 65 Personen werden in 5–10 Minuten auf die Bergspitze befördert, 205/100 R; Karten und Auskünfte zur Waterfront sind erhältlich im dort ansässigen Informationsbüro, © 021/418 23 69; Kirstenbosch Botanical Gardens, Rhodes Dr., Constantia, © 021/761 49 16, tägl. 8–18 Uhr, Eintritt 25/10 R.

Vor dem Abflug am Nachmittag sollte man, wenn möglich, noch den Aufstieg zum **Tafelberg** einplanen. Da dieses Unternehmen stark von den Witterungsverhältnissen abhängig ist (bei zu starkem Wind fährt die Bahn nicht; bei Wolkenbildung rund um das Plateau, bekannt als »Tablecloth«, hat man keine Aussicht), empfiehlt es sich, die erste sich bietende Gelegenheit beim Schopf zu packen und die Pläne für Aktivitäten im Umfeld von Kapstadt entsprechend umzustellen. Denn: Kapstadt ohne den Tafelberg – das wäre so ähnlich wie Erdbeeren ohne Schlagsahne, köstlich, aber der letzte Pfiff fehlt.

Das rund 1000 Meter hohe Sandsteinmassiv beherrscht die Stadt – optisch wie klimatisch. Das flache Plateau wird flankiert von den markanten Erhebungen des »Devil's Peak« im Osten und des »Lion's Head« im Westen und bildet mit ihnen zusammen einen Halbkreis um den Stadtkern, der so in einer großen Schale zu liegen scheint, der *City Bowl*. In seiner südwestlichen Ausrichtung dominiert der Berg mit den steil aufragenden Felsformationen der »Zwölf Apostel«

Hafenatmosphäre an der Waterfront in Kapstadt

die Badeorte am Atlantik, um auf der entgegengesetzten Seite in die städtischen Weinhänge von Constantia überzugehen.

Der Aufstieg mit der Seilbahn stellt inzwischen kaum mehr ein Problem dar, da größere, sich während der Fahrt drehende Kabinen die Fahrgast-Kapazität erhöhten und damit Wartezeit verkürzten. Ein Aufstieg zu Fuß mag auch seine Reize haben, verlangt aber nicht nur gute Kondition, sondern birgt

auch einige Gefahren: Plötzliche Nebel- und Kälteeinbrüche können ein Fortkommen erschweren oder unmöglich machen.

Die Aussicht vom Plateau auf Stadt und Ozeane ist indes wirklich fantastisch – ebenso sinnvoll zu Beginn des Aufenthalts als Einstimmung und Orientierungshilfe, wie am Ende als spektakulärer Höhepunkt. Zudem gibt es ein Netz bequemer, gut ausgeschilderter Wanderwege, die in die Welt der hier blühenden 1400 *Fynbos*, der endemischen Macchia-Gewächse, führen.

Der **Botanische Garten von Kirstenbosch** am Südosthang des Berges ging aus Teilen des Landbesitzes hervor, die einst Cecil Rhodes dem südafrikanischen Staat vermachte. 528 Hektar umfasst das Gartengelände und bietet mit rund 9000 fast ausnahmslos einheimischen Pflanzenarten einen hervorragenden Überblick über die Flora des Landes. Obwohl zu jeder Jahreszeit irgend etwas blüht, ist die Farbenpracht in den Monaten August bis Oktober am größten.

Einen völlig anderen Aspekt der Stadt vermittelt der Besuch der **Victoria & Alfred Waterfront**: Hafenatmosphäre, Geschäftigkeit, glitzernde Modernität. Rund um die historischen Hafenbecken, die ab 1860 ausgebaut worden waren, errichtete man seit 1990 ein Geschäfts- und Unterhaltungsviertel, zugeschnitten auf die Bedürfnisse der Touristen. Der Sicherheitsstandard ist dank der eingesetzten Sicherheitsdienste hoch, die Öffnungszeiten der Geschäfte sind entschieden länger als im Stadtzentrum, und das Angebot an Theatern, Kinos und Kneipen lässt wenige Wünsche offen. Lohnend ist der Besuch jedoch nicht nur, wenn man seine Einkäufe hier tätigen möchte oder die ozeanische Welt im **Aquarium** (Infos siehe 13.Tag, Seite 217) ganz aus der Nähe bestaunen will, sondern vor allem wegen der gelungenen Integration historischer Gebäude in die moderne Architektur und wegen des Hafenfeelings. Kapstadt als Hafen – das heißt den Anfängen der Stadt mit ihrer Bedeutung als Anlegestelle auf dem Weg von Kontinent zu Kontinent wieder ganz nahe zu rücken.

Service von A bis Z

5

An- und Einreise

Das Verkehrsmittel für die Anreise ins südliche Afrika ist in der Regel das Flugzeug. Direktflüge von Deutschland in Großstädte wie Windhoek, Kapstadt, Johannesburg bieten Air Namibia, South African Airways, LTU und Lufthansa an, die Flüge dauern zwischen zehn und zwölf Stunden.

Für die Einreise erhalten Bürger aus Deutschland, Österreich und der Schweiz ein Visum an der Grenze kostenfrei in den Pass gestempelt (in Simbabwe werden dafür 30 US-Dollar verlangt). Ein ab Beendigung

Geführte Touren durch die Nationalparks ermöglichen die unmittelbare Nähe zu den Tieren

der Reise noch für mindestens sechs Monate gültiger Reisepass reicht für einen Aufenthalt von maximal 90 Tagen aus. Kinder benötigen einen Kinderausweis oder einen eigenen Pass mit Foto.

Für die Fahrt von den internationalen Flughäfen zu den Innenstädten stehen den Reisenden Taxis und Busse zur Verfügung. Man kann aber seinen vorab gemieteten Wagen direkt am Flughafen in Empfang nehmen. Die meisten Stadthotels im südlichen Afrika organisieren zudem einen (kostenpflichtigen) Abholservice vom Flughafen.

Auskunft

Reiseinformationen erhält man von den jeweiligen Touristenbüros (Botswana unterhält keine Informationsstelle):

Namibia Tourism Board
Schillerstr. 42 – 44, D-60313 Frankfurt/Main
✆ (069) 13 37 36-0
www.namibia-tourism.de

Simbabwe Tourist Office
Schillerstr. 3, D-60313 Frankfurt/Main
✆ (069) 920 77-30
www.zimbabwetourism.co.zw

SATOUR (South African Tourism)
Friedensstr. 6–10, D-60311 Frankfurt/Main
✆ 0800 118 91 18
www.southafricantourism.de

Interface International G.M.B.H.
German Representative Office (Botswana)
Karl-Marx-Allee 91a, D-10243 Berlin
✆ (030) 42 25 62 86
www.botswanatourism.de

Südafrikanische Botschaft in Deutschland
Tiergartenstr. 18, D-10785 Berlin
✆ (030) 220 73-0, Fax (030) 220 73-190
www.suedafrika.org

Südafrikanische Botschaft in Österreich
Sandgasse 33, A-1190 Wien
✆ (01) 320 64 93
www.dirco.gov.za/vienna

Südafrikanische Botschaft in der Schweiz
Alpenstr. 29, CH-3006 Bern
✆ (031) 350 13 13, www.southafrica.ch

Automiete, Autofahren

Wichtigstes Verkehrsmittel für Reisen im südlichen Afrika ist der Mietwagen. Mit immer noch etwa € 1 (März 2013) pro Liter sind die Kraftstoffpreise weit niedriger als in Europa. Die Kosten für die Anmietung eines Fahrzeugs sind in Südafrika und Simbabwe auf europäischem Niveau, in Botswana und Namibia aber relativ hoch, was von den Vermietern mit der steigen-

Namibischer Markt in Oshakati im Ovamboland (Namibia)

den Anzahl der von Touristen verursachten Unfälle auf den Pisten in den beiden Ländern zu Recht begründet wird. Buchungen bei hiesigen Zentralen internationaler Autovermieter erweisen sich häufig als günstiger.

Für viele Touren in den unwegsamen Landschaften von Namibia und Botswana und generell in der Regenzeit abseits der Teerstraßen auch in Simbabwe und Südafrika ist ein vierradgetriebenes Fahrzeug unerlässlich. Die Kosten für einen kleinen zweiradgetriebenen Wagen müssen zur Zeit mit ab € 50 pro Tag veranschlagt werden. Für vierradgetriebene Autos muss man ab € 150 pro Tag rechnen.

Motorräder sind über Veranstalter in Europa und in Südafrika zu mieten. Man sollte aber immer bedenken, dass die Einfahrt in Nationalparks mit dem Zweirad der wilden Tiere wegen nicht möglich ist.

Für die Übernahme eines Fahrzeugs ist die Vorlage eines gültigen internationalen Führerscheins erforderlich. Den Mietwagen sollte man vor der Übernahme gründlich prüfen (vor allem Reifen, Werkzeug und Reserverad – ein zweites Reserverad ist kein unnötiger Luxus; auf das Vorhandensein eines Reservekanisters achten!). Die Handhabung von Vierradfahrzeugen sollte ebenfalls vor Beginn der Fahrt erklärt werden.

Im südlichen Afrika besteht Anschnallpflicht, die Verkehrsregeln entsprechen weitgehend den internationalen Gepflogenheiten. Es herrscht Linksverkehr! Auf geteerten Fernstraßen beträgt die zulässige Höchstgeschwindigkeit 120 km/h, auf Schotterpisten 80 km/h, in Ortschaften 60 km/h. Fahrten nach Einbruch der Dunkelheit sind tunlichst zu vermeiden.

An Kreuzungen in den Städten steht häufig an jeder Einmündung ein Stoppschild. Dies bedeutet, dass derjenige zuerst losfahren darf, der zuerst an der Kreuzung zum Stehen gekommen ist.

Das Bezahlen an Tankstellen kann durchweg nur bar erfolgen!

Elektrizität

Die Stromspannung beträgt im ganzen südlichen Afrika 220/240 Volt. Runde, dreipolige 15-Ampere-Stecker sind allgemein gebräuchlich. Deshalb: Schon im Heimatland einen entsprechenden Adapter kaufen! Einige Farmen und Unterkünfte haben keinen Stromanschluss und arbeiten mit selbstproduzierter Niederspannung (Wind-, Solarenergie oder Generator).

Essen und Trinken

Vielfach unterscheidet sich das Angebot der namibischen Restaurants kaum von dem in Europa. Die deutsche Küchentradition mit Rotkohl und Apfelstrudel ist nicht zu verleugnen, aber vor allem in Windhoek gibt es inzwischen auch ein kulinarisches Angebot internationaler Prägung. Die Küche Südafrikas favorisiert ebenfalls Hausmannskost, kann sich aber im Spitzenrestaurant zu kulinarischen Höhenflügen aufschwingen. In Simbabwe hat sich die Küche nicht besonders weiterentwickelt, ebenso wenig in Botswana.

Alle vier Länder sind Rindfleischproduzenten und besitzen viel Wild. So wird die Küche durchweg von Fleischgerichten dominiert. Als Spezialität gelten Steaks, Braten oder Ragout von Springbock, Kudu, Oryx oder Strauß. An den Küsten werden ausgezeichnete Fischgerichte angeboten. Die Austern zählen zu den besten der Welt, und die Gelegenheit, fangfrische Langusten vorgesetzt zu bekommen, darf man einfach nicht ungenutzt lassen.

Liebhaber von Salaten und frischem Gemüse werden in Namibia und Botswana nicht auf ihre Kosten kommen, in Südafrika ist da der Garten schon reicher bestellt, und Vegetarisches kommt in großer Auswahl auf den Tisch.

Die Restaurants verfügen alle über eine Lizenz zum Ausschank alkoholischer Getränke. In der Beliebtheitsskala rangiert Bier bei weitem an erster Stelle. Empfehlenswert und überall im Angebot sind die Weine aus Südafrika, die von Kennern allgemein gerühmt werden.

In Südafrika werden köstliche Fruchtsäfte hergestellt. Sie sind in allen Supermarktregalen zu finden.

Feiertage, Feste

An Feiertagen sind alle Banken und Geschäfte geschlossen. Auf dem Land können allerdings kleine Farmläden offen sein, doch das Sortiment ist auf das Notwendigste beschränkt.

Zulu-Tänzerin (Südafrika)

Service von A bis Z 5

Neben Neujahr, Karfreitag, Ostermontag, 1. Mai und Weihnachten, die auch im südlichen Afrika in der Regel nationale Feiertage sind, gibt es noch eine Reihe landestypischer und regionaler Feste und Feiertage.
Namibia: Independence Day (21. März), Cassinga Day (4. Mai), Ascension Day (Mai), Africa Day (25. Mai), Heroes' Day (26. Aug.), Human Rights' Day (10. Dez.).

Am ersten Sonntag nach dem 23. August findet das Herero-Treffen in Okahandja statt. Karneval wird in Windhoek (Ende April/Anfang Mai) und Swakopmund (Juli) gefeiert. In Windhoek wird zudem im November das Enjando-Straßenfest mit Musik, Tanz und Straßenmarkt auf der Independence Avenue begangen.
Südafrika: Day of Human Rights (21. März), Family Day (17. April), Freedom Day (27. April), Youth Day (16. Juni), Women's Day (9. Aug.), Heritage Day (24. Sept.), Day of Reconciliation (16. Dez.).

In Kapstadt ist auch der 2. Januar ein Feiertag (Tweede Nuwe Jaar). Jede Stadt und fast jede kleine Ortschaft hat ihre eigenen Festivals, die teils als Erntedankfeste gefeiert werden. Jahrmärkte finden meist im Sommer auf den Hauptplätzen statt, angeboten wird Trödel und Kunsthandwerk, dazu spielt Musik. Unzählige Festivals finden das ganze Jahr über im Land statt: Filmfest in Kapstadt, Kunst- und Musikfest in Stellenbosch, Kunstfestival und das Kulturfest der Xhosa in Grahamstown, das Amazimtoti Kunstfestival, das Film- und das Jugendchorfest in Durban, die Liste ließe sich beliebig lange fortsetzen.
Simbabwe: Independence Day (18. April), Africa Day (25. Mai), President's Day (Juli), Farmer's Day (Aug.), Heroe's Day (11. Aug.).

Jährlich findet das Houses of Stone Music Festival statt, bei dem sich die Stars des Afropop ein Stelldichein geben. Ende August gibt es in Harare die große Landwirtschaftsmesse, zu deren Rahmenprogramm Folkloreveranstaltungen gehören.
Botswana: President's Day (Juli), Day of Armed Forces (2. Aug.), Farmer's Day (Aug.), National Day (30. Sept. sowie 1. Okt.).

Das Botswana National Cultural Council organisiert alljährlich in Gaborone das Matisong Festival, bei dem alle Aspekte der modernen Kultur – Literatur, Theater, bildende Kunst, Musik – vorgestellt werden.

Geld

Der Namibia Dollar ist mit dem südafrikanischen Rand eins zu eins konvertibel. Der Rand wird in Namibia akzeptiert, nicht aber der Namibia Dollar in Südafrika. Die botswanische Währung ist der Pula, in Simbabwe wird u. a. mit dem südafrikanischen Rand und mit US-Dollar bezahlt.

Die Einfuhr ausländischer Währung ist nicht beschränkt. Bei sehr großen Summen sollte man diese aber deklarieren, so dass es bei der Ausfuhr keine Schwierigkeiten gibt. Für den Reisenden ist es aus Sicherheitsgründen am günstigsten, nur wenig Bargeld und stattdessen Reiseschecks, die bei allen Banken problemlos eingetauscht werden, oder Kre- ditkarten mit sich zu führen. Die Öffnungszeiten von Banken sind: Mo–Fr 9–12.45 und 14–15.30, Sa 8.30–11 Uhr.

Gepäck, Kleidung

Angesichts der klimatischen Verhältnisse ist man gut beraten, wenn man leichte, luftdurchlässige Kleidung mit sich führt. In den Wintermonaten der Südhalbkugel ist allerdings wärmere Kleidung für die kühlen Abend- und Morgenstunden unerlässlich. Auf die Mitnahme eleganter Kleidungsstücke lässt sich hingegen verzichten, da selbst in besseren Restaurants in der Regel auf ein elegantes Outfit kaum Wert gelegt wird. Wer sportlich aktiv sein und Wanderungen unternehmen will, muss bedenken, dass die Berge bis auf über 3000 m Höhe ansteigen, Schnee und Eis keine Seltenheit sind. Für die entsprechende Ausrüstung ist zu sorgen.

Für Reisen im Land sollte auf jeden Fall festes, möglichst halbhohes Schuhwerk mitgeführt werden. Das ist nicht nur bei diversen Wanderungen und Kletterpartien unerlässlich, sondern dient auch als Schutz vor Schlangen und Skorpionen.

Zum Schutz vor der das ganze Jahr über starken Sonneneinstrahlung gehören eine Kopfbedeckung, Sonnenbrille und Sonnenschutzmittel ins Gepäck. Zur Mitnahme einer Wasserflasche wird dringend geraten, da der Flüssigkeitsbedarf sehr viel größer ist als in unseren Breiten.

Zu beachten ist der im südlichen Afrika übliche schnelle, übergangslose Einbruch der Dunkelheit. Eine Taschenlampe mit Ersatzbatterien gehört deshalb zur Standardausrüstung, weil auf Gästefarmen und in Lodges das Essen häufig in einem Bereich serviert wird, der von den Unterkünften einige Schritte durch den Busch entfernt ist.

Kinder

Reisen mit Kindern ist im südlichen Afrika gänzlich unproblematisch – befolgt man einige Regeln. Kinder fühlen sich inmitten der Tierwelt natürlich wie im Kino – König der Löwen überall. Doch Wild kann gefährlich werden, wenn man es nicht richtig einschätzt. Deshalb muss man Kinder bei Wildbeobachtungsfahrten und generell im Busch beaufsichtigen und darf sie nie allein lassen. Buddeln im Sand und

Straßenmärkte im südlichen Afrika bieten viel Handwerkliches

das Sammeln von Holz kann wegen der Schlangen- und Skorpiongefahr tödlich sein.

Einige Hotels und Lodges frönen dem englischen Prinzip, Kinder unter 12 oder 14 Jahren nicht als Gäste zu akzeptieren. Dies geschieht teilweise wegen der wilden Tiere, hauptsächlich aber, um die anderen Gäste, die (auch) viel Geld bezahlen, von Kindergeschrei zu verschonen.

Klima, Reisezeit

Das Klima im südlichen Afrika ist so vielfältig wie seine Landschaften.

In den kühleren Wintermonaten (Mai–Sept.) steigen die Tageshöchsttemperaturen in **Namibia** bis auf 25 °C, erreichen in der Landesmitte immerhin noch 20–25 °C und überschreiten im Norden selten 30 °C. Nachts kann es dann richtig kalt werden, Temperaturen unter 10 °C sind durchaus üblich. Mehr als unwahrscheinlich sind in dieser Zeit Regenfälle, und damit ist wolkenlos blauer Himmel (meist) die Regel. Im Sommer (Okt.–April) klettert das Thermometer in fast allen Landesteilen auf Werte um oder über 30 °C. In dieser Zeit kommt es auch zu kurzen, meist wolkenbruchartigen Regenfällen. Aufgrund der kurzen Verdunstungszeiten entsteht nie tropische Schwüle, so dass die hohen Temperaturen auch für Mitteleuropäer gut zu ertragen sind.

In **Südafrika** ist man mit mehreren klimatischen Zonen konfrontiert. Von der im Sommer heißschwülen, im Winter häufig wolkenverhangenen, vom Indischen Ozean beeinflussten Ostküste, zur im Winter kalten Westküste am Atlantik, die auch im Sommer wegen des Benguela-Stromes nicht zu hohe Temperaturen zeigt. Zum Norden hin wird das Klima zunehmend Kalahari-typisch: regenarm, heiß im Sommer, warm im Winter mit nächtlichen Temperaturstürzen. Die Hochgebirge sind im Sommer angenehm temperiert, im Winter kann es mit Schnee und Eis unangenehm kalt werden. Frühjahr und Herbst der Südhalbkugel sind sicherlich die beste Zeit für eine Wanderung in den Bergen, da im Sommer wiederum die Gipfel häufig wolkenverhangen sind.

Simbabwe ist im Gegensatz zu den westlichen Nachbarländern mit Regen reich gesegnet. Naturgemäß sind die Temperaturen im Lowveld höher als im Highveld oder gar in den Eastern Highlands – dem Hochgebirge. So ist es um Harare auch im Sommer nicht unerträglich heiß, und wer noch mehr Abkühlung sucht, zieht sich in den Osten zurück und verbringt die Ferien in der Hügelwelt und im Gebirge. Das Lowveld kann im Sommer sehr heiß werden, doch tropisch-schwül wird es nicht.

Botswana ist weitgehend vom Klima der Kalahari bestimmt. Dies trifft nicht zu auf das einzigartige ökologische System des Okavango-Deltas. Die Wasser des Okavango sorgen für einen Ausgleich, so dass die Temperaturen nicht in die Extreme springen. In der Kalahari fällt auch während der Regenzeit im Sommer kaum Niederschlag, die Tage im Winter sind unverändert heiß, nur nachts kühlt es empfindlich ab.

Service von A bis Z 5

Medizinische Versorgung/Gesundheit

Für die Einreise aus seuchenfreien Regionen wie die Europas sind keinerlei Impfzeugnisse erforderlich. Die medizinische Versorgung in Namibia und Südafrika gilt als vorbildlich, in Botswana ebenfalls. Zimbabwes Kliniken sind dagegen eher schlecht ausgerüstet.

Da die gesetzlichen Krankenkassen in außereuropäischen Ländern erbrachte Leistungen nicht erstatten, empfiehlt sich auf jeden Fall der Abschluss einer Auslands-Krankenversicherung. In der Reiseapotheke sollten Verbandszeug, Insektenschutzmittel, Kohletabletten, ein Antibiotikum und ein Schmerzmittel mitgeführt werden.

Prophylaktische Gesundheitsmaßnahmen sind – außer gegen Malaria – in der Regel nicht vonnöten. Das Risiko einer Malariaerkrankung besteht vor allem während der Regenzeit. Namibia ist dann nördlich und östlich der Linien, die Etosha markieren, Botswana hauptsächlich im Okavango-Delta und bei den Salzpfannen um Makgadikgadi und Südafrika um den Krüger National Park betroffen. In Simbabwe gilt eine allgemeine Warnung vor Malaria im ganzen Land. Ein Repellent ist die wichtigste Prophylaxe; morgens und abends sollte die Kleidung Arme, Beine und vor allem Handgelenke und Fußknöchel bedecken, nachts sollte man unter einem Moskitonetz schlafen. Zu Hepatitis-Impfungen wird von Ärzten zunehmend geraten.

In Namibia sind die Gewässer frei von Bilharziose (in der Regenzeit wird allerdings vor einem Bad in den temporären Gewässern des Ovambolandes gewarnt). In den stehenden Gewässern von Botswana, Zimbabwe und Südafrika gilt generell Bilharziose-Gefahr.

Bei Reisen nach Afrika taucht immer wieder die Frage nach dem Aids-Risiko auf. Die Länder des südlichen Afrika gehören zu der am härtesten betroffenen Weltregion. Man schätzt 25–35 % der Gesamtbevölkerung als HIV-positiv ein. Obwohl man allgemein davon ausgehen kann, dass Krankenhäuser und Ärzte strengsten Maßstäben genügen, kann es trotzdem nicht schaden, sich für alle Fälle mit einigen Einwegspritzen, steril verpackten Nadeln und Nahtmaterial auszustatten.

Naturschutz

»Hinterlasse nichts als deine Fußspuren!« heißt das oberste Gebot der Wildnis. Das »Nichts« schließt nicht nur Abfälle aller Art, sondern auch Reifenspuren ein. Das Fahren abseits der Pisten zerstört das fragile ökologische Gleichgewicht in den extrem ariden Regionen der Länder.

Zu allen Naturschutzparks im südlichen Afrika erhält man nur mit einem *permit* Zugang. Damit möchte man die Besucherzahlen in den Reservaten steuern und erreichen, dass der Tourist die im Park geltenden Regeln zur Kenntnis nimmt und sich damit zu ihrer Einhaltung verpflichtet. Wer in einem Park oder Reservat einen Unfall mit Wild hat, muss unbedingt die Ranger darüber informieren, sonst macht er sich strafbar.

Post

Da es in Namibia, Südafrika und Botswana keine Hauszustellung gibt, ist die Straßenangabe unwichtig. Stattdessen muss zwingend die exakte Postfachnummer (P.O. Box oder Private Bag) angegeben werden. In Zimbabwe wird die Post an die Hausadresse zugestellt. Luftpost benötigt von Deutschland fünf bis sieben Tage, Seepost ist bis zu drei Monaten unterwegs.

Shopping

Kunsthandwerk ist in Namibia eher spärlich mit Ausnahme des Caprivi-Streifens und gute (alte) Produkte sind rar und teuer. Das Gleiche trifft auf Botswana zu, wo allerdings um das Okavango-Delta schöne Korbwaren hergestellt werden. Paradiese für Liebhaber von Kunsthandwerk sind Simbabwe und Südafrika. Südafrika besitzt mit seinen vielen Ethnien auch ein breites und unterschiedliches Angebot. Perlenketten der Ndebele, Schnitzereien der Zulu, Decken der Sotho oder Trommeln der Tswana – man wird auf alle Fälle fündig. Zimbabwe ist berühmt für seine Holzschnitzer und Steinmetzen.

Namibia ist für seine **Pelz- und Lederverarbeitung** bekannt. Produkte aus SWAKARA, dem heimischen Persianer, werden in modischer Verarbeitung in vielen Geschäften in Windhoek angeboten. Die Wolle der Karakulschafe wird in einer Reihe von Teppichwebereien im Land zur Herstellung schöner Teppiche genutzt. Auch Mineraliensammler kommen in Namibia voll auf ihre Kosten. Das Angebot ist breit gefächert.

In Südafrika findet man um Oudtshoorn viele Straußenfarmen, und zu günstigen Preisen kann man hier Federn und Artikel aus dem robusten Leder erwerben. Diamanten, einzeln oder als Schmuck, sind im südlichen Afrika nicht billiger als anderswo auf der Erde. Der Handel wird von der südafrikanischen Firma De Beers weltweit kontrolliert, und die Preise sind vereinheitlicht. Dies trifft nicht auf Halbedelsteine zu, die – poliert und klassifiziert – kiloweise ausgesucht werden können.

Jäger dürfen ihre Jagdtrophäen, sofern die Tiere nicht dem Artenschutzabkommen unterliegen, mitnehmen.

Sicherheitshinweise, Notfälle

Über die allgemein üblichen Vorsichtsmaßnahmen und Verhaltensweisen hinaus sollte man sich zeitnah vor seiner Reise über die aktuellen Sicherheitshinweise des **Auswärtigen Amtes** zu den jeweiligen Ländern informieren. Zum Zeitpunkt der Drucklegung gab es die folgenden Hinweise:

Sicherheitshinweise des Auswärtigen Amtes für Simbabwe, Stand 12.2.2014 (Auszug)

Im Umfeld der Parlaments- und Präsidentenwahlen am 31.Juli 2013 kam es zu vermehrten Einschüchterungsversuchen gegenüber zivilgesellschaftlichen Organisationen und Anhängern der Koalitionspartei. Ausländer waren aber kaum von solchen Einschüchterungs- oder Gewaltmaßnahmen betroffen. Mit konkreten großflächigen Unruhen wird nicht mehr gerechnet, auch wenn zu erhöhter Wachsamkeit geraten wird, weil sich das Oppositionslager um einen Wahlsieg betrogen fühlt und Proteste weiterhin möglich sind.

Das Warenangebot hat sich verbessert, allerdings kann es vereinzelt zu Engpässen bei der Versorgung mit Treibstoff (Diesel und Benzin) kommen. Die Versorgungslage mit elektrischem Strom und Trinkwasser ist flächendeckend nicht gesichert. Die Einführung des US-Dollars im Februar 2009 als universelles Zahlungsmittel hat zu einer spürbaren Verbesserung der Telekommunikation geführt. Der Abwärtstrend in einigen wichtigen Bereichen (Gesundheit, Inflation) konnte gestoppt werden. Ein stabiler und durchgreifender Aufschwung ist dennoch bislang noch nicht zu verzeichnen, auch wenn die großen Städte heute einen besseren Eindruck machen als zur Zeit der Hyperinflation.

Ausländer sollten die unmittelbare Umgebung von Demonstrationen sofort verlassen und nicht fotografieren. Auch dürfen Ausländer ohne staatliche Akkreditierung nicht über die aktuellen Entwicklungen im Land berichten. Das schließt auch jegliches Sammeln von Informationen, Gespräche mit der Bevölkerung oder Schnappschussfotografien mit der Handykamera ein, da dies als illegale journalistische Tätigkeit ausgelegt werden kann. Insbesondere vor dem Hintergrund der Wahlen ist Zurückhaltung geboten.

In Notfällen ist von den Sicherheitskräften in der Regel keine Hilfe zu erwarten.

Bei Reisen nach Simbabwe muss berücksichtigt werden, dass die ausgesprochen schwierige politische, wirtschaftliche und soziale Lage der Bevölkerung zu einem deutlichen Anstieg der Kriminalität geführt hat. Vor allem in den Innenstädten von Harare und Bulawayo, aber auch in den kleineren Städten, sind verstärkt Taschendiebstähle und Smash and grab-Überfälle zu verzeichnen. Nach Einbruch der Dunkelheit sollte man möglichst nicht zu Fuß unterwegs sein.

Im Auto sollten daher die Fenster immer geschlossen und die Türen von innen verriegelt sein. Handtaschen, Fotoapparate usw. sollten nicht sichtbar im Auto liegen. Nachts besteht ein erhöhtes Überfallrisiko, besonders in den Städten, an roten Ampeln und unbeleuchteten Kreuzungen.

In jüngster Zeit werden vermehrt Einbruchdiebstähle und bewaffnete Raubüberfälle in den wohlhabenderen Wohngebieten aller Städte gemeldet. Auch die Anwendung von Gewalt sowie der Einsatz von Schusswaffen, ein in Simbabwe bisher unübliches Phänomen, nimmt zu.

Den ehemaligen Charme eines angenehmen Touristen- und Reiselandes mit guter Infrastruktur hat Simbabwe fast vollständig eingebüßt. Bei Reisen mit dem eigenen PKW oder Mietwagen sollten die Hauptstraßen nicht verlassen werden. Wegen erhöhter Unfallgefahr sollte nach Einbruch der Dunkelheit auf Fahrten »über Land« verzichtet werden.

Sicherheitshinweise des Auswärtigen Amtes für Südafrika, Stand 12.2.2014 (Auszug)

Südafrika verzeichnet im Vergleich zu Deutschland hohe Kriminalitätsraten, vor allem in den Großstädten und deren Randgebieten. Dies schließt auch Straftaten unter Anwendung von körperlicher Gewalt ein. Daher werden folgende Vorsichtsmaßnahmen empfohlen:

Aus Sicherheitsgründen wird empfohlen, für die Dauer des Aufenthaltes in Südafrika ein Mobiltelefon mitzuführen.

Die Innenstädte von Johannesburg, Pretoria, Durban, Port Elisabeth und Kapstadt und anderer großer Städte sollten nach Geschäftsschluss und insbesondere nach Einbruch der Dunkelheit gemieden werden; an Sonn- und Feiertagen sollte man sich nur in Gruppen in den Innenstädten aufhalten.

Bei Besuchen in Townships ist erhöhte Aufmerksamkeit und Vorsicht angeraten. Sowohl Stadtbesichtigungen als auch Township-Besuche sollten in organisierter Form und nur mit ortskundiger Führung stattfinden.

Bei Ausflügen sollte man keine einsam gelegenen Wanderwege benutzen und unbelebte Gegenden meiden. Um das Risiko von Überfällen zu verringern, sollte man Ausflüge nur in Gruppen unternehmen. Für Einzelreisende empfiehlt es sich, generell Anschluss bei den meist vor Ort vorhandenen größeren Reisegruppen zu suchen.

Abgeraten wird vom Benutzen der Vorortzüge in Johannesburg, Pretoria, Durban und in Kapstadt. Falls die Züge gleichwohl genutzt werden, empfiehlt es sich, in der 1. Klasse und nur zu Hauptverkehrszeiten am Tage zu reisen.

Von Fahrten per Anhalter und mit sog. Minibus-Taxis wird dringend abgeraten.

In dichtem Verkehr und an roten Ampeln kommt es vor allem in großen Städten häufig zu sogenannten Blitzeinbruch- (smash-and-grab) Überfällen. Handtaschen, Fotoapparate, Mobiltelefone usw. sollten nicht sichtbar im Auto liegen.

Es wird empfohlen, Überlandfahrten nach Einbruch der Dunkelheit nicht mehr zu unternehmen, da Autopannen, schlechte Straßen mit Schlaglöchern, nicht hinrei-

chend ausgeschilderte und gesicherte Baustellen sowie Tiere auf der Fahrbahn ein erhebliches Sicherheitsrisiko darstellen.

An Geldautomaten ist erhöhte Vorsicht geboten. Neben einfachem Raub und Trickdiebstahl nehmen Manipulationen der Geldautomaten und Missbrauch der Kartendaten zu.

In jüngster Zeit sind vermehrt gefälschte 200-Rand-Noten im Umlauf, die auch auf dem schwarzen Wechselmarkt an ausländische Touristen abgegeben werden. Es ist daher ratsam, Geld nur über offizielle Kanäle in Banken oder Geldwechselstuben zu tauschen.

Es wird dringend empfohlen, bei einem eventuellen Überfall auf Gegenwehr zu verzichten.

Sicherheitshinweise des Auswärtigen Amtes für Namibia, Stand 12.2.2014 (Auszug)

In Namibia gehört Kriminalität leider in stärkerem Maß zum Alltag.

Ein erhöhtes Überfall-/Diebstahlrisiko besteht in Taxis, in denen sich außer dem Fahrer bereits andere Personen befinden! Fahren Sie allein in einem Taxi, so sollten Sie darauf bestehen, dass kein weiterer Fahrgast zusteigt.

Wenn Sie mit dem Kfz unterwegs sind, halten Sie nicht an unbewirtschafteten/unbewachten Rastplätzen an, da es dort wiederholt zu Überfällen auf Touristen gekommen ist. Fahren Sie, insbesondere in den Städten, grundsätzlich mit verriegelten Türen. Lassen Sie keine Gegenstände sichtbar im Auto liegen – auch solche nicht, die Ihnen wertlos vorkommen mögen!

Diebstähle und Raubdelikte gegen Touristen kommen nicht nur in Windhuk häufig vor, sondern auch in der Provinz (z. B. Okahandja u. a.). Von Spaziergängen in der Dunkelheit wird grundsätzlich abgeraten. Besondere Wachsamkeit ist auch am Geldautomaten geboten.

Die Zahl der Fälle von Kreditkartenbetrug nimmt leider rapide zu; Touristen sind bevorzugte Opfer.

Lassen Sie sich nicht am Flughafen überreden, Wertsachen »aus Sicherheitsgründen« in das einzucheckende Gepäck statt ins Handgepäck zu geben.

Sicherheitshinweise des Auswärtigen Amtes für Botswana, Stand 12.2.2014 (Auszug)

Die Straßenkriminalität in Gaborone und anderen Städten beschränkt sich im Wesentlichen auf Taschendiebstahl und Kreditkartenraub. Einbrüche und Raubüberfälle auf Fußgänger und Autofahrer (zum Teil mit anschließenden Fahrzeugentführungen) kommen gelegentlich vor. Es sollten keine Gegenstände, vor allem Taschen, im Auto gelassen werden. In besonderem Maße hat die Kriminalität in Maun, dem Eingang zum Okavango-Delta, zugenommen.

Die **Polizei** erreicht man in Namibia und Südafrika telefonisch unter ✆ 10111, in Simbabwe unter ✆ 995, in Botswana unter ✆ 999. **Ambulanzen** sind in Namibia im Kopfeintrag der Telefonbücher zu finden, in Südafrika ist die landesweite **Notrufnummer** ✆ 101 77, in Simbabwe ✆ 994 und in Botswana ✆ 997. Die Notrufnummern der **Ambulanzflieger** sind: Aeromed in Namibia ✆ (061) 24 97 77 oder 23 05 85, Medical Air Rescue in Simbabwe ✆ (04) 72 75 40, Medical Rescue Botswana ✆ 992.

Sport und Erholung

Zum Ausgleich für die langen Autofahrten bieten sich eine ganze Reihe sportlicher Aktivitäten an.

Angeln: Der Fischreichtum der Atlantikküste und des Indischen Ozeans stellt für Sportangler eine Herausforderung dar. Zwischen der Skelettküste Namibias und Kapstadt gehören die Petrijünger, die vom Strand aus mit ihren Ruten ihr Glück versuchen, zum

Farbenfrohe Strandhäuschen in St. James im Osten der Kaphalbinsel (Südafrika)

alltäglichen Erscheinungsbild. Am Indischen Ozean sind die Küstenabschnitte des St. Lucia Wetland Parks in Südafrika dicht mit Anglern besetzt. Viele Städte und kleinere Siedlungen am Meer bieten Bootsausflüge zum Hochseeangeln an. Das Süßwasserangeln ist in fast jedem Park oder Reservat mit einem Fluss oder Stausee erlaubt. Meistens ist allerdings eine Genehmigung der Parkverwaltung notwendig.

Ballonfahrten: Die Schönheit der Wüste aus der Vogelperspektive zu genießen, gilt als Erlebnis der ganz besonderen Art. In Namibia haben sich Firmen bei Sossusvlei und am Erongo-Massiv auf das stille Gleiten mit dem Wind spezialisiert. In Südafrika führen mehrere Unternehmen die Wildbeobachtung über private Reservate durch.

Golf: Das südliche Afrika ist ein Golfer-Eldorado. In allen vier Ländern besitzt fast jedes Städtchen einen eigenen Platz, auf dem gerne Gäste empfangen werden. Die Großstädte wie Tshwane (Pretoria) oder Harare haben sogar Dutzende von Plätzen. Die weißen Afrikaner nutzten den Sport, um sich exklusiv zu treffen, heute stehen aber viele Clubs der ganzen Bevölkerung offen.

Reiten: Die Landschaft auf dem Pferderücken zu erkunden, ist ein Erlebnis. Ob mehrtägig durch die Wüsten Namibias, das Hochgebrige Lesothos, die Highlands von Simbabwe oder auf kurzen Ausflügen auf vielen Gästefarmen und in Reservaten – Reiter kommen auf ihre Kosten.

Segelfliegen/Fliegen: Der Himmel ist weit über Namibia. Segelflieger wissen die günstige Thermik zu schätzen. Auch in Südafrika gibt es Segelflugclubs. Im südlichen Afrika ist jede Farm mit einer Landepiste ausgestattet, denn die Fortbewegung mit kleinen Maschinen ist durchaus üblich.

Wandern: Fast alle Nationalparks haben Wanderwege ausgewiesen. Sie können nur kurz sein, ein- oder mehrstündig ausfallen, aber auch lange Wanderungen von über einer Woche sind möglich. Von Wanderungen an paradiesisch schönen Küstenstrichen entlang über atemberaubende Bergwanderungen bis hin zu Erkundungstouren zu unzähligen Höhlen mit Malereien wird alles angeboten, was man sich nur wünschen kann.

Sprachtipps

In Namibia werden zwölf Sprachen gesprochen. Während Ovambo und Herero Bantu-Sprachen sprechen, bedienen sich Buschleute, Damara und Nama unterschiedlicher Khoisan-Sprachen. Englisch ist offizielle Landessprache und wird allenthalben gesprochen und verstanden. Daneben ist Afrikaans weit verbreitet und Deutsch eine gesetzlich anerkannte Verkehrssprache.

Ähnlich ist die Situation in Südafrika. Die vielen schwarzen Völker haben zwar eine gemeinsame Herkunft (Bantu) und ihre Sprachen sind miteinander verwandt, doch haben sie sich im Laufe der Jahrhunderte auseinander entwickelt, so dass heute elf offizielle Sprachen existieren: Afrikaans ist die am weitest verbreitete Verkehrssprache, danach folgt Englisch, das auch Amtssprache ist.

Simbabwe besitzt drei Amtssprachen: Englisch, Shona und Ndebele. Daneben benutzen kleinere Bevölkerungsgruppen noch viele andere Sprachen.

In Botswana ist Englisch Amtssprache, Setswana die Verkehrssprache. Englisch wird im Allgemeinen immer verstanden, es bestehen Bemühungen, Setswana zur Amtssprache zu machen.

Telefonieren

Die Telefonnetze sind für afrikanische Verhältnisse sehr gut ausgebaut. Teilweise kann es aber schwierig sein, eine bestimmte Nummer in den ländlichen Gebieten zu erreichen.

Telefonate von Deutschland ins südliche Afrika gestalten sich normalerweise problemlos. Man wählt für Namibia +264, für Botswana +267, für Simbabwe +263 und für Südafrika +27. Man lässt bei der folgenden Ortsvorwahl die Null weg und gibt schließlich die Nummer des gewünschten Gesprächspartners ein. Der Anruf nach Deutschland +49, Österreich +43 und in die Schweiz +41 verläuft ähnlich.

Die öffentlichen Fernsprecher im südlichen Afrika sind meist Kartentelefone. Bei Ferngesprächen kann man gar nicht so schnell die Karten wechseln, wie sie aufgebraucht sind. Besser ist es, einen der Telefonläden zu benutzen.

Mitgebrachte Mobil-Telefone müssen GSM-Telefone sein. Das D1- und D2-Netz kann überall genutzt werden – wenn die Region versorgt ist. Botswana und Simbabwe sind es nicht, Namibia in den größeren Städten und entlang der großen Fernstraßen, Südafrika fast flächendeckend. Prepaid-Karten für die eigenen Mobil-Telefone kann man an den internationalen Flughäfen kaufen; man bekommt eine Nummer zugewiesen, und das Telefonieren ist so billiger als mit der eigenen Karte.

Die Telefonkosten von einem Hotel sind grundsätzlich sehr hoch, besonders in gehobenen Unterkünften.

Trinkgeld

Das Lohnniveau im südlichen Afrika ist für das Dienstleistungspersonal in Hotels, Lodges und Restaurants ausgesprochen niedrig, und ein Trinkgeld wird gerne genommen. Die Höhe sollte man von der Dienstleistung abhängig machen. In einem teuren Restaurant sollte man nicht von der 10 % Regel ausgehen, sondern den Betrag aufrunden, in einem billigen Restaurant kann die »runde Summe« wiederum mehr als 10 % ausmachen. In Lodges in der Wildnis gibt es meist einen Ranger, der sich persönlich um eine Gästegruppe kümmert (z. B. sie auf Touren und des Nachts auf dem Weg zum Zimmer begleitet und vor wilden Tieren schützt). Dafür sind etwa € 5–10 pro Tag angemessen.

Unterkunft

Neben Hotels mit internationalem Standard und kleineren, einfacheren gibt es die Einrichtung der Lodges. Sie können schlicht gehalten sein oder äußerst luxuriös ausfallen. Im Allgemeinen sind Lodges eher klein, mit fünf bis zehn Zimmern, und der Service sehr persönlich. Die Kosten für Übernachtungen in durchschnittlichen Hotels und Lodges liegen selten höher als € 60 pro Person, in den staatlich betriebenen Parks bei € 25–40. Luxuriöse Unterkünfte verlangen Preise, die europäisches Niveau haben, teilweise weit darüber hinaus gehen. Gerade in den Luxusunterkünften mitten in der Wildnis können pro Tag und Nase leicht mehrere hundert US-Dollar verlangt werden. Dafür ist dann alles inklusive, und man genießt einen unerhörten Komfort.

Die Rastlager in den Parks und Reservaten besitzen meist Unterkünfte diverser Kategorien. Die Bandbreite reicht vom Zeltplatz über einfache Bungalows bis hin zum luxuriösen Chalet, inklusive Klimaanlage.

Verkehrsmittel

Die Inlandsflugnetze sind relativ dicht. Bei den großen Entfernungen wird das Reisen mit dem Flugzeug nicht als Luxus gesehen. South African Airways bietet im südlichen Afrika das dichteste Flugnetz; wer nach Namibia reist, ist mit Air Namibia gut beraten, da es in Zusammenarbeit mit South African Airways Sonderregelungen für Zusatz- und Anschlussflüge innerhalb Namibias und im gesamten südlichen Afrika gibt.
In Südafrika und Simbabwe besteht ein relativ gut ausgebautes Eisenbahn- und Busnetz. In Namibia und Botswana sind nur die wichtigsten größeren Städte mit öffentlichen Verkehrsmitteln erreichbar. In Südafrika betreibt der Intercape Mainliner ein dichtes Netz, das bis nach Windhoek in Namibia hochreicht. Baz Bus fährt von Südafrika über Bulawayo bis Victoria Falls (Simbabwe). Eine Unzahl an altersschwachen Bussen und überladenen Minibussen verbinden Städte mit Vororten, sind aber auch zwischen den Städten unterwegs. Aus Sicherheitsgründen sollte man diese Form des Reisens, auch wenn sie billig ist, nicht wählen.

Sonderzüge sind im südlichen Afrika eine beliebte Form der Fortbewegung – nicht nur für Eisenbahn-Freaks. Luxuszüge wie der Desert Express, Rovos Rail oder der Blue Train bieten einen unglaublichen Komfort. Abteile mit eigenem Bad, Aussichtswagen, mehrgängige Menüs, Ausflüge zu den Sehenswürdigkeiten machen die Fahrt kurzweilig (und teuer).

Von den historischen Dampfeisenbahnen fährt nur die Umgeni Steam Railway. Der Apple Express (Port Elizabeth) wird zurzeit restauriert.

Zeitzonen

Wer aus Europa ins südliche Afrika reist, bewegt sich in Nord-Süd-Richtung. Das hat zur Folge, dass es nur zu geringfügigen Zeitverschiebungen kommt. In Namibia erfolgt die Umstellung von Winter- auf Sommerzeit (und umgekehrt) in der ersten Samstagnacht im April und in der ersten Samstagnacht im September. Im Caprivi-Streifen ist die Zeit wie in Südafrika, das sich nach der zentralafrikanischen Zeit richtet.

Während der mitteleuropäischen Sommerzeit gibt es in **Botswana, Simbabwe und Südafrika** keine Zeitverschiebung, in unserer Winterzeit ist es dort 1 Stunde später (also MEZ plus 1 Stunde). In **Namibia** beträgt die Differenz zur MEZ während der dortigen Sommerzeit (von der 1. Samstagnacht im September bis zur 1. Samstagnacht im April) plus 1 Stunde, in der dortigen Winterzeit minus 1 Stunde. In den Überschneidungsphasen mit der deutschen Zeitumstellung gibt es keine Differenz.

Zoll

Die Zollbestimmungen bei der Einreise entsprechen den international üblichen Regelungen: Gegenstände des persönlichen Gebrauchs sind zollfrei. Schusswaffen müssen bei der Einreise deklariert werden. Namibia, Botswana und Südafrika bilden eine Zollunion, Waren und Gegenstände müssen (bis auf Waffen) nicht mehr gesondert beim Grenzübertritt deklariert werden. Simbabwe gehört dieser Zollunion nicht an.

Das Artenschutzabkommen verbietet den Handel mit Elfenbein. Die Einfuhr nach Europa ist verboten, und an den Flughäfen in Deutschland werden Produkte aus Elfenbein als Konterbande angesehen.

Register

6

Orts- und Sachregister

Kursive Angaben beziehen sich auf die Reisedaten im Serviceteil, **fette** Ziffern verweisen auf ausführliche Erwähnungen.

Botswana (Bot), Namibia (Na), Südafrika (SA), Simbabwe (Sim)

Register

Register

Namenregister

Textnachweis:

Die Kapitel »Willkommen im südlichen Afrika« und »Die schönsten Reiseregionen: Namibia« stammen von Elisabeth Petersen ebenso das Kapitel »Reiserouten durch das südliche Afrika«. Friedrich H. Köthe und Daniela Schetar schrieben die Kapitel »Die schönsten Reiseregionen: Südafrika, Simbabwe und Botswana« sowie »Service von A bis Z«.

Bildnachweis

Raffaele Celentano/laif, Köln: S. 29
dpa, Stuttgart: S. 19
Clemens Emmler/laif, Köln: S. 15 o., 32/33, 34, 42, 43, 45 (148), 48/49, 51, 52/53, 66/67, 79 o., 84, 105, 131, 199, 208, 226, 232/233
Hugh Exton Photographic Museum, Pietersburg: S. 16
iStockphoto/Heinrich Volschenk: S. 130
Friedrich H. Köthe, München: S. 23, 81 u., 96, 103, 110, 111 o., 120, 121, 122/123, 128, 133, 134, 135, 136, 137, 138, 141, 143, 144, 216
LaTerra Magica, München: S. 30, 40, 46, 114, 139
Sigrun Lenk, Freising: S. 27
Kim Ludbrook/laif, Köln: S. 142
Ute von Ludwiger: S.145
Günther Lahr, Maisach: S. 151
Mark Müller, Volketswil, Schweiz: S. 26, 28, 36, 39 u., 47, 54, 56, 57, 58, 59, 60, 63, 65, 68, 71, 73, 82, 149, 154, 156, 157, 159, 161, 164, 165, 167 (3), 169, 170/171, 172, 174, 176, 178, 180, 181, 182, 183 o., 183 u., 184/185
Elisabeth Petersen, Rösrath: S. 10, 37, 113, 158
Elisabeth Petersen (Archiv), Rösrath: S. 12
Conrad Piepenburg/laif, Köln: S. 213
Michael Riehle/laif, Köln: S. 115, 118
Günay Ulutunçok/laif, Köln: S. 14, 20, 21, 25, 31, 112, 117, 152, 175
Touristikbüro Südafrika, Frankfurt/M.: S. 6, 7 o., 7 u., 8 o., 8 u., 9, 15 u., 38 o., 38 u., 39 o., 41, 61, 69, 74, 75 o., 75 u., 76/77, 79 u., 80, 81 o., 82, 83, 85, 86, 87, 88 o., 88 u., 89, 90, 92, 94, 95, 97 o., 97 u., 98 l., 98 r., 100, 101, 104, 106, 107, 108, 109, 111 u., 124, 125, 129, 132, 186, 190, 192, 193, 195, 196, 201, 203, 205, 210, 211, 214, 219, 220, 221, 223, 224 o., 224 u., 225, 227, 229
The Argus, Kapstadt: S. 17
The Star, Johannesburg: S. 18
Wolfgang R. Weber, Darmstadt: S. 4/5, 44, 78, 91, 93, 99, 102, 126/127, 206

Titelbild: Agave am Paradise Pass in Südafrika, Foto: Clemens Emmler/laif, Köln
Vordere Umschlagklappe (innen): Übersichtskarte des Reisegebietes
Schmutztitel (S. 1): Löwe in der Kalahari, Foto: Fotolia/EcoView
Haupttitel (S. 2/3): Surfen vor Traumkulisse – Kapstadt und der Table Mountain, Foto: Touristbüro Südafrika, Frankfurt/M.
Hintere Umschlagklappe (außen): Zebras am Wasserloch im Etosha National Park (Namibia), Foto: LaTerra Magica, München
Umschlagrückseite: Elefant im Krüger National Park (Südafrika), Foto: Touristikbüro Südafrika, Frankfurt/M. (oben); Wasserwelt des Caprivizipfels (Namibia), Foto: Wolfgang R. Weber, Darmstadt (unten)

7., aktualisierte Auflage 2014

Verlegerische Leitung: Andreas Schulz
Reihenkonzeption: Horst Schmidt-Brümmer, Andreas Schulz
Bildredaktion: Andrea Herfurth-Schindler
Aktualisierung: Christine Philipp
Lektorat: Kristina Linke
Layout und Herstellung: Sandra Penno-Vesper
Reproduktionen: Litho-Köcher, Köln, und Henning Rohm, Köln
Kartographie: Berndtson & Berndtson Productions GmbH, Fürstenfeldbruck, und Kartographie Huber, München
Druckerei: Colorprint Offset, Unit 1808, 18/F., 8 Commerçial Tower, 8 Sun Yip Street, Chai Wan, Hong Kong

ISBN 978-3-86871-042-7